新舊政權夾縫中的臺灣省立臺北高級中學（1945-1949）

Research of Taiwan Provincial Taipei Senior High School

Under Regime Transition from 1945 to 1949

賴冠妏　著

Lai, Kuan-Wen

本著作榮獲

國立臺灣圖書館臺灣學博碩士論文研究獎助

特此致謝

校長序

　　在本校國立臺灣師範大學校本部的這塊土地上，從 1922 年起到二戰終結以前，曾經存在一所「臺北高等學校」，它是戰前日本 38 所培育菁英中的菁英的舊制高校之一，也是當時臺灣「唯一」的一所「高中」。

　　戰爭結束的 1945 年，臺北高等學校與在臺灣的日產和各公私立機關，為國民政府所接收，並在同年的 11 月 30 日被改名為「臺灣省立臺北高級中學」，與同一時期從日本時代的「中學」升格為「高中」的學校（如建國高中、成功高中、新竹高中等）並列，成為眾多高中之一，但失去了「唯一高中」的地位。隔年的 1946 年 6 月，在原臺北高校的校址上，又出現了另一所學校——以培育中、高等學校師資為主的「臺灣省立師範學院」。「臺灣省立臺北高級中學」和「臺灣省立師範學院」兩所學校在同一校地，共同使用教室、建築物、圖書、設備，一直到 1949 年 7 月，臺北高級中學被命令停辦為止。

　　以上的內容，部分參考自臺灣史研究所賴冠妏同學的碩論著作《新舊政權夾縫中的臺灣省立臺北高級中學（1945-1949）》。

　　2018 年 11 月本校校務會議決議，臺灣師範大學的校史，溯自 1922 年創立的臺北高等學校起算，到今年的 2022 年正好是 100 週年。但是臺師大校史的建構，即使已相當程度涵蓋了戰前的臺北高校，以及戰後的臺灣省立師範學院到目前的國立臺灣師範大學部分的史料收集與研究撰寫，但是在 1945 到1949 年「一校地兩學校」時期的「臺灣省立臺北高級中學」部分，還存在相當多未必為人所知的盲點。即使只是短短的四年，到底它的師資、學生來源、數量如何？曾培育出哪些知名人物？畢業生的後續升學狀況又如何？還有這段時期除了需與臺灣省立師範學院共享校地設備外，也是遭逢二二八事件、四六

事件而動盪不安的時期。這個夾縫中的學校的研究，確實是可以填補建構本校
校史拼圖中缺失的一塊。

　　因此，本人樂意為之作序。

　　　　　　　　　　　　　　　　　　　　國立臺灣師範大學校長

　　　　　　　　　　　　　　　　　　　　吳正己

推薦序

　　2018 年 11 月臺灣師範大學校務會議決議，臺師大的校史從日本時代 1922 年創立的臺北高等學校時期起算，所以到今年（2022 年）正好是 100 年。為了慶祝一百週年，學校預計陸續舉辦許多慶祝活動，其中涵蓋有日本時代的臺北高校，以及二戰之後的師範學院、師範大學的各種活動項目。

　　不過，在臺師大校本部這塊土地上曾經存在過「臺北高中」（正式全名：「臺灣省立臺北高級中學」）這件事，知道的人委實不多。它於 1945 年 11 月承繼戰前的臺北高校而成立，經歷與 1946 年 6 月新創立的「臺灣省立師範學院」使用同一校地與設備，到 1949 年 7 月為臺灣省政府命令停辦，因此校舍、校產、設備一切移交師範學院，短短不到 4 年期間就消失了。但是這樣的一所學校，就臺北高校、臺灣師大百年校史來說，雖是短暫卻是不宜被忘卻的一頁。

　　本書作者賴冠妏向臺灣史研究所提出的碩士論文《新舊政權夾縫中的臺灣省立臺北高級中學（1945-1949）》，就是在敘述這所幾乎被遺忘，但是在臺師大百年校史以及臺灣教育史中，其實具有重要意義的學校。因為它存在於日本帝國與中華民國政權新舊交替，以及二二八事件發生、白色恐怖開始猖獗，制度（從日本時代唯一菁英高校變成廣設的多所高中之一）、教學方式、語文（從精通的日語文轉成不甚熟稔的中文）、師資、學校文化急速轉變的牆縫中，勉強擠出頭的一株小樹，短短 4 年間，在全部學生數合計不到五百人，實際畢業人數不足三百位，但尚能培養出不少傑出的校友，為戰後臺灣或國際社會貢獻出心力。

　　處理存在時間這麼短的學校歷史，最大的困難點在於當時的相關史料是否仍然存在的問題。幸好冠妏鍥而不捨地從戰後殘存的各種史料，包括師大檔案、校史室中調閱出相關的臺北高中、師院眾多的移交清冊（包含校地、校

產、圖書、儀器標本、各授課學科的設備），以及教職員、招生、學生資料與統計表等，搭配當時的報紙如《臺灣新生報》、校友會名冊、《蕉葉會名簿》，並進行多位臺北高校最後一、二屆學生以及臺北高中校友的口述訪談，終於辛苦地編織出臺北高中教職員、各屆學生名簿與學習生活樣態，一針一線細膩綿密地勾勒出戰後政經多變複雜時期，臺北高中歷史的拼圖，讓從來沒有被完整調查呈現過的臺北高中面貌，再度浮現，這份努力相當值得喝采。

　　冠妏從大學部時期起，即履修我所開設的課程，進入臺灣史研究所後請我擔任指導教授。她的美語多益考試成績高達九百多分，日語能力檢定一級通過，執行口述訪談時能夠現場即時打字記錄，搜尋臺灣總督府檔案與各種電子資料庫駕輕就熟，短時間內即能找出資料檢視建檔，是個駕馭文字與資料的奇才。在本人進行一些計畫案時，有了冠妏擔任助理，檔案與資料搜尋以及口述訪談或報告撰寫，完全沒有後顧之憂。

　　去年 12 月她的碩士論文獲得臺灣圖書館「臺灣學博碩士論文研究」獎助；如今，她的碩論將由臺師大圖書館出版中心付梓。衷心恭喜她踏出了研究生涯的一步。

國立臺灣師範大學　臺灣史研究所

退休教授　蔡錦堂

序

本書由筆者的碩士論文改寫而成，在撰寫論文的途中，2018 年 11 月，國立臺灣師範大學將校史的起點，自原本 1946 年的省立師範學院，延長至 1922 年的總督府臺北高等學校，一併囊括了戰後初期，由臺北高校改制而來的省立臺北高級中學，使得師大在今年（2022 年）迎來了創校一百週年。本書得以在百年校慶出版，躬逢其盛，實在深感榮幸。

本書得以完成，有賴眾多人們的協助，首先感謝長年致力於臺北高校、臺北高中以及師大校史研究的指導教授——國立臺灣師範大學臺灣史研究所蔡錦堂教授，本書的開展與完成，皆仰賴老師的指導與協助。

而臺北高中的歷史與記憶，停滯於距今七十餘年的 1949 年，何以填補之間的空白，校友們所提供的貴重回憶與史料，乃是串聯過去與現在的重要元素。在此對於接受訪問的臺北高校、臺北高中校友與其後代，（筆畫順）王源先生、李孔昭先生、張燦生先生、陳宗仁先生、游煥松先生、辜寬敏先生、黃伯超先生、黃武雄先生、溫理仁先生、蕭柳青先生、賴文傑先生、謝文周先生、蘇遠志先生，致上誠摯的感謝。

最後感謝我的家人們，感謝我的父母與祖父母，是不平凡的你們成就了平凡的我。

如今，臺北高中自歷史上銷聲匿跡七十餘年後，能夠再次獲得被當代的人們認識的機會，實在令人開心，然而，臺北高中相關的研究，以及史料蒐集，目前仍有許多力有未逮之處，亦在持續進行中，若翻閱此書的您，是臺北高中校友或其家屬，您們所擁有的回憶與資料，都是圓滿臺北高中歷史的重要且珍貴的元素，煩請不吝指教，非常感謝！

賴冠妏

2022 年 3 月

目 次

表　次

圖　次

第一章

緒論

　　2018 年 11 月 21 日，國立臺灣師範大學（以下簡稱「師大」）校務會議決議，將校史的起點，自原本 1946 年的「臺灣省立師範學院」（以下簡稱「師範學院」），追溯至 1922 年的「臺灣總督府臺北高等學校」（以下簡稱「臺北高校」），因此自 2019 年起，師大校史將邁入 97 週年。[1] 在此之前，「臺灣總督府臺北高等學校」的歷史，不僅未被現存任何一所學校記錄，對於大部分的臺灣人而言，更是鮮為人知。

　　然而，成立於 1922 年的臺北高校，為臺灣唯一一所由四年尋常科加上三年高等科構成之舊制高等學校，其特色為尋常科可直升高等科，而高等科又能直升帝國大學，一試即可「直達帝大」，因此成為學子們心目中的第一志願，其入學的競爭率，更甚於 1928 年成立的「臺北帝國大學」（今國立臺灣大學）。又臺北高校的學風自由奔放，學生可放浪形骸、昂首闊步地在街上放聲高歌，也可自由研習各式課外知識，其威風更可謂當時的「天之驕子」。該校培育的臺籍校友，包含前總統李登輝、行政院副院長徐慶鐘、立法院院長劉闊才、司法院院長戴炎輝等政治界的領導者，在實業界則有辜振甫、辜寬敏，醫學界則有魏火曜，文學界則有邱永漢、王育德等，在社會上各式各樣的領域中，發光發熱。

　　至今，臺北高校雖已作為今師大之前身聞名，但事實上，第二次世界大戰結束後，國民政府接收臺北高校後，該校並非立刻為省立臺灣師範學院（成立於 1946 年 6 月，今師大之前身）所繼承，而是於 1945 年 11 月 30 日改名「臺灣省立臺北高級中學」（以下簡稱「臺北高中」），為三年制高級中學。臺北高中存在時間雖僅短短四年，1949 年即停辦，校產移交師範學院，但實與臺北高校有直接繼承關係，卻不為人知。

　　戰後，在臺灣實施的殖民統治畫上休止符，國民政府立即在 1945 年 9 月 1 日成立臺灣省行政長官公署，進行臺灣的接收與管理工作，然而，由日本政權運作了 50 年的臺灣，無論在制度或文化上，皆與當時的中國產生極大的鴻

1　國立臺灣師範大學秘書室公共事務中心，〈校務會議通過 校史溯自 1922 年臺北高等學校初創〉，2020 年 5 月 17 日瀏覽，http://pr.ntnu.edu.tw/news/index.php?mode=data&id=17996。

溝，隨著國民政府而來的新制度、新文化、新語言等，帶給臺灣巨大的衝擊。臺北高中存在於新舊政權的夾縫之間，面臨了種種的矛盾與衝突，以往能夠「直達帝大」的全臺唯一舊制高等學校制度，瞬間淪為和其他地方高中無異的三年制，且畢業後仍須考大學之學制；原本身為日治時期菁英的身分，頓時失去價值，甚至在面臨新「國語」之時，原擁有優勢日語能力的他們，一夕之間成為文盲；又逢政治不穩定的時期，籠罩於威權統治的陰影之下，失去了自由與自治的空間。

　　然而，最為傷感者，或許是臺北高中的夾縫性格，一方面雖然承繼了臺北高校，卻因為時代變遷而失去高校的本質，一方面則因校史過短，又與師範學院合併而鮮為人知，明明實際存在於歷史之中，但他們所留下的歷史軌跡卻是如此模糊而哀傷。

　　本書欲探討以下三個問題，第一，臺北高中是什麼樣的學校？其具有什麼樣的時代與歷史意義？第二，臺北高中與其繼承的臺北高校，以及承接之的師範學院，有什麼關係與異同？第三，臺北高中何以消失於歷史上，又為何至今仍鮮為人知？

　　透過探討上述問題，希望得以補足銜接臺北高校與師範學院之間，過去未曾受到矚目的，名為臺北高中的空白歷史；另外，亦期望透過研究生存於戰後初期，新舊政權夾縫之間的臺北高中，了解該時代中，中等教育機構可能遭遇的問題及困境，並探討臺北高中在同時期各中等教育機構之間，具有什麼樣的特殊性。

　　在此之前，首先針對與本書主題相關的研究、本書所運用之文獻史料，以及研究方法進行介紹與說明。

　　與本書主題相關的研究，主要分為戰後中學接收、臺灣省立師範學院、臺北高等學校與臺北高級中學的三個種類。

一、戰後中學接收

　　關於戰後中學的接收情形，有洪瑞重《臺灣省行政長官公署時期教育的接

收與推展（1945-1947）》、[2] 胡茹涵《臺灣戰後初期的中學教育（1945-1952年）》[3] 等研究成果。

　　洪瑞重《臺灣省行政長官公署時期教育的接收與推展（1945-1947）》對於戰後初期教育接收工作之執行法規、實況皆有說明。第二章「教育籌備工作」，透過分析國民政府治臺初期，所擬定之教育接管計畫、相關公文等資料，說明教育接收之法規、執行單位，其工作內容及發展沿革；第四章「重整學校教育」第三節中，說明不同種類之中學校（包含：職業學校、中學、師範學校）的接收方式、入學方法、修業年限、校舍重整情形、課程設計等。其中，簡短提及省立臺北高級中學乃由臺灣總督府臺北高等學校改制而成，因其為男校，故僅有省立中學初級部畢業者可報考，並於中等學校校園學潮事件表[4] 中，條列出 1946 年 6 月 21 日，臺北高級中學曾因學制問題而發生學潮。

　　胡茹涵《臺灣戰後初期的中學教育（1945-1952 年）》說明戰後行政長官公署時期、二二八事件後改組之臺灣省政府，以及國民黨政府抵臺後，三個階段中臺灣中學教育的發展情形。其第二章「中國化中學教育的展開——二二八事件前後的中學教育（1945-1948 年）」，時間斷限與臺北高中存在之時期相同，詳細說明戰後中學接收之情形，包含教育政策與制度、師資與學生招收、課程內容、文化差異等。惟文中對於臺北高中，僅有帶過校名，未有進一步介紹。

二、臺灣省立師範學院

　　1946 年 6 月，省立師範學院核准設立後，即與臺北高中共用校舍、校產，1949 年 7 月，臺北高中停辦後，校舍、校產則由該校接收，故該校之創設，與臺北高中息息相關。

2　洪瑞重，《臺灣省行政長官公署時期教育的接收與推展（1945-1947）》（碩士論文，國立臺灣師範大學歷史研究所，1997 年）。

3　胡茹涵，《臺灣戰後初期的中學教育（1945-1952 年）》（碩士論文，國立清華大學歷史研究所，2005 年）。

4　洪瑞重，《臺灣省行政長官公署時期教育的接收與推展（1945-1947）》，頁 162-164。

關於師範學院的研究，有陳惠珠《戰後臺灣中等師資之搖籃——臺灣省立師範學院（1946-1955）之研究》，[5] 探討師範學院之創設歷程、師資、課程、校園生活、校風以及校友之動向和發展。第三章「學校設備、課程和師資」，簡述師範學院接收自臺北高中之圖書數量、校具數量，以及轉任該院教授之臺北高中師資。第五章「訓育管理與學運」，則說明師範學院面臨二二八事件、四六事件時的遭遇，以及事件的後續處理、隨之增強的訓育政策。二二八事件與四六事件發生之時，皆為師範學院與臺北高中共用校舍的時期，兩者的經歷十分相似，雖該研究未提及臺北高中在事件中的遭遇，但足以作為相關的背景參考。

三、臺北高等學校與臺北高級中學

關於臺北高中之研究成果，今師大即設立於臺北高中原址，其前身師範學院，於 1949 年接收臺北高中之校地、設施，故師大與臺北高中密切相關。然而，若檢閱其校史相關出版品，彙整有關臺北高中之內容、篇幅，可以發現校史相關出版品中，提及臺北高中之篇幅少則百餘字，多僅千餘字，甚至有未提及者，又內容重複性高，並以師範學院為論述主體，臺北高中僅為師範學院籌備過程中的過渡性階段，而未有深入介紹。

蔡錦堂〈日本治台後半期的「奢侈品」─台北高等學校與近代台灣菁英的誕生〉，研究臺北高校之成立、招生情形、課程內容、學生的課內外活動、傑出校友，文末對於承繼臺北高校之臺北高中，進行簡短介紹：

> 1945 年隨著戰爭的結束，台北高校亦為國民政府所接收，11 月 30 日改名為台灣省立台北高級中學，1946 年 10 月，因台灣的學校制度改變，台北高級中學第 20 期學生直接編入國立台灣大學二年級，21 期

5　陳惠珠，《戰後臺灣中等師資之搖籃——臺灣省立師範學院（1946-1955）之研究》（碩士論文，國立臺灣師範大學歷史學系，2005 年）。

生編入一年級，台北高校至此正式廢校。[6]

　　承上文，徐聖凱《日治時期臺北高等學校與菁英養成》詳細介紹臺北高中之前身——臺北高校，其創校過程、校長及教員之經歷與任用情形、招生方式、校風與學風、授課與評量內容、學生之背景及出路等，除了與臺北高校相關的說明，亦分析臺北高校與當時之社會、政策、時代之互動關係，對於臺北高校進行詳實且深入的研究。文中對於臺北高中，僅簡述對於戰後臺北高校在學生、應屆畢業生之處置方式，以及學生對此之慨歎：

> 1945 年 9 月 10 日學校恢復授課，11 月 30 日台北高校改名為「台灣省立台北高級中學」（台北高中），學生感嘆學制轉變後，高校生淪為高中生，專科生反進入大學先修班，成為準大學生……台北高中成立並接手台北高校尚未畢業的學生，應屆畢業生則於 1946 年 3 月，以「昭和二十一年三月以前持續在學，修畢所定課程」之條件，取得「台北高等學校仮卒業證書」（臨時畢業證書）之畢業資格，尋常科四年級生取得「尋常科四年課程修了證明書」返日，日籍未畢業生則編入日本各高等學校，或在戰後不安的環境下放棄學業。[7]

　　由於臺北高中即承繼臺北高校，兩校有直接關係，故該著作對於本書之研究方向、論述架構皆有很大啟發。

　　徐聖凱〈臺北高等學校到臺北高級中學的重整延續與斷裂（1945-1949）〉，[8]對於承繼臺北高校之臺北高中，進行初步的研究，首先簡介日治

6　蔡錦堂，〈日本治台後半期的「奢侈品」─台北高等學校與近代台灣菁英的誕生〉，收於《2007 年台日學術交流國際會議論文集》（臺北：外交部，2007 年），頁 59。

7　徐聖凱，《日治時期臺北高等學校與菁英養成》（臺北：國立臺灣師範大學出版中心，2012 年），頁 233-234。

8　徐聖凱，〈臺北高等學校到臺北高級中學的重整延續與斷裂（1945-1949）〉，收於蔡錦堂主編，《「臺北高等學校創立 90 週年　國際學術研討會」論文集》（臺北：國立臺灣師範大學臺灣史研究所，2014 年），頁 381-401。

時期臺北高校的運作情形，接著說明戰後國民政府接收，並改名「臺北高級中學」後，其校產乃至尚未畢業之學生、臨時教員的接收，以及接收完成後的校長任用、教職員招聘、學生募集、課程內容等情形。其中，應特別注意臺北高中與 1946 年 6 月成立之師範學院，共同使用校舍，亦有教師相互兼職的情形；而改變最為劇烈者為學制，從以往能擁有直升大學特典的舊制高等學校，淪為普通的高級中學，引起學生的不滿。該論文對於臺北高中已進行基礎介紹，本書擬進行更深入詳細的研究。

　　本書所運用之文獻史料，則包含官方資料、報紙、師大所藏之校史檔案、校友會名簿與校友回憶錄等史料。

　　官方資料部分，臺北高中等教育機構，戰後隸屬於臺灣省行政長官公署教育處，1947 年改制後，隸屬於臺灣省政府教育廳，故本書擬運用國史館臺灣文獻館所藏之臺灣省行政長官公署、臺灣省政府、省級機關等檔案；此外，亦擬使用機關之出版品，如臺灣省行政長官公署教育處編《臺灣省教育概況》、《臺灣一年來之教育》，臺灣省政府教育廳編《臺灣省教育法令彙編》、《臺灣省政府向省議會施政報告　教育部門報告彙編》，以及相關政府檔案史料彙編等。本書擬活用上述官方資料，建構戰後初期之教育相關政策、法規以及制度，並探討臺北高中受到的影響。

　　官方資料之外，戰後初期之報紙亦能提供相關資訊，如《臺灣新生報》、《民報》等，不僅公布教育相關的法規與政策，更曾對於臺北高中、師範學院的校務行事、學生活動等進行報導，得以補充官方史料之不足。

　　臺北高中承繼臺北高校後，經與師範學院共用校舍，後遭廢校，由師範學院取代，隨後改制為今師大，校址在近百年的時間裡，皆位於今師大之校地，臺北高中相關檔案即存於師大，以及其附屬中學（國立臺灣師範大學附屬高級中學）之檔案室中，至今仍未有相關研究進行檢閱、利用。

　　因此，本書主要使用臺灣師範大學檔案室典藏之《臺北高校／臺北高中移交師大檔案》，因本檔案不僅未有研究使用，師大校方更沒有正式命名，因此筆者依據其記載內容，將之命名為《臺北高校／臺北高中移交師大檔案》，其內容請見表 1-1。該檔案記載之內容包含臺北高校移交臺北高中、臺北高中移交師範學院之校地、校產、圖書清冊；臺北高中於戰後初期的招生、編班情

形；臺北高中停辦並移交師範學院的相關公文檔案等，得以初步掌握臺北高中前後任的交接情形，以及戰後初期臺北高中的在學生名單。

　　另外，本書亦使用師大圖書館校史組所藏史料（表 1-2），包含《臺北高級中學概況》、《省立臺北高中畢業生成績》、《臺北高級中學第一屆記念節秩序單》。其中，《臺北高級中學概況》雖未標明作成時間，但因內容與 1946 年 12 月 7 日刊登於《臺灣新生報》之報導[9]相似，因此或許可推測，該文件乃於 1946 年年底作成，其中記載的〈三月來之校務概況〉說明臺北高中的辦學方針、組織系統表、預算表、教職員一覽表、授課時間表，以及學生籍貫、年齡、家庭職業、畢業人數與升學情形統計表等重要資料，有助於臺北高中運作情形與人員構成之研究。

▼表 1-1 《臺北高校／臺北高中移交師大檔案》內容列表

典藏單位	史料名稱	內容
國立臺灣師範大學檔案室	日本臺灣總督府臺北高等學校移交清冊	化學科移交清冊
		動物科移交清冊
		植物科移交清冊
		地礦科移交清冊
		體鍊科移交清冊
		心理科移交清冊
		歷史科移交清冊
		數學科移交清冊
		教練科移交清冊
		一般備品移交清冊

9　〈臺北高中　明舉行校慶〉，《臺灣新生報》，1946 年 12 月 7 日，版 4。

典藏單位	史料名稱	內容
國立臺灣師範大學檔案室	臺灣省立臺北高級中學前後任移交總清冊	圖書科移交清冊
		公用財產總括
		臺灣省立臺北高級中學儀器標本目錄（化學）
		臺灣省立臺北高級中學儀器標本目錄（物理）
		臺灣省立臺北高級中學儀器標本目錄（動物）
		臺灣省立臺北高級中學儀器標本目錄（植物）
		臺灣省立臺北高級中學儀器標本目錄（地鑛）
		臺灣省立臺北高級中學儀器標本目錄（體育）
		臺灣省立臺北高級中學儀器標本目錄（心理）
		臺灣省立臺北高級中學儀器標本目錄（歷史）
		臺灣省立臺北高級中學儀器標本目錄（數學）
		臺灣省立臺北高級中學儀器標本目錄（教鍊）
		三十五年度以來存查雜件清冊
		臺灣省立臺北高級中學文卷移交清冊
		臺灣省立臺北高級中學用存物品表
		臺灣省立臺北高級中學房地產移交清冊
		臺灣省立臺北高級中學訓導處移交清冊
		臺灣省立臺北高級中學財產目錄
		臺灣省立臺北高級中學財產目錄（醫務）
	臺灣省立臺北高級中學校務文件表冊清冊	臺灣省立臺北高級中學會計類移交清冊
		三十五年度以來教務行政各項表冊清冊
		三十五年度第二學期以來教務處經辦各項文件存底清冊

（續下表）

典藏單位	史料名稱	內容
國立臺灣師範大學檔案室	臺灣省立臺北高級中學校務文件表冊清冊	臺灣省立臺北高級中學三十五年度以來教務行政各項表冊清冊
		臺灣省立臺北高級中學三十五年度以來教務暨各項會議紀錄清冊
		臺灣省立臺北高級中學三十五年度第二學期以來教務處經辦各項文件存底清冊
		臺灣省立臺北高級中學印章明細表
	臺灣省立臺北高級中學教職員名冊	臺灣省立臺北高級中學三十七學年公役名冊
		臺灣省立臺北高級中學教職員名冊
		臺灣省立臺北高級中學現任教職員名冊
	臺灣省立臺北高級中學招生資料	留日返臺學生分發
		編班考試座位表
		插班生領回學歷證件登記表
		臺灣省立臺北高級中學校留日返省第二期登記學生
		臺灣省立臺北高級中學校留日返省第二期登記分發臺北高中名冊
	臺灣省立臺北高級中學學生資料	臺灣省立臺北高級中學三十五年度以來歷屆退學生學籍表總冊
		臺灣省立臺北高級中學三十五年度以來歷屆學生學籍表總冊
		臺灣省立臺北高級中學學生戶籍日誌等冊
		臺灣省立臺北高級中學歷屆畢業生各項表冊清冊

典藏單位	史料名稱	內容
國立臺灣師範大學檔案室	臺灣省立臺北高級中學學生資料	臺灣省立臺北高級中學歷屆學生成績冊總冊
		臺灣省立臺北高級中學歷屆學籍表總冊
		歷屆畢業生各項表冊清冊
		歷屆學生成績冊總冊
		臺灣省立臺北高級中學三十五年度以來各學期各級學生人數及休學退學等存表清冊
		臺灣省立臺北高級中學三十五年度以來各學期學生入學及註冊等項清冊
		臺灣省立臺北高級中學三十四年度第二學期在學生名冊
		臺灣省立臺北高級中學在學生名冊（民國三十八年五月）
		肄業證明書
		歷屆畢業生人數總冊

資料來源：賴冠妏製表。

▼表 1-2 國立臺灣師範大學圖書館校史組所藏史料內容列表

典藏單位	史料名稱	內容
國立臺灣師範大學圖書館校史組	臺北高級中學概況	〈三月來之校務概況〉
		臺灣省立臺北高級中學組織系統表
		臺灣省立臺北高級中學常費預算表三十五年度
		臺灣省立臺北高級中學三十五年度第一學期學生籍貫統計表
		臺灣省立臺北高級中學三十五年度第一學期學生年齡統計表
		教職員一覽表
		臺灣省立臺北高級中學三十五年度第一學期教學科目及每週授課時間表
		臺灣省立臺北高級中學三十五年度第一學期學生家庭職業統計表
		教職員學歷統計表
		圖書館藏書統計表
		臺北高等學校時代畢業學生統計表
		省立臺北高級中學畢業學生統計表
	省立臺北高中畢業生成績	三十五學年度畢業生成績
		三十六學年度畢業生成績
		二年二期學生成績
	臺北高中第一屆記念節　秩序單	

資料來源：賴冠妏製表。

　　校友會名簿除提供學生名單，亦提供學生的出身中學、大學等學歷，以及日後的職業等資料，有利於臺北高中學生構成與背景的研究。本書使用臺北高校校友會「蕉葉會」編纂之《蕉葉會名簿（2005～2009 年版）》（以下簡稱《蕉葉會名簿》），以及臺灣省立臺北高級中學校友會編纂之《臺灣省立臺北高級中學校友通訊錄》，進行研究與分析。校友回憶錄則包含校友提供的日記、自述等，例如：臺北高校第二十一屆學生伊藤圭典，於二次大戰中擔任學徒兵期間，所撰寫的日記[10]；臺北高中第四屆學生溫理仁，畢業後撰寫的隨筆集《我輩は犬である》等，為除了口述訪談紀錄之外，珍貴的第一手史料，得以一探臺北高校、臺北高中學生，其學校生活的情景，以及所思所想。

　　本書所採用之研究方法，包含文獻分析及口述訪談法。

　　口述訪談部分，臺北高中存在時間雖僅短短四年，但仍培育約五百位學生。至今，校友雖多屆八、九十歲高齡，亦有已逝去者，但尚有身體朗健、頭腦清楚者，本書配合師大主持之「臺灣總督府臺北高等學校尋回記憶根基計畫」、「蕉葉與木鐸：從百年學校記錄／轉譯國家與地方文化記憶」計畫，對臺北高校、臺北高中校友進行口述訪談（表 1-3），並進行學生證件、證書、口記、相片等私文書史料之蒐集，不但得以補足現存史料之不足，也能了解臺北高中學生的生活史。

10　近期出版之伊藤圭典著、津田勤子主編，《伊藤圭典学徒兵日記──一九四五年三月十日～九月十四日》（臺北：國立臺灣師範大學出版中心，2022 年）。

▼表 1-3 校友訪談名單

編號	姓名	屆次	訪問日期
臺北高中			
1	陳宗仁（1927-）	第二屆	2018/9/16
2	李孔昭（1927-）	第二屆	2018/9/29
3	溫理仁（1930-）	第四屆	2019/3/7
4	謝文周（1927-）	第三屆	2019/4/8
5	賴文傑（1927-）	第三屆	2019/4/11
6	蘇遠志（1929-2021）	第三屆	2019/4/13
7	游煥松（1929-）	第三屆	2019/5/11
臺北高校			
8	田島覺（1931-）	第二十三屆 終戰時尋常科三年級	2018/8/15
9	蕭柳青（1927-）	第二十屆 理乙	2019/3/21
10	王　源（1925-）	第二十屆 理乙	2019/4/14
11	張燦生（1928-）	第二十一屆 理甲 （臺北高中第一屆）	2019/5/19

資料來源：賴冠妏製表。

　　透過上述文獻史料與研究方法，本書旨在重建存在於 1945 至 1949 年間「臺灣省立臺北高級中學」的樣貌，首先研究臺北高中的成立與招生情形，接著考量時代背景，論述臺北高中的學制、課程、學風，以及在新舊時代交接之際受到的影響，最後說明臺北高中的廢校過程，以及校友們的未來發展。

　　以期讀者們了解並記得，這所湮沒於歷史洪流中近七十載，承載著青春與哀愁的學校，在新舊時代夾縫之間奮力生存的身影。

第二章

從舊制臺北高等學校到
新制臺北高級中學

　　1945 年 8 月 15 日，日本戰敗，時任臺北高校圖書館長的德語教師石本岩根，為了要保護圖書館的藏書，帶著大量書籍與家人，前往位於三峽鎮的國民公學校避難（疏開），當天在學校的職員室裡，聽見了裕仁天皇宣布終戰的「玉音放送」；[1] 而在 1945 年 3 月考進臺北高校的同時，便編入學徒兵隊，入學即入營的高校生們，結束了幾個月來駐守在草山上，戴著鋼盔、揹著沒有子彈的舊槍，無止盡地挖掘使戰車陷落的洞窟，以防備美軍不知何時會登陸的軍中生活，數天後，回到了久違的校園。但他們所見到的是，染上瘧疾的同學、空蕩的宿舍「七星寮」，為了近在眼前的遣返日，而焦頭爛額的日籍同學與老師，短暫的高校生活，便在戰後殘破、焦慮的景象中悄悄畫下句點。

　　隔年，1946 年的春季，乍暖還寒之際，在臺日人自基隆、高雄與花蓮三港，陸續展開遣送，以往在臺北高校校內，遠多於臺灣同學的日本同學們，亦即將踏上「歸途」，回到他們本該熟悉卻陌生的祖國日本。

> 在臺北高校念書的人要離開，大概民國 34、35 年的時候，要離開的時候，差不多三、四個，邊唱著校歌，繞著校舍、圖書館，我曾經看過……這時候受到外界的影響，就是日本和中國要移交之前，大家跳 Storm，[2] 大家手挽著手，唱著校歌，繞著校舍、圖書館後才離開……邊唱邊跳，真是感慨。[3]

　　伴隨著終戰，日本在臺灣實施的殖民統治亦隨之畫上休止符，國民政府立即於 1945 年 9 月 1 日成立臺灣省行政長官公署，進行臺灣的接收與管理工作，然而，運作了 51 年的帝國政權，並不會像童話故事仙杜瑞拉一般，在宣

1　石本岩根，《石本岩根先生遺文集》（東京：聖文舍，1980 年），頁 694。

2　「Storm 怎麼做呢？就是一個人帶頭，在前面拿一個大鑼或鼓也可以，然後就帶一隊同學，兩、三個人一排，勾肩搭背的抱在一起，然後一路跳著走，一面唱歌，唱什麼歌都可以，校歌也可以，寮歌也可以，後面就是跟了幾十個人。」蔡篤堅編，《一個醫師的時代見證：施純仁回憶錄》（臺北：記憶工程，2009 年），頁 111。徐聖凱，《日治時期臺北高等學校與菁英養成》（臺北：國立臺灣師範大學出版中心，2012 年），頁 3。

3　蔡錦堂訪問，賴冠妏記錄，張燦生口述，2019 年 5 月 19 日。

告統治終結的「玉音放送」響起的同時，一切恢復日本領臺前的「原樣」，後續的接收、遣返，乃至維持臺灣統治的政策制定與實施，是一項龐大而複雜的工程。

　　本章旨在說明戰後臺灣教育的接收與改制，並探討此時臺北高校由日治時期的舊制高校，轉換為國民政府時代的新制高中──「臺灣省立臺北高級中學」，其改制的過程帶來的轉變與衝擊，以及改制後招生的情形。然而，臺北高中甫改制不久，政府因應戰後臺灣師資不足的情形，於同校地設立「臺灣省立師範學院」，形成「一校地兩學校」的奇異情景，本章亦將探討師範學院的設立，以及其對於臺北高中造成的影響與改變。

第一節　舊制臺北高校的殞落

一、接收與改制的衝擊

　　「舊制高等學校」自 1886 年（明治 19 年）「中學校令」頒布後，以「高等中學校」之名出現於日本國內，並於 1894 年（明治 27 年）「高等學校令」公布後，改稱「高等學校」，作為進入大學的預備校，在日本國內逐漸增加。1918 年（大正 7 年），第一次世界大戰後，日本國內的政治與經濟情形改變，加上學童就學率增加，高等教育機構的需求也隨之增加，同年年底，政府決議擴增高等教育機構，包含官立大學、專門學校、高等學校等。殖民地臺灣亦乘上此潮流，隨著 1922 年（大正 11 年）新「臺灣教育令」的頒布，其中第八條即規定「臺灣的高等普通教育依中學校令、高等女學校令及高等學校令」，[4] 同年 4 月 1 日，「臺灣總督府高等學校規則」頒布，「臺灣總督府臺北高等學校」終焉誕生。

4　加藤春城，《臺灣教育沿革誌》（臺北：社團法人臺灣教育會，1939 年），頁 113。

　　作為舊制高校的臺北高校，由四年制的尋常科、三年制的高等科構成（尋常科修畢後，可直升高等科），僅招收男性學生，其享有日本本島舊制高校的特色與文化。首先，舊制高校的特徵，即高等科畢業後，原則上可以免試直升帝國大學，具備「帝國大學預科」的性質，當時的日本領土內僅有 38 所舊制高校，臺北高校為其中 10 所「七年制高校」的其中一所，亦為全臺唯一一所高等學校，若在全臺學生中脫穎而出，通過臺北高校這道窄門，等同事先握有升學大學的入場券，也同時保障未來的就職之路，宛若魚躍龍門一般，搖身一變成為人人稱羨的「天之驕子」。而在臺北高校就讀的期間，得以享有優質的師資與資源，以及在殖民地中難得的自由學風，學生在無升學壓力的情形下，能夠自由探索、廣泛涉獵各式各樣的知識，並在行為舉止、思考表現上，得到政府大限度的自由與寬容。

　　得以通過「全臺升學的最大難關」者，在 1922 至 1942 年間，報考尋常科的臺人錄取率僅有 4%，每年錄取人數僅個位數，而高等科的臺人錄取率亦僅有 11%，[5] 其入學的競爭率，更甚於 1928 年成立的「臺北帝國大學」（今國立臺灣大學）。因此，該校培育的臺籍校友，包含前總統李登輝、行政院副院長徐慶鐘、立法院院長劉闊才、司法院院長戴炎輝等政治界的領導者，在實業界則有辜振甫、辜寬敏，醫學界則有魏火曜，文學界則有邱永漢、王育德等，在社會上各式各樣的領域中，發光發熱。

　　二次大戰後，日本政府結束在臺 50 年的殖民統治，由國民政府接收臺灣，並著手進行治理與改革。教育機構接收方面，根據 1945 年 11 月 7 日公布之〈臺灣省各級學校及教育機關接收處理暫行辦法〉，規定「臺北市區內之州立中等學校，由本署（臺灣省行政長官公署）直接派員接收整理」，[6] 教育處之工作人員，隨之於 10 月 17 日、11 月 19 日、12 月 11 日先後抵臺，依

5　徐聖凱，《日治時期臺北高等學校與菁英養成》，頁 132。

6　薛月順編，《臺灣省政府檔案史料彙編：臺灣省行政長官公署時期》（臺北：國史館，1996年），頁 355。

照分別派定之職務，開始進行接收工作。[7] 12 月，張金潤[8] 前來接收臺北高校，「臺灣總督府臺北高等學校」遂改名為「臺灣省立臺北高級中學」。[9] 除了校名之外，學制亦從日治時期的四年尋常科、三年高等科，統一改為國民政府規定之「三三制」，乃初級中學與高級中學各三年的制度。[10] 臺北高校改制為臺北高中後，修業年限為三年，僅招收具有中學或中學同等學歷的男性學生，若與臺北高校相比較，與高等科的性質相似，因此本書中論及的臺北高校相關制度、文化等，皆以臺北高校「高等科」為主。

　　然而，戰後學制的改變，卻使得臺北高校的地位因此一落千丈。若仔細觀察〈臺灣省各級學校及教育機關接收處理暫行辦法〉，臺北高校乃作為「州立中等學校」被接收，然而，臺北高校實為隸屬「臺灣總督府」的「高等教育」機構，無論在地位、等級、經費上，皆與地方的中等學校相差甚遠，此時卻被當作一般中學處理，或許可歸因於當時中國學制與日本學制的差異，以及國民政府對於臺灣教育情形的不理解，導致臺北高校在戰後改制之初，便喪失其原有的地位。

　　此外，根據臺灣省行政長官公署教育處，針對 1945 年 10 月至 1946 年 1 月期間的教育相關事宜，向省參議會進行施政報告的內容，[11] 提及「現全省公立中等學校，已一律改為省立，並就原有學校改定校名，計有師範學校三所……高級中學一所，中學十八所，女子中學二十所」，文中指出僅有一所高

7　臺灣省政府教育廳編，《臺灣省政府向省議會施政報告　教育部門報告彙編》（臺中：臺灣省政府教育廳，1976 年），頁 4。

8　臺北高中第一任校長張金潤，將於第三章第二節進行介紹。

9　國立臺灣師範大學圖書館校史組藏，《臺北高級中學概況》（出版地不詳：出版者不詳，1946 年），無頁碼。

10　戰前採用德式教育體系，由小學至大學修業年限為 6－5－3－3，高等學校屬於大學預備教育；戰後採用美式教育體系，修業年限更改 6－3－3－4。徐聖凱，〈臺北高等學校到臺北高級中學的重整延續與斷裂（1945-1949）〉，收於蔡錦堂主編，《「臺北高等學校創立 90 週年　國際學術研討會」論文集》（臺北：國立臺灣師範大學臺灣史研究所，2014 年），頁 391。

11　臺灣省政府教育廳編，《臺灣省政府向省議會施政報告　教育部門報告彙編》，頁 2-4。本文使用 1945 至 1946 年間的資料，當時尚無臺灣省政府、省議會，應為臺灣行政長官公署、省參議會。

級中學，並與一般中學做出區隔，臺北高中的地位，看似沒有改變。但於同報告的「臺灣省各級學校一覽表」（表 2-1）中，中等學校一欄僅概括分為師範學校、中學、職業學校三種類，臺北高中淪為 45 所中學的其中一所。

▼表 2-1 臺灣省各級學校一覽表

種別		單位
大學	臺灣大學	1
	臺灣大學預科	1
小計		2
專科	專科學校	5
小計		5
中等學校	師範學校	3
	中學	45
	職業學校	27
小計		75
國民學校	國民學校	1,099
小計		1,099
總計		1,181

資料來源：臺灣省政府教育廳編，〈臺灣省行政長官公署三月來工作概要（民國三十四年十月至三十五年一月）〉，收錄於《臺灣省政府向省議會施政報告　教育部門報告彙編》，頁 3-4。

　　1946 年 1 月 7 日公布〈臺灣省立各中學及職業學校三十四學年度第二學期招生辦法〉，第二條規定：

二、本省各中學及職業學校本學期招收新生班次，及名額規定如左：

（如因校舍容量或其他特殊情形須減招或增招者得專案呈請核定）：

甲、省立高級中學

一年級新生一百名；

二年級編級生一百名；

乙、省立各男女中學（專收日籍學生各校不招新生）

設在臺北、臺中、臺南、新竹、高雄五縣者，招收初高中一年級生各兩班。高中每班五十名；初中每班五十名。

設在臺東、花蓮港、澎湖三縣者，招收高中生一年級一班，初中一年級生二班，高中每班五十名；初中每班五十名。

丙、省立各職業學校

各招收一年級新生五十名。[12]

`

學制變更後，學期之劃分亦重新規定，戰後的第二學期乃指 1946 年 2 月 1 日至 7 月 31 日，[13] 由此可見，1946 年 2 月起，省立各男女中學也開始招收高中生，根據 1946 年 5 月教育部門的施政報告，「本學期招收初高中新生共一百班（已呈報者計九十班，尚有五校未報，每校以二班計算），每班五十名，合計約五千名」。[14] 雖然臺北高中仍保有戰後唯一「高級中學」之名，但已喪失唯一招收高中生學校之實。

二、「不要捨棄高校生！」：改制後的升學爭議

臺北高校的特殊之處，並不僅止於其為日治時期唯一一所培育高校生的學校，臺北高校生之所以能成為「天子驕子」，關鍵原因在於免試直升帝國大

12　薛月順編，《臺灣省政府檔案史料彙編：臺灣省行政長官公署時期》，頁 367-368。

13　薛月順編，《臺灣省政府檔案史料彙編：臺灣省行政長官公署時期》，頁 363。〈臺灣省各級學校學年學期假期劃一辦法〉（民國三十四年十二月）規定：「一學年分為二學期：以八月一日至翌年一月三十一日，為第一學期；以二月一日至七月三十一日，為第二學期」。

14　臺灣省政府教育廳編，《臺灣省政府向省議會施政報告　教育部門報告彙編》，頁 10。

學，不僅出路受到基本的保障，高校生畢業之後，往往擔任官職、醫師，成為臺灣社會中的菁英階層，更使高校生在學期間，能不受升學考試壓力束縛，得以自由汲取各式各樣的知識。然而，當臺北高校在戰後被當作一般中學對待的時刻起，便喪失了直升大學的權利，必須與其他數十所中學，在僧多粥少的情況下，一起在考場中競爭，使日治時期的高校生成為天子驕子的「光環」，在政權改制的瞬間，失去原有的光彩。

　　在戰前即考進臺北高校，但因戰爭爆發，而被徵召為學徒兵的臺籍高校生們，面對戰後被編入臺北高中，而無法直升大學一事，相當不滿。此時，國立臺北大學附屬大學先修班（以下簡稱臺大先修班）[15]自 1945 年 12 月 1 日起，開始招生，以中學校畢業，或舊制中學校四年修畢之中華民國國民為對象，招收志願進入國立臺北大學（臺大，今國立臺灣大學）人文學院及法學院者 120名，志願進入理學院、農學院、醫學院、工學院者各 50 名，畢業後可直升臺大就讀，[16] 民報更以「登龍門開了 臺大先修班開始考試」[17] 作為標題報導。此外，以往的大學豫（預）科生、醫專生、日本在學中的高校生與高專生，也具有編入大學先修班的資格，臺北高校生卻被排除在外。身為曾經的登龍門，臺北高校生如今更不願坐視專屬於高校的權利，拱手讓人。

　　高校生表達了對於升學問題的惶恐：

　　　　高級中學經初級中學三年畢業可以入學之，且高級中學之在學年限三箇
　　　　年，高級中學與高等學校不相同不過不止年限，而教育內容亦不同，遽
　　　　聞，先修班為大學之直係（按：應作「直系」）校，進入大學一定先修

15　李東華，《光復初期臺大校史研究（1945-1950）》（臺北：國立臺灣大學出版中心，2014年），頁 14。臺大先修班前身為日治時期臺北帝國大學豫（預）科，創立於 1941 年，招收中學畢業生，修業年限三年（同於高等學校高等科），畢業後直接升入臺北帝大就讀。二次大戰末期，為因應戰時情況，日人縮短學制，高等學校高等科及臺北帝大豫科之修業年限，縮短為兩年。

16　〈國立臺北大學附屬大學先修班（舊大學豫科）招生廣告〉，《臺灣新生報》，1945 年 11 月28 日，版 1。

17　〈登龍門開了，臺大先修班開始考試，教育部羅特派員等監試，投考人員總數一七七四〉，《民報》，1945 年 12 月 24 日，版 2。

班為優先，假使此消息若確實，我等高校生要何處去，祈望高校亦須編入先修班。[18]

除了提出想要編入大學先修班的懇切陳情，更可以看出臺北高校生對於編入高級中學的不滿，對高校生而言，新制高中不僅在升學權利上不及舊制高校，入學門檻、修業年限、教育內容等，皆有相當的差異，激起高校生更劇烈的不滿與憤怒。

「不要捨棄高校生！」，1945 年 12 月 7 日，臺灣新生報以強烈的標題，報導高校生對於無法編入臺大先修班的不滿：

以臺北大學[19]先修班編入問題為開端，臺北高等學校學生與家長提出陳情──臺北高校本省人學生對於被編入高等中學，而非臺北大學先修班一事，提出強烈反對，70 餘名學生於 4 日，在母校召開緊急學生會議，更於 5 日晚上 7 點開始，於市內靜修女學校與同校 70 餘名本國人學生與其家長，聚集約百位相關人士，對於編入問題的處理進行討論，糾紛的原因為，臺北高校原為升學大學的機構，以往皆可以優先升學，如今因省政府的政策，使得大學先修班成為大學的直系機構，開放預科生（原臺北帝國大學豫科）約 100 名、醫專生（原臺北帝國大學附屬醫學專門部）約 120 名，新招生的先修班生 320 名，以及於日本在學中的中國人學生入學，幾乎沒有收容其他學生的空間，這使得身為旁系的高校生，擔憂他們會喪失升學大學的優先地位。

5 日晚上的聚會中，由學生發表開會的理由、事情的經過，亦有學生發表悲壯的意見，家長也紛紛站起，吶喊道「不要對高校生見死不救」、

18　〈反對編入高級中學，高校開大會〉，《民報》，1945 年 12 月 6 日，版 4。

19　李東華，《光復初期臺大校史研究（1945-1950）》，頁 25。1945 年 11 月 15 日，羅宗洛等接收臺北帝大後，原沿日人稱呼，易名為「國立臺北大學」，經教育部提請行政院會議，決定更名為「國立臺灣大學」。1945 年 12 月 15 日，教育部以高字第 63242 號代電通知臺大，12 月 25 日代校長羅宗洛刊布告於《臺灣新生報》，自此改用「國立臺灣大學」校名。

「我們願成為學生的後盾」，發表激勵的言論，接著與學生一同將學生分為四班，每日皆前往萵（敬恩）秘書長、教育處宋（斐如）副處長、[20] 唐教育處第三科長、林教育處第四科長等人的宿舍，談判至深夜，但未得到明確的回覆，因此 6 日上午 8 點學生與家長再次集結，作成對於當局的陳情書，後續是否成功，受到矚目。[21]

　　從校友的回憶中，可以了解該議題最後的解決方式。1944 年 4 月入學的蕭柳青（第二十屆理乙）回憶道：

我代表臺高同學去訪問當時教育接收主任委員杜聰明教授，問他對我們臺高畢業生如何處置？他說「臺大予科、臺大附屬醫學專門部（醫專）[22] 係為臺大直屬，不必經過入學考試，但臺北高等學校等於中國學制的高級中學所以要經過入學考試」，我們的自尊不可允許，便去找臺大校長談，校長有日本留學經驗，[23] 所以清楚過去舊制學制的運作，臺北高校應該是不須考試就能直升大學的，他承諾我們說沒有問題，因此後來我們就只有口試，並且自己選擇科系，我選擇臺大醫學系，王源教授等則選擇農、理學院等。

因此我在 1946 年 9 月進入臺大時是二年級，也就是將臺北高校的第七年當作大學一年級，在大學讀了四年，五年級時畢業。（按：醫學系修

20　不詳，《臺灣省行政長官公署教育處職員錄》（不詳：臺灣省行政長官公署教育處，1946年），頁 1。

21　〈『高校生を見捨てるな』編入問題に父兄ら陳情〉，《臺灣新生報》，1945 年 12 月 7 日，版 4。原文為日文，中文為筆者自譯。

22　林吉崇，《台大醫學院百年院史（上）：日治時期（1897-1945 年）》（臺北：國立臺灣大學醫學院，1997 年），頁 28、40、195-196。1936 年 7 月設立臺北帝國大學醫學部，臺北醫學專門學校（醫專，最初為創設於 1899 年的臺灣總督府醫學校，1918 年改稱臺北醫學專門學校）改制為臺北帝國大學醫學專門部，為當時日本各大學中，唯一採取一校二部者。

23　李東華，《光復初期臺大校史研究（1945-1950）》，頁 17。當時的校長羅宗洛，1917 年上海南洋中學畢業後即赴日留學，就讀東京第一高等學校預科、仙台第二高等學校，畢業於北海道帝國大學。

業時間為六年）[24]

　　時任臺灣大學代理校長的羅宗洛，於其《接收臺灣大學日記》中，亦有臺北高校學生前來陳情的記載：

> （1945 年）十一月廿日：高等學校學生欲轉入預科……余允考慮。

> （1945 年）十二月一日：上午高等學校生徒五、六人前來談話，都望併入大學先修班或確定其大學入學之資格，談甚久。

> （1945 年）十二月四日：高等學校生徒數人上、下午分批求見，知四十六年度醫學部之學生數單就先修班現有人數，估計已超過二百名，恐非醫學部所能收容，為求前途安全起見，欲轉入先修班。余謂彼等可以中等畢業生資格參加入學考試，二年級學生，如得公署教育處之許可，亦可請求轉學編入先修班云。[25]

　　而蕭柳青回憶中的王源，同為第二十屆理乙的同學，他說：

> 我們是中國制的大學的話，高等學校畢業證書給他看，兩年已經修過，等於是中國制大學的一年修過，我們進去中國的大學，不但沒有考試，而且是二年級。……最後還是讀三年就畢業了。[26]

　　蕭柳青、王源等第二十屆高校生，在戰爭結束後回到學校，當時雖已改制為臺北高中，但他們仍於 1946 年 3 月，以日本學制的畢業時間畢業，並免試升入臺大。值得一提的是，蕭柳青所持有的畢業證書，為 1945 年 10 月 24 日，政權交接前夕，由「臺北高校」所發給的證書（圖 2-1），證書後說明道：

24　蔡錦堂訪問，賴冠妏記錄，蕭柳青口述，2019 年 3 月 21 日。

25　李東華、楊宗霖編，《羅宗洛校長與臺大相關史料集》（臺北：國立臺灣大學出版中心，2007 年），頁 229、235、236-237。

26　蔡錦堂訪問，賴冠妏記錄，王源口述，2019 年 4 月 14 日。

「本校將於數日後由中華民國政府接收，故事先交付本畢業證書，但仍需在1946 年 3 月底前持續在學，並修習指定課程，方才生效」，[27] 從蕭柳青先生至今仍悉心保存的高校畢業證書中，可以見到兩個時代更迭之間所留下的些許痕跡。

　　就讀第二十一屆理甲的張燦生，比蕭柳青、王源晚一年，於 1945 年 4 月，成為臺北高校高等科的最後一屆高校生，在戰後同樣被編入臺北高中，於 1946 年 6 月畢業，畢業證書則由「臺北高中」發予（圖 2-2），張燦生回憶其升學情形：

> 我們那時候的制度，（沒有考試就編入）專修班一年級，二年級等於臺大的一年級，是臨時的作法，所以我（民國）35 年 6 月四年畢業，36 年才編入一年級。……專修班一年級大家都還沒選（科系），二年級的時候編入（臺大）機械系一年級。[28]

　　可見高校生的升學問題，在學生與家長的爭取之下，最後成功獲得解決。最後兩屆的臺北高校生，在時代交替之間，仍然保有「天之驕子」的權利，得以免試進入臺大。

27　該項規定書寫於畢業證書背面，日文原文：「本校ハ不日中華民國政府ニ依リ接收セラルベキニツキ豫茲ニ本卒業証書ヲ交付ス但シ昭和二十一年三月末迄引續キ在學シ所定ノ課程ヲ履修シ得タル場合ニ限リ有效トス」。

28　蔡錦堂訪問，賴冠妏記錄，張燦生口述，2019 年 5 月 19 日。

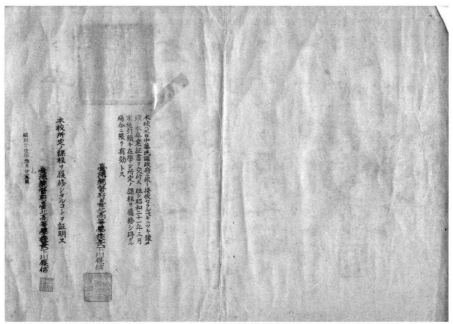

▲圖 2-1 臺北高校卒業證書

　上圖為正面、下圖為背面。

　資料來源：蕭柳青先生提供。

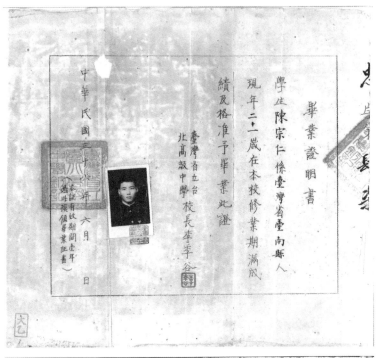

▲圖 2-2 臺北高中畢業證明書與畢業證書

事先發給畢業證明書（上圖），再憑畢業證明書，於有效期限一年內，
換取畢業證書（下圖）。資料來源：陳宗仁先生提供。

三、高校生的舊制與新制畢業

　　儘管第二十屆高校生與第二十一屆高校生，最終皆得以免試編入臺灣大學，第二十屆高校生在國民政府政權交接前，提前獲頒「臺北高校」的畢業證書，成為「有始有終」的高校生，然而，與第二十屆高校生僅有一年之差的第二十一屆高校生，卻在戰後編入臺北高中三年級，最後獲頒「臺北高中」的畢業證書，成為「有始無終」的高校生，同時成為臺北高中第一屆畢業生。何以一屆之差卻造成截然不同的結果，根據師大圖書館校史組藏《臺北高級中學概況》中〈三月來之校務概況〉記述：

> 本校前身為日本台北高等學校，創立於西曆一九二二年，迄一九四五止……本省光復後，教育處於民國三十四年十二月派張金潤氏前來接收，更名為台灣省立台北高級中學。三十五年三月就過去舊制舉行畢業考試一次，畢業生一四四人，七月又按新制舉行畢業考試一次，計畢業學生六十四人。[29]

從中可探究舊制高校生的編入、畢業情形。

　　終戰時，仍在學的臺北高校生，包含 1944 年（昭和 19 年）4 月入學，此時為高等科二年級的第二十屆高校生、1945 年（昭和 20 年）4 月入學，此時為高等科一年級的第二十一屆高校生，以及分別於 1942 年（昭和 17 年）4月、1943 年（昭和 18 年）4 月入學之尋常科四年級與三年級學生。[30] 另外，尚有 1943 年以降入學之臺北高校附設「臨時教員養成所」學生，「臨時教員養成所」為臺灣總督府自 1942 年 3 月起，因臺灣缺乏中學理科師資，而設立以培養數學及物理化學科中學師資的學校，修業時間 3 年。[31]

29　國立臺灣師範大學圖書館校史組藏，《臺北高級中學概況》，無頁碼。

30　1943 年招收最後一屆尋常科學生後即停招，因此終戰時僅餘 2 屆。

31　徐聖凱，〈臺北高等學校到臺北高級中學的重整延續與斷裂（1945-1949）〉，收於蔡錦堂主編，《「臺北高等學校創立 90 週年　國際學術研討會」論文集》，頁 388-389。

　　1945 年 3 月，隨著戰況加劇，臺灣中等以上學生，以學校為單位接受徵召組織學徒隊，臺北高校的尋常科與高等科學生，亦被徵召為學徒兵，直至 8 月 15 日聽聞宣告戰敗的「玉音放送」，並於 8 月 29 日舉行「除隊式」，臺北高校的學生們，無論日籍或臺籍學生，皆以「大日本帝國陸軍二等兵」的身分，度過為期約半年的軍旅生涯。8 月 29 日除隊當日，高校生們回到臺北高校，校長下川屢信宣布新學期將於 9 月 10 日展開，然而，面對日本已然戰敗的事實，在臺日人的遣返也近在眼前，多數日籍學生已無心學習。[32]

　　雖然自同年 12 月起，日籍臺北高校生便陸續遣返日本，[33] 但根據臺北高中校方於 1946 年 2 月 21 日刊登於《臺灣新生報》的日語公告：「向高等科●年，尋常科三、四年學生公告，因為本校將舉行入學考試，因此 2 月 22 日至 26 日臨時停課」，[34] 以及由終戰時在校的尋常科三年級學生，組成之「終尋會」，發行之〈臺北高等學校終尋會會報〉的記載：自 1946 年 2 月 1 日起學校便持續停課，2 月 27 日學生們看到報紙上刊登的開學報導，30 名同學便聚集至校內，但卻沒有到課堂上聽講，反而在講堂前集合，拍攝合照後，在運動場上舉行送別會，會上喝酒、談話、歌唱，並且進行了 Storm 等情形，[35] 可以發現在 1946 年上半年，日籍臺北高校生仍在校，但不久後便全員遭到遣返。

　　以下分述終戰後，直至 1946 年上半年仍在校的臺北高校尋常科三年級、尋常科四年級、第二十屆高等科、第二十一屆高等科的日籍、臺籍校友，戰後的升學情形（表 2-2）。

　　1943 年（昭和 18 年）4 月入學的尋常科三年級日籍學生，以田島覺為例，其於 1946 年 5 月遣返回國，在遣返後返回大分，編入大分中學四年級。

32　伊藤圭典，《當用日記》（未刊，1946 年），頁 308、310。

33　徐紹綱，《臺北高等學校學徒兵的徵召與實態》，（碩士論文，國立臺灣師範大學臺灣史研究所，2017 年），頁 81-85。

34　〈高等科●年，尋常科三、四年生徒ニ告グ〉，《臺灣新生報》，1946 年 2 月 21 日，版 3。●為史料污損難以辨別處。

35　終尋會，〈臺北高等學校終尋會會報〉（未刊，1997 年），頁 2。

就讀五年級時，政府頒布「教育基本法」、「學校教育法」，將學制更改為「6、3－3－4」，也就是小學 6 年、中學 3 年、高校 3 年、大學 4 年，因此田島覺成為新制高校的三年級生，畢業後升入大分大學經濟學部。[36] 而尋常科三年級的臺籍學生黃江林、溫文洋，則於 1946 年 3 月編入臺北高中一年級。

　　1942 年（昭和 17 年）4 月入學的尋常科四年級日籍學生，則發予日籍學生「尋常科四年課程修了證明書」，使其遣返回日本後，得以編入日本各高等學校。[37] 尋常科四年級的臺籍學生黃西洲、陳順星，則於 1946 年 3 月編入臺北高中二年級，乃配合戰後的「三三制」，舊制中學四年級學生等於新制高中一年級的學歷，因此得以編入新制高中二年級。

　　1944 年（昭和 19 年）4 月入學的第二十屆日籍與臺籍高校生，戰後為高校二年級學生，依照日本政府在戰前，因應戰況加劇，而將高校修業年限，自三年縮短為兩年的情形，第二十屆學生已經具備畢業的資格，因此於國民政府政權交接前夕的 1945 年 10 月底，獲得臺北高校頒發之畢業證書（圖 2-1），惟規定「需在 1946 年 3 月底前持續在學，並修習指定課程，方才生效」。第二十屆高校生乃配合日治時期學制，1944 年 4 月入學，到 1946 年 3 月才符合畢業年限，時臺北高中遂於「三十五年三月就過去舊制舉行畢業考試一次，畢業生一四四人」，[38] 其中，第二十屆的日籍與臺籍高校生共計 148 人，與《臺北高級中學概況》記載的 144 人相近，因此可推測第二十屆日籍與臺籍高校生，於 1946 年 3 月同時畢業。之後，日籍學生遣返回國，臺籍學生則透過陳情，保有日治時期高等學校直升帝國大學的權利，全員得以免試進入臺灣大學就讀。

　　1945 年（昭和 20 年）4 月入學的第二十一屆日籍與臺籍高校生，「入學即入營」，在入臺北高校的同時，隨即被徵召為學徒兵，因此直到終戰後的 9 月，才真正接受高校的教育，但也僅有短短的半年期間。以臺北高校校友伊

36　蔡錦堂、津田勤子訪問，林祐里記錄，田島覺口述，2018 年 8 月 16 日。

37　竹內昭太郎，〈最後の仮卒業証書〉，《台北高等學校（一九二二─一九四六）》（東京：蕉葉會，1970 年），頁 364-366。

38　國立臺灣師範大學圖書館校史組藏，《臺北高級中學概況》，無頁碼。

藤圭典為例，其於隔年（1946 年）4 月遣返回國，進入金澤第四高等學校繼續完成學業。[39]

　　另外，臺籍學生則編入「新制」，成為臺北高中的第一屆學生，對照《臺北高校／臺北高中移交師大檔案》中〈台灣省立台北高級中學　三十四年度第二學期在學生名冊（張任移交）〉（以下簡稱〈學生名冊〉），[40] 臺北高校第二十一屆共 64 位學生，依照原本的文科、理科編班，編入臺北高中三年級，並於戰後學制規定的畢業時間，「（1946 年）七月又按新制舉行畢業考試一次，計畢業學生六十四人」，[41] 獲頒臺北高中發給之畢業證書，成為臺北高中第一屆畢業生。畢業後，第二十一屆臺籍學生仍享有舊制高等學校直升帝國大學的權利，全員亦得以免試進入臺灣大學就讀。

　　然而，戰後才考進這所承繼臺北高校的臺北高中學生們，以僅僅數年的時間差距，與成為「天之驕子」的機會失之交臂。1946 年 2 月，臺北高中開始招收新生，懷著對臺北高校的憧憬，透過筆試進入臺北高中的學生們，卻成為全臺五千名初高中新生的其中之一，日後需透過競爭激烈的入學考試，才得以升學大學。

39　蔡錦堂、津田勤子訪問，田中美帆記錄，伊藤圭典口述，2018 年 8 月 21 日。

40　〈台灣省立台北高級中學　三十四年度第二學期在學生名冊（張任移交）〉，《臺北高校／臺北高中移交師大檔案》，臺灣師範大學檔案室典藏，無檔號。「張任移交」指臺北高中第一任校長張金潤，其於 1946 年 7 月以「體弱多病」為由請辭，因此將其任內截至三十四年度第二學期的在學生名冊，移交予次任校長。

41　國立臺灣師範大學圖書館校史組藏，《臺北高級中學概況》，無頁碼。

▼表 2-2 終戰時在校之臺北高校學生升學情形

校名	屆次 終戰時年級	臺北高校 入學年月		臺北高中入學年 （年級）		升學情形	
		日籍	臺籍	日籍	臺籍	日籍	臺籍
臺北高校	第二十屆 高校二年級	1944/4		1945/10 獲臺北 高校畢業證書 1945/3 以臺北 高校生身分畢業			免試直升 臺大
	第二十一屆 高校一年級	1945/4		遣返 回日	1946/3 編入 三年級	編入日本 高等學校	編入臺北 高中，畢 業後免試 直升臺大
	尋常科 四年級	1942/4		遣返 回日	1946/3 編入 二年級	編入日本 高等學校	編入臺北 高中，畢 業後參加 大學入學 考試
	尋常科 三年級	1943/4		遣返 回日	1946/3 編入 一年級	編入日本 中學	編入臺北 高中，畢 業後參加 大學入學 考試

資料來源：賴冠妏製表。

第二節　新制臺北高中的構成

　　在臺北高校的日籍學生遣返回日本後，臺籍學生編入改制後的臺北高中，同時，臺北高中亦開始招收新生，本節旨在說明臺北高中於 1945 年年底改制後，招生情形及學生來源。

一、臺北高中的招生情形

（一）考試入學

　　1946 年 2 月 7 日，《臺灣新生報》同時刊登兩則廣告，分別為〈臺高同窓會員に告ぐ〉（向臺高同學會員公告）以及〈臺灣省立臺北高級中學（即前臺北高等學校）招生公告〉（圖 2-3）。

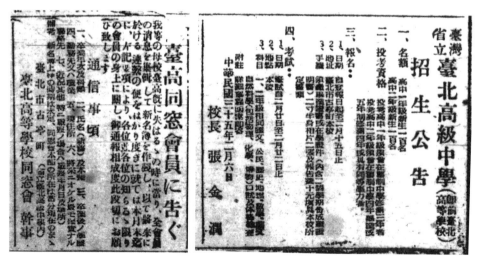

▲圖 2-3 1946 年 2 月 7 日《臺灣新生報》兩則頭版廣告
　資料來源：《臺灣新生報》，漢鑫圖書縮影出版有限公司出版，國立臺灣大學圖書館藏。

　　〈臺高同窓會員に告ぐ〉如此寫道：「在我們的母校臺高，已然消失的此時，為了將來的聯繫方便，欲彙編所有會員的資訊，以製作新名簿」，並告知臺高的校友們，將個人資料寄送至「臺北市古亭町（省立臺北高級中學內）臺

北高等學校同窗會」。[42]

　　就在臺北高校「已然消失的此時」，新制臺北高中展開第一次招生。招生公告自 2 月 7 日起，刊登至 2 月 16 日，內容如下：

一、名額　　高中一年級新生一百名

　　　　　　高中二年級新生一百名

二、投考資格　投考高中一年級須曾在舊制中學修滿三年者

　　　　　　投考高中二年級須曾在舊制中學四年畢業或五年制修滿

　　　　　　四年或具有同等學力者。

三、報名：

　　1、日期　自登報日起至二月十五日（十七日）止

　　2、地址　臺北市古亭町本校

　　3、手續　須繳畢業證書或在學證件（內含二個學期份成績證明

　　　　　　書）二寸半身相片二張及報告費十元填具本校所定書類

四、考試：

　　1、日期　筆試自二月廿日至二月廿二日止

　　2、地點　本校

　　3、科目　一、二年級相同國文、公民、歷史、地理、數學、英文

　　　　　　自然科學（包括物理、化學、博物）口試及体格檢查

附註　詳細章程函索即寄

中華民國三十五年二月六日

校長　張金潤[43]

---

42 〈臺高同窓會員に告ぐ〉，《臺灣新生報》，1946 年 2 月 7 日，版 1。

43 〈臺灣省立臺北高級中學（即前臺北高等學校）招生公告〉，《臺灣新生報》，1946 年 2 月 7 日，版 1；2 月 8 日，版 2；2 月 9 日，版 2；2 月 10 日，版 2；2 月 12 日，版 1；2 月 13 日，版 1；2 月 15 日，版 1；2 月 16 日，版 1。自 2 月 13 日起，報名截止日由 2 月 15 日改為 2 月 17 日。

　　報紙刊登之招生內容符合 1946 年（民國 35 年）1 月 7 日公布之〈臺灣省立各中學及職業學校三十四學年度第二學期招生辦法〉：

　　二、本省各中學及職業學校本學期招收新生班次，及名額規定如左：
　　　　（如因校舍容量或其他特殊情形須減招或增招者得專案呈請核定）：
　　　　甲、省立高級中學
　　　　　　一年級新生一百名；
　　　　　　二年級編級生一百名；
　　（中略）
　　三、省立各中學及職業學校入學考試資格規定如左：（日籍學生不招）；
　　　　甲、省立高級中學
　　　　　　舊制中學修滿三年者，得應考一年級；
　　　　　　曾在舊制中學四年畢業，或五年制修滿四年者，得應考二年級；
　　　　　　具有同等學力者，亦得應考，但其錄取名額，不得超過全額百分之十五。
　　（中略）
　　五、省立各中學及職業學校招考科目，除口試及體格檢查外，筆試科目暫行規定如左：
　　　　甲、省立高級中學
　　　　　　應考一年級生科目：
　　　　　　國文、公民、歷史、地理、數學、英文（未習者免試）、自然科學（包括物理，化學，博物）
　　　　　　應考二年級編級生科目：
　　　　　　國文、公民、歷史、地理、數學、英文（未習者免試）、自然科學（包括物理，化學，博物）[44]

44　薛月順編，《臺灣省政府檔案史料彙編：臺灣省行政長官公署時期》，頁 367-370。

　　臺北高中的首次入學考試，隨著學校登報向仍在學的高等科，以及尋常科三、四年級的同學公告，將於 1946 年 2 月 22 日至 26 日舉行入學試驗，因此將會停課[45] 之後展開，預計招收一、二年級各 100 名新生。

　　三十四學年度第二學期結束後，經過學制調整的爭議（詳見第三章第三節），一、二年級學生順利升上二、三年級，遂於 1946 年 10 月開始進行第二次新生招考，招生公告（圖 2-4）自 10 月 9 日起，刊登至 10 月 11 日，內容如下：

　　　一、名額：一年級新生二十名
　　　二、資格：凡在本省舊制中學修業滿三年者或國內初級中學畢業者均可
　　　　　　　　投考
　　　三、報名日期：自本月十四日起至十六日止
　　　四、報名地點：本市龍安街本校
　　　五、報名手續：呈繳證明文件及最近一寸半身照片三張
　　　六、考試日期及地點：本月十八，十九日在本校舉行[46]

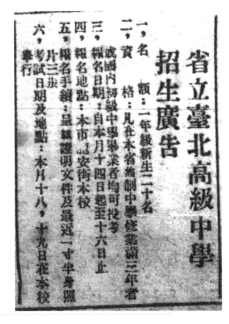

◀圖 2-4 臺北高中最後一屆招生廣告
資料來源：《臺灣新生報》1946 年 10 月 10 日，版 4，漢鑫圖書縮影出版有限公司出版，國立臺灣大學圖書館藏。

45　〈高等科●年，尋常科三、四年生徒ニ告グ〉，《臺灣新生報》，1946 年 2 月 21 日，版 3。
46　〈省立臺北高級中學招生廣告〉，《臺灣新生報》，1946 年 10 月 9 日，版 3；10 月 10 日，版 4；10 月 11 日，版 2。

　　而臺北高中舉行的第二次入學考試，即是最後一次入學考試，同年 6月，師範學院為解決戰後初期師資不足的問題，成立於臺北高中校內，並於1949 年 7 月，取代臺北高中。因此，1946 年 10 月入學的高中一年級新生，在 1949 年 7 月畢業的同時，成為臺北高中最後一屆畢業生。

（二）登記分發：留日返臺學生

　　此時，政權的轉換影響的不僅只有在臺灣島上，在日本留學的臺灣學生，亦面臨去留問題。1945 年 1 月 31 日，行政長官公署函請美軍駐臺聯絡組，向東京盟軍總部詢問關於留日臺籍學生的處理方式，決定：

> 經於本年二月間，擬具臺灣省留日學生處理辦法，臺灣省留日返省學生
> （按：留日學生返回臺灣省）處理辦法及臺灣省行政長官公署教育處辦
> 理留日返省學生登記及編級試驗辦法，呈奉長官核准，公布施行。凡本
> 省留日學生，除專科以上學校理、工、農、醫各科學生志願繼續留日肄
> 業外，其餘均以全部返省為原則……已返省之留日學生，由教育處公告
> 登記辦法，自二月一日開始登記，第一期截至三月十五日止（原定二月
> 底止，後又展期），計共八一九名。第二期擬自五月一日開始登記，至
> 六月底截止，以後不再舉辦，除登報公告外，並請廣播電臺向日本廣
> 播。教育處為審查已登記留日返省學生之資格及分發轉學事宜，依照本
> 省留日返省學生處理辦法第二條之規定，擬具臺灣省留日返省學生審查
> 委員會組織規程，呈奉長官核定成立委員會，由教育處長兼任主任委
> 員，並由教育處聘請委員十人至十六人（國立臺灣大學教授 3-5 人、中
> 學以上學校校長 5-7 人、教育處高級職員 2-4 人）組織之。[47]

　　教育處遂依照〈臺灣省留日返省學生處理辦法〉、〈臺灣省行政長官公署

47　臺灣省行政長官公署教育處編，《臺灣省教育概況》（臺北：臺灣省行政長官公署教育處，
　　1946 年），頁 124-129。臺灣省政府教育廳編，《臺灣省政府向省議會施政報告　教育部門
　　報告彙編》，頁 15。

教育處辦理留日返省學生登記及編級試驗辦法〉[48] 分別於 1946 年 2 月 1 日至 3 月 15 日舉行第一期登記分發，5 月 1 日至 6 月底舉行第二期登記分發，再經過留日返省學生審查委員會審查，將學生依照其學歷及志願，分發至相對應的學校。

　　第一期留日返省學生登記分發結果，分發至臺北高中者共 21 名，其他同樣作為分發學校者，有臺灣大學等 3 所大學、2 所專科學校，以及包含臺北高中在內的 13 所中學，各中學分發人數如表 2-3：

▼表 2-3 留日返省（中學）學生第一期登記分發結果

校名	分發人數
臺灣省立臺北高級中學校	21
臺灣省立成功中學校	5
臺灣省立建國中學校	3
臺灣省立臺北第一女子中學校	8
臺灣省立基隆中學校	2
臺灣省立新竹中學校	10
臺灣省立臺中第一中學校	15
臺灣省立臺南第一中學校	12
臺灣省立嘉義中學校	18
臺灣省立嘉義女子中學校	1
臺灣省立高雄第一中學校	12
臺灣省立屏東中學校	2
臺南私立長榮中學校	3

資料來源：臺灣省行政長官公署教育處編，《臺灣省教育概況》，頁 125-126。

48　臺灣省行政長官公署教育處編，《臺灣省教育概況》，頁 127-128。

　　1946 年 7 月 14 日，教育處於《臺灣新生報》刊登留日返省學生第二期
登記分發結果，分發至臺北高中者共 33 名，其他同樣作為分發學校者，有國
立臺灣大學等 7 所大學，以及包含臺北高中在內的 15 所中學與職業學校，各
中學分發人數如表 2-4：

▼表 2-4 留日返省（中學）學生第二期登記分發結果

校名	分發人數
臺灣省立臺北高級中學校	33
臺灣省立臺北第一女子中學校	14
臺灣省立成功中學校	6
臺灣省立建國中學校	3
臺灣省立臺中第一中學校	8
臺灣省立臺中第一女子中學校	4
臺灣省立新竹中學校	5
臺灣省立嘉義中學校	7
臺灣省立屏東中學校	2
臺灣省立高雄第一女子中學校	4
臺灣省立高雄第一中學校	1
臺灣省立臺南第一中學校	4
臺灣省立臺南師範學校	2
臺南私立長榮中學校	2
臺灣省立淡水中學校	1

資料來源：〈臺灣省行政長官公署教育處公告〉，《臺灣新生報》，1946 年 7 月 14 日，版 1。

　　從中可見臺北高中分發人數，遠多於其他中學，分發乃參考學生的個人志願，或許可以推測此時志願登記臺北高中者相當多，並且來自臺灣各地。在此時的臺灣中學生心目中，臺北高中仍然等同於日治時期培育「天之驕子」的臺北高校，依然是臺灣高中的第一志願。

　　第一期登記分發學生，因缺乏相關史料，而無從得知學生名單，須待日後相關史料出現，方能進一步研究。不過，《臺北高校／臺北高中移交師大檔案》中，藏有〈台灣省留日返省學生第二期登記分發台北高中名冊〉（以下簡稱〈分發名冊〉），[49] 若與教育處公告之結果相對照，〈分發名冊〉記錄之留日返省第二期學生姓名、數量皆相同。〈分發名冊〉中，更記錄每位學生的「畢業年限」，並以此作為編入年級的依據，畢業年限為 4 年者，表示該生於日本的中學修業 4 年，應編入高中二年級，畢業年限為 5 年者，則編入高中三年級。

　　此為學制轉換的配合措施，以中華民國學制的「三三制」為基礎，將於日本中學修業的時間代入，以決定編入的年級。戰前日本國內的中學，修業年限為 5 年，之後隨著戰爭開展，根據 1943 年 1 月公布之〈中等學校令〉與 3 月公布之〈中等學校規程〉，1943 年 4 月入學者，

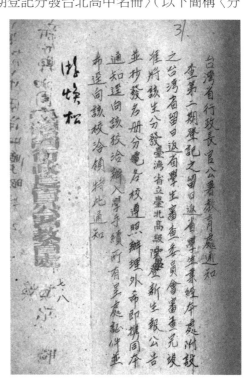

▲圖 2-5 留日返省學生游煥松，分發至臺北高中通知
資料來源：《臺北高校／臺北高中移交師大檔案》，臺灣師範大學檔案室典藏。

49　〈台灣省留日返省學生第二期登記分發台北高中名冊〉，《臺北高校／臺北高中移交師大檔案》，臺灣師範大學檔案室典藏，無檔號。

修業年限改為 4 年。[50] 其中，修業 5 年者在中華民國的 3 年初中、3 年高中制度下，正好是高中 2 年級……依此類推，將留日返省的學生編入戰後臺灣高中內（圖 2-5）。

另外，有部分留日返省學生——熊本縣人吉中學畢業，修業 4 年的賴文傑、東京都立國立中學畢業，修業 4 年的廖文雄、宮崎縣都城中學畢業，修業 5 年的溫永輝等，在分發結果公布前，即自行報名臺北高中於 2 月底舉辦之入學考試，儘管這些學生於日本的修業年限足以編入二、三年級，但學校依照考試結果，將賴文傑、溫永輝編入一年級，而廖文雄則編入二年級。其中，同樣修業 4 年的廖文雄與賴文傑，卻被編入不同的年級，何以進行這樣的分級，或許是因為他們自行選擇報考一或二年級（三人中學修業年限，無論報考一年級或二年級，都符合資格），但確切原因則因資料缺乏，不得而知。

雖然教育處公布，僅進行兩次留日返省學生登記分發，但〈分發名冊〉中卻有「教育處第三次登記留日回國學生」的名單，共計 28 名，部分學生亦確實進入臺北高中。第三次登記分發，是教育處另開門路，抑或是臺北高中自行招收，或許可以透過第二屆校友溫興春的經歷，略窺一二。1945 年 3 月，溫興春畢業於熊本縣玉名中學校，並考上名古屋高等理工科學校，但卻因為戰況膠著，最終未能進入該校就讀，戰爭結束，短暫於日本經商後，於 1946 年 7 月返臺，在大部分日本留學生多於 1946 年年初返臺的情形下，溫興春返臺的時間相對較晚，

> 回到臺灣時大學都已考完，我拿著日本名古屋高等理工科學校的註冊證明去申請入學，被教育廳分發到臺南高工（現在的成功大學）電氣科就讀，要去報到時在臺北火車站遇到同船回臺的日本留學生，大家異口同聲的鼓勵我一起去參加省立臺北高級中學的插班考試，就這樣糊裡糊塗的進入臺北高級中學三年級。[51]

50　文部科學省，「白書・統計・出版物 > 白書 > 学制百年史 > 二　中等学校制度の再編」，2019 年 10 月 5 日瀏覽，http://www.mext.go.jp/b_menu/hakusho/html/others/detail/1317700.htm。

51　張春菊等訪問紀錄；曾彩金總編輯，《溫興春校長口述歷史訪談紀錄》（屏東：屏東縣六堆文化研究學會，2006 年），頁 30。

透過溫興春的經歷可以發現，雖已超過教育處規定的第二期登記分發受理時間（5月1日至6月底），但教育處卻仍持續進行留日返臺學生登記分發作業。然而，溫興春並未就讀教育處分發的學校，而自行參加臺北高中的插班考試，之後進入臺北高中三年級，成為臺北高中第二屆學生。由此可見，在第二期登記分發結束後，無論教育處或是臺北高中，仍受理留日返臺學生的登記分發、插班考試，學生更擁有相當自由的選擇權，惟第二期與第三期登記學生，在臺北高中校方的記錄中，應是同時進行考試、編級與入學的。

透過登記分發的留日返省學生，仍需經過入學考試，根據〈臺灣省行政長官公署教育處辦理留日返省學生登記及編級試驗辦法〉，除了國民學校學生外，登記分發者應至教育處領取試驗證，參加各學校特設之編級試驗，考試科目包含口試、體格檢查以及必修科目兩種，「成績過差者，得降一級編插，無班編插者，依其第二志願分發」。[52]

《臺北高校／臺北高中移交師大檔案》中，關於留日返省學生登記分發的文件中，有〈編級試驗學生座位表〉[53] 一份，依照應編入的年級，分為第三、四試場，應編入三年級者於第三試場應試，共 33 名，應編入一、二年級者於第四試場應試，共 30 名，應試者與〈分發名冊〉中，第二期與第三期登記分發名單幾乎相同，僅扣除已經參加一般入學考試之 3 人，並增加未出現在〈分發名冊〉中的 3 名。

另外，若對照〈學生名冊〉與〈分發名冊〉，部分學生不僅未出現於登記 1946 年 2 月入學考試通過者的〈學生名冊〉，也未出現於同年 5 月開始登記分發的第二期〈分發名冊〉，卻被記載於校友會所編纂的校友名簿中，也確實曾就讀臺北高中，例如臺北高中第二屆校友李孔昭便是其中一名。

1927 年出生於臺南新化的李孔昭，5 歲時隨著在滿州奉天就讀滿州醫科大學的父親，舉家搬遷至甫經過九一八事變，方成立不久的滿州國。自幼就讀

52　臺灣省行政長官公署教育處編，《臺灣省教育概況》，頁 128。

53　〈編級試驗學生座位表〉，《臺北高校／臺北高中移交師大檔案》，臺灣師範大學檔案室典藏，無檔號。

日本幼稚園、國民學校，受到完整且良好的日本教育，使李孔昭在國民學校畢業後，免試保送奉天一中，然而，中學二年級時遇第二次世界大戰爆發，不但教師無法授課，學生也需要進行勞動服務，被派至飛機場製作零件的李孔昭，因為返回學校定期點名，而剛好躲過美國 B29 轟炸機對機場的掃射，得以在戰爭中倖存，最終完成奉天一中的 5 年學業，戰後返回臺灣。然而，因應戰後臺灣學制改變，僅有 5 年中學學歷的李孔昭，未達升學大學所需之中學 6 年學歷門檻，因此轉而投考臺北高中。李孔昭回憶其參與留日返省學生編級試驗的過程：

> 1946 年，從滿州（奉天一中）回到臺灣之後，臺灣新中學制度裡，臺北建中是相當臺南一中，回來那年建中沒有招生，只有臺北高中招生，所以我去報考了。
>
> 考臺北高中的時候從臺南到臺北，到臺北之後不知道怎麼搭車，所以從臺北車站走到臺北高中，走到都九點了，考試已經開始，當時我遇到事務組的老師朱（際鎰）老師，跟他解釋我從臺南來的，他還是讓我去考試。[54]

　　或許可以推測，李孔昭等未出現於〈學生名冊〉與第二期〈分發名冊〉上，但確實入學的學生，可能為第一期留日返省學生，並被安排於〈編級試驗學生座位表〉中未記載，但理應存在的第一、二試場進行考試。

　　另外，雖然符合登記分發資格，但自行參加 2 月底入學考試的賴文傑，在入學後，與畢業於日本早稻田中學，透過留日返省登記分發入學的謝文周成為好友，但卻相當懷疑好友是否未經過入學考試：「其他理丙、理丁說不定是沒有考試進來的啊。謝文周先生有沒有我也不清楚。當時（我）用軍屬的名義回臺灣，比較早回來，說不定比較晚回來的可以不用考試，用學校的證明到教

54　蔡錦堂訪問，賴冠妏記錄，李孔昭口述，2018 年 9 月 28 日。

育廳申請就可以。」[55] 對此，謝文周回憶入學的情形：「（1945 年 12 月回到臺灣後）我就去教育部，他們說你去『編入』，並考試。那時候很多人沒有考上，是我們早稻田程度比較高」，[56] 證實留日返省的學生，確實仍須經過入學考試，才得以入學臺北高中。

經過入學編級試驗後，留日返省學生乃於 1946 年 9 月入學，編入相對的年級，成為三十五學年度第一學期的新生。

（三）登記分發：中國來臺學生

除了自日本返回臺灣的學生，隨著新政權而從中國來到臺灣者，則依循臺灣省行政長官公署教育處於 1946 年 8 月 16 日公告之〈內地來臺公教人員子女申請轉入本省中學肄業登記辦法〉，[57] 獲得編入臺灣學校的機會。

該辦法旨在「便利內地來臺公教人員子女申請轉入本省中學肄業起見」，「內地來臺」指自中國來臺者，對象為已於公私立初級中學畢業，或者公私立中學高初級肄業者，將之分發至臺灣各區中學。由上述條件可知，本辦法僅適用於高中生，與分發範圍上至大學，下至國民學校的〈臺灣省留日返省學生處理辦法〉有所不同。

申請者須填具家長證明書、保證書（保證人資格文官需薦任職以上，武官須少校以上，被保證人親屬及主管教育行政機關人員不得擔任）及申請入學登記表，並提出學歷證明文件，於 1946 年 9 月 15 日前提出申請，經審查後分發，再至各校參加編級試驗，並特別強調「經分發入省立中學肄業，得與各校原有學生享受同等待遇」。

其中，臺北高中即為分發的對象之一。然而，無論校方檔案，或者報紙、政府公報等，皆未有透過此辦法入學者的名單，僅能從校友口述中略窺端倪，

55　蔡錦堂訪問，賴冠妏記錄，賴文傑口述，2019 年 4 月 11 日。

56　蔡錦堂訪問，賴冠妏記錄，謝文周口述，2019 年 4 月 8 日。

57　臺灣省行政長官公署教育處，〈內地來臺公教人員子女申請轉入本省中學肄業登記辦法〉，《臺灣省行政長官公署公報》，35：秋：41（1946 年 8 月 16 日），頁 645-646。〈臺灣省行政長官公署教育處公告〉，《臺灣新生報》，1946 年 8 月 17 日，版 1。

1946 年 10 月透過考試入學的溫理仁回憶：「我們這屆招了 20 名，其他同學有一些是從日本、中國回來的高校生，可能符合某些資格就可以申請入學吧。」，[58] 雖無法掌握確切的人數及名單，但可能有學生透過此管道進入臺北高中，成為三十五學年度第一學期新生的一員。

二、誰是「臺北高中學生」？

　　臺北高中存在的 1945 年至 1949 年期間，共有四屆學生（表 2-5），首屆學生為 1945 年 4 月，進入臺北高校第二十一屆的 64 位臺籍學生，同時在學者尚有 1944 年 4 月入學之臺北高校第二十屆學生，以及尚未遣返回國的臺北高校尋常科三、四年級學生。其中，僅有臺北高校第二十一屆學生採用新學制，於 1946 年 6 月畢業，不同於第二十屆學生，於戰後初期即獲得臺北高校的畢業證書（圖 2-1），第二十一屆學生則獲頒臺北高中的畢業證書，故臺北高中學生名冊中僅記錄第二十一屆學生。另外，尋常科三、四年級中的 4 名臺籍學生，則分別編入臺北高中第三屆與第二屆。

　　第二、三屆學生為臺北高中公開招生的第一批新生，透過 1946 年 2 月舉行的招生考試，依照考生戰前的學歷，招收高中一、二年級生各 100 名，通過考試的新生，於 1946 年 3 月展開第一學期的課程。除了考試外，自日本返回臺灣的留學生、從中國前來臺灣的中學生，可以透過〈臺灣省留日返省學生處理辦法〉、〈內地來臺公教人員子女申請轉入本省中學肄業登記辦法〉，依照其戰前學歷及志願，申請登記分發，通過學校舉辦的編級試驗後，便可於 1946 年 9 月成為臺北高中第二至四屆的新生或插班生。

　　然而，1946 年 6 月師範學院於臺北高中校地成立，並於 1949 年 7 月取代臺北高中，使同年 7 月自臺北高中畢業之高三學生，成為該校第四屆，也是最後一屆學生，而這屆學生乃於 1946 年 10 月通過招生考試入學者 20 名，再加上部分來自日本或中國，透過登記分發編入一年級的學生。

58　蔡錦堂訪問，賴冠妏記錄，溫理仁口述，2019 年 3 月 7 日。

▼表 2-5 臺北高中歷屆學生入學、在學時間表

學期＼屆次	第一屆	第二屆	第三屆	第四屆
三十四學年度第一學期（1945/9-1946/1）	【三年級】臺北高校第二十一屆臺籍學生			
三十四學年度第二學期（1946/2-1946/7）		【二年級】1946/2考試入學 終戰時在校之尋常科四年級臺籍學生	【一年級】1946/2考試入學 終戰時在校之尋常科三年級臺籍學生	
三十五學年度第一學期（1946/9-1947/1）		【三年級】（自日本、中國返臺分發進入三年級者於1946/9入學）	【二年級】（自日本、中國返臺分發進入二年級者於1946/9入學）	【一年級】1946/10考試入學 （自日本、中國返臺分發進入一年級者於1946/9入學）
三十五學年度第二學期（1947/2-1947/7）				
三十六學年度第一學期（1947/9-1948/1）			【三年級】	【二年級】
三十六學年度第二學期（1948/2-1948/7）				

（續下表）

學期 ＼ 屆次	第一屆	第二屆	第三屆	第四屆
三十七學年度第一學期（1948/9-1949/1）				【三年級】
三十七學年度第二學期（1949/2-1949/7）				

資料來源：學期劃分乃參考〈臺灣省各級學校學年學期假期劃一辦法〉（民國三十四年十二月），收於薛月順編，《臺灣省政府檔案史料彙編：臺灣省行政長官公署時期》，頁 363。

　　那麼，臺北高中的四屆學生，共有多少人呢？筆者綜合《臺北高校／臺北高中移交師大檔案》中之〈學生名冊〉，[59] 以及臺北高校校友會「蕉葉會」製作的《蕉葉會名簿》[60] 中的臺北高中校友名單等資料，嘗試整理出臺北高中四屆學生的完整名單，並初步統計歷屆在學人數與畢業人數，如表 2-6：

59　〈台灣省立台北高級中學　三十四年度第二學期在學生名冊（張任移交）〉，《臺北高校／臺北高中移交師大檔案》，臺灣師範大學檔案室典藏，無檔號。
60　蕉葉會，《蕉葉會名簿（2005～2009 年版）》（東京：蕉葉會，2004 年），頁 115-128。

▼表 2-6 臺北高中歷屆在學人數與畢業人數

屆次	第一屆	第二屆	第三屆	第四屆	合計	參考資料
臺北高中〈學生名冊〉	64	142	219		425	(1)
《蕉葉會名簿》在學人數	64	85	154	34	337	(2)
留日返省編入人數（實際編入數／應考人數）	0/0	22/32	22/29	1/2	45/63	(3)
在學人數	64	164	247	32	**507**	(4)
畢業人數	64*	81	115	25/30+7**	**285/297**	(5)

註：＊〈臺灣省立臺北高級中學歷屆畢業生人數總冊〉記錄畢業生 62 名，《臺北高級中學概況》記錄畢業生 64 名，《蕉葉會名簿》記錄畢業生亦為 64 名。

　　＊＊〈臺灣省立臺北高級中學歷屆畢業生人數總冊〉記錄畢業生 25 名，《省立台北高級中學畢業生成績》記錄畢業生 37 名，其中 7 名原為第三屆學生。

資料來源：1.〈台灣省立台北高級中學　三十四年度第二學期在學生名冊（張任移交）〉，《臺北高校／臺北高中移交師大檔案》，臺灣師範大學檔案室典藏，無檔號。〈在學生名冊〉，《臺北高校／臺北高中移交師大檔案》，臺灣師範大學檔案室典藏，無檔號。

　　　　　2. 蕉葉會，《蕉葉會名簿（2005〜2009 年版）》，頁 115-128。

　　　　　3.〈台灣省立台北高級中學校留日返省第二期登記分發台北高中名冊〉，《臺北高校／臺北高中移交師大檔案》，臺灣師範大學檔案室典藏，無檔號。

　　　　　4. 本書附錄三〈臺北高級中學學生名冊〉。

　　　　　5.〈臺灣省立臺北高級中學歷屆畢業生人數總冊〉，《臺北高校／臺北高中移交師大檔案》，臺灣師範大學檔案室典藏，無檔號。國立臺灣師範大學圖書館校史組藏，《省立台北高級中學畢業生成績》，無頁碼。

　　筆者以校方的〈學生名冊〉為基礎作成學生名單，接著再與校友會的《蕉葉會名簿》相對照，進行名單的增補，惟〈學生名冊〉乃於三十四學年度第二學期（1946 年 2 月至 7 月）作成，而第四屆學生於 1946 年 10 月才進行招生，其入學年分晚於〈學生名冊〉作成時間，故第四屆學生之數量，另外使用作成於 1949 年 5 月的〈在學生名冊〉，與《蕉葉會名簿》紀錄相對照。

　　另外，〈學生名冊〉中未列出留日返省登記分發生，《蕉葉會名簿》則有記入，校方僅記錄透過一般招生考試入學者，不包含留日返省登記分發學生（自行參加招生考試者除外），或許是因為此份檔案為三十四學年度第二學期的名冊，而留日返省學生為 1946 年 9 月入學的，三十五學年度第一學期新生的緣故，故筆者再輔以〈分發名冊〉添加並確認留日返省生的人數。留日返省學生的實際編入人數與應考人數亦有差距，未編入的學生，可能是在編級測驗中遭到淘汰，又或者因為某些原因未將自己的資料送至校友會，而沒有在學的記錄，確切原因由於史料的缺乏，不得而知。值得注意的是，此處留日返省學生的數量，亦與教育處公布之留日返省（中學）學生第一、二期登記分發結果（表 2-3、表 2-4）不同，產生差異的原因，待日後掌握確切登記分發學生名單後，再行研究。

　　綜合上述資料，最終作成之學生名冊，請參考本書附錄三〈臺北高級中學學生名冊〉。

　　不過，令人好奇的是，各屆在學人數扣除插班編入的留日返省學生後，仍遠超過該屆考試入學的預定招生人數（第二、三屆原預定各招 100 人，第四屆預定招收 20 人），第三屆更是比預期多收 100 名以上，或許可以推測，除了本節介紹的招生管道之外，尚有其他入學管道，待日後其餘相關史料出現，再行談討。

　　最後，經過比對及增補，發現臺北高中校方〈學生名冊〉中的人數，遠多於《蕉葉會名簿》的紀錄，筆者推測或許是《蕉葉會名簿》中記錄者為最終成功畢業者，故再對照《省立台北高中畢業生成績》，發現《蕉葉會名簿》大部分確實為成功自臺北高中畢業的學生。實際畢業人數與在學人數的差距如此劇烈，誤差的原因，或許與臺北高中日後遭遇的學制問題有關，將於第三章進行討論。

　　包含記載人數在內，可以觀察到兩份名冊具有相當大的差異，首先，記載
資料各有不同，校方的〈學生名冊〉與〈在學生名冊〉記載資料包含班級（學
號）、籍貫、年齡、性別、年級，校友會的《蕉葉會名簿》則記載班級、出身
中學、出身大學、職業以及聯絡資訊。其中，記載內容的差異，最大者為學生
的「屆數」（如表 2-7），《蕉葉會名簿》中臺北高中學生僅有「三回」，1945
年 4 月入學臺北高校，1946 年 7 月自臺北高中畢業，被臺北高中〈學生名
冊〉歸為「第一屆」的學生，於《蕉葉會名簿》中則歸屬臺北高校第二十一
屆，不計入臺北高中，但若以這批學生所持的畢業證書為準，應為「臺北高中
第一屆學生」無誤。

▼表 2-7 《蕉葉會名簿》與〈學生名冊〉臺北高中記錄屆次差異比對表

在學時間　　　　名冊記錄屆次	《蕉葉會名簿》	〈學生名冊〉
1945 年 4 月臺北高校入學 →1946 年 7 月臺北高中畢業	臺北高校 第二十一屆	臺北高中第一屆
1946 年 2 月考試入學一年級者 1946 年 9 月分發入學一年級者 →1947 年 7 月畢業	臺北高中第一回 （校友自稱： 臺北高校 第二十二屆）	臺北高中第二屆
1946 年 2 月考試入學二年級者 1946 年 9 月分發入學二年級者 →1948 年 7 月畢業	臺北高中第二回 （校友自稱： 臺北高校 第二十三屆）	臺北高中第三屆
1946 年 10 月考試入學一年級者 1946 年 9 月分發入學一年級者 →1949 年 7 月畢業	臺北高中第三回 （校友自稱： 臺北高校 第二十四屆）	臺北高中第四屆

資料來源：賴冠妏製表。

　　其次，兩份名單的分班方法亦不同（第四屆學生未分班，故在此不討
論），《蕉葉會名簿》中的分班承襲臺北高校，以「文甲、理乙」方式命名，
「第一回」（實為第二屆學生）分為文甲、理乙、理丙，共 3 個班級，「第二回」

（實為第三屆學生）分為文甲、理乙、理丙、理丁，共 4 個班級。然而，臺北高校歷年來每屆僅有 4 班，分為「文甲、文乙、理甲、理乙」（除最後一屆入學者，因應戰爭需求，理科招收較多學生，分為文、理甲之 1、理甲之 2、理乙，該屆共招收 175 名學生）。《蕉葉會名簿》中臺北高中班級的命名規則，與臺北高校實不相同。

〈學生名冊〉的分班方式更是不同，第一屆學生的分班與臺北高校無異，分為三文、三理甲、三理乙，共 3 個班級，然而第二屆起分為二年甲班、二年乙班、二年丙班，共 3 個班級，第三屆則分為一年甲班至戊班，共 5 個班級，除去了文科、理科分別外，第三屆學生甚至較《蕉葉會名簿》更多出一班。然而對於實際班級數，大多數校友沒有確切印象，甚至懷疑一個年級是否真的有那麼多班級。

上述的疑點，透過與三十四學年度第二學期（1946 年 2 月至 7 月）的「臺灣省省立各級學校學級數及教職員學生人數一覽表」[61] 相比對，得到初步的解答。一覽表中記錄臺北高中學級數（班級數），共有 11 班，（男性）學生人數 423 人。依照臺北高中〈學生名冊〉的分班方式，此時第一屆學生為三年級，共有 3 班，第二屆學生就讀二年級，共有 3 班，第三屆學生就讀一年級，共有 5 班，合計確為 11 班。

又透過三十五學年度第一學期（1946 年 9 月止）的「台灣省省立中等學校概況表」[62] 記錄臺北高中的班級數共有高中部 9 班，學生（男性）245 人，1946 年 9 月時，第一屆的學生已全數畢業，剩下第二屆的學生就讀三年級、第一屆的學生就讀二年級，依照臺北高中〈學生名冊〉的分班方式，共有三年級 3 班、二年級 5 班，若加上預定招收的一年級 1 班，剛好是 9 班。或許可由此推測，〈學生名冊〉的分班數量才是正確的。

雖然臺北高中校方以「一年甲班、一年乙班」等方式分班，校友則多以「文甲、理乙」等臺北高校的分班法自稱，或許可以猜測臺北高中分班仍以文科、理科分班，只是不若臺北高校一般將文理科記入班級名稱。然而，最令人

61　臺灣省行政長官公署教育處編，《臺灣省教育概況》，頁 195。

62　臺灣省行政長官公署教育處編，《臺灣一年來之教育》（臺北：臺灣省行政長官公署宣傳委員會，1946 年），頁 120。

費解的，是《蕉葉會名簿》與〈學生名冊〉中，學生所屬的班級完全不同，以第三屆學生為例，〈學生名冊〉記錄的一年甲班，即包含《蕉葉會名簿》中分屬文甲、理乙、理丙、理丁的學生，由於《蕉葉會名簿》與〈學生名冊〉的分班規則未有相關資料，需待相關史料出現後，方能持續進行研究。

長期以來，大眾對於臺北高中的了解，大多來自於臺北高校校友會「蕉葉會」的記錄，透過臺北高中校方檔案與相關史料的分析與研究，得以瞭解更符合史實的學生入學方式、在學期間、在學人數、屆次與分班情形。

而入學臺北高中的學生，根據第二屆校友陳宗仁悉心收藏的文件，將發予學生證（圖 2-6），以及身分證明書（圖 2-7）。值得注意的是，身分證明書實利用以往臺北高校遺留的文件用紙，以日文標記現住所、生日欄位，並註明「證明右記者為本校高等科＿科第＿學年學生（一右本校高等科＿科第＿學年生徒タルコトヲ證明ス）」，臺北高中則將高等科字樣劃除，並蓋上「臺灣省立臺北高級中學校長張金潤」、中華民國日期印章，以及該校關防章，以持續使用。從這份身分證明書，可以清楚看見新舊時代交接的痕跡，更是臺北高校與臺北高中承繼關係的證明。

無論透過何種方式進入臺北高中，剛從二次大戰的戰火中劫後餘生的少年們，都懷著相同的夢想。當時甫從嘉義中學畢業的蘇遠志，回憶道：「那時候臺灣最好的學校，要進帝國大學，就要去念臺北高中，臺北高中在前一年改名了，所以我去考那年叫作臺灣省立臺北高級中學。」[63] 而從東京大空襲的砲彈中逃過一劫的謝文周，強調當年報考臺北高中的競爭情形，「不是每個人都考得上，那時候臺灣就只有臺北高中！」[64] 於是，來自全臺各地，甚至是剛從日本返臺的青年學子們，懷著對於「臺北高校」的憧憬與期待，報考改制後的臺北高中。

然而，戰爭結束不到半年的時間，學生們夢想中的「登龍門」臺北高校，卻隨著政權變更後的改制，喪失其原有的地位與權益，甚至在不久之後，另一所與臺北高校、臺北高中截然不同的學校，設置於臺北高中校內，剝奪了原有的校地，最終，更將取代臺北高校與臺北高中的存在，注定其悲劇的命運。

63　蔡錦堂訪問，賴冠妏記錄，蘇遠志口述，2019 年 4 月 13 日。
64　蔡錦堂訪問，賴冠妏記錄，謝文周口述，2019 年 4 月 8 日。

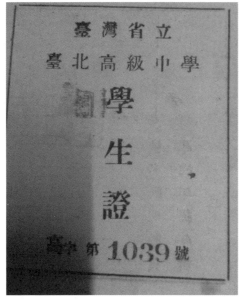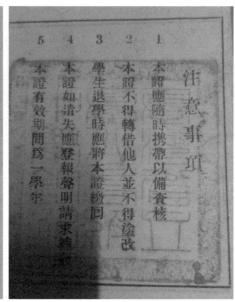

▲圖2-6臺灣省立臺北高級中學學生證

　　左圖為正面，右圖為背面。資料來源：陳宗仁先生提供。

◀圖2-7臺北高中身分證明書

　　資料來源：陳宗仁先生提供。

第三節　「一校地兩學校」：
　　　臺北高中與臺灣省立師範學院的共生

　　1946 年 6 月起，原臺北高校的校地上，除了前述臺北高中外，另存在一所與其截然不同的學校——師範學院，形成高中規模校與大學規模校，共用同一校地的「一校地兩學校」特殊情形，然而，後到的師範學院，卻在日後「鳩佔鵲巢」，取代省立臺北高中，成為該校地的主人。至今，該地以「國立臺灣師範大學」為人所知，臺北高中則面臨停辦並廢校的命運，在歷史上，僅有短短 4 年的存在。

　　尤有甚者，臺北高中及臺北高校因此在師大校史中銷聲匿跡，日後師大所出版的各冊校史，對於臺北高中及臺北高校，皆以簡短文字潦草帶過。2016 年，逢師大「七十週年」校慶所出版之《另一種凝視：師大七十》，對於草創時期之師範學院與臺北高中的關係，如此寫道：

> （按：師範學院）建校校址則選定日治時期臺灣總督府臺北高等學校（以下簡稱：臺北高校）舊校地，但該地已於 34 年（1945）年底改為臺灣省立臺北高級中學（以下簡稱：臺北高中），在資源匱乏與制度紊亂的過渡期，本校僅能暫時與臺北高中共用校舍。……35 年（1946）同址並立臺灣省立師範學院，8 月臺北高中校長由臺灣省立師範學院院長兼任，至 38 年（1949）完成階段性任務後停辦，其校舍與設備全由本校接收。[65]

將臺北高中定義為師範學院「過渡期」，完成「階段性任務」後即可停辦，臺北高中遂因此淹沒於歷史洪流之中。

65　林政儒；柯皓仁、張素玢主編，《另一種凝視：師大七十》（臺北：國立臺灣師範大學出版中心，2016 年），頁 25、30。

　　本節旨在研究師範學院的創設情形，分析該校與同校地的臺北高中「一校地兩學校」的互動關係，以及臺北高中停辦後校地、校產的移交情形。

一、臺灣省立師範學院的創設

　　戰後，國民政府接收臺灣，在教育方面，隨即面臨了種種的難題，除了教育制度的變革、各級學生的分發等問題外，更為嚴峻者為師資缺乏問題。根據臺灣總督府 1944 年作成之統計，國民學校現有教職員 15,483 人，臺籍 8,322 人、日籍 7,161 人，中等學校現有教師 2,115 人（不含職員），臺籍 104 人、日籍 2,011 人，專科以上學校現有教師共 355 人，臺籍 13 人、日籍 342 人，[66] 由此可見，在以往的學校中，日籍教師佔大多數，然而，戰後大部分日籍教師遭到遣返，遂產生了嚴重的師資缺乏問題，其中，尤以中等學校教師最為缺乏。

　　接收初期，雖為避免學校業務停頓，〈臺灣省各級學校及教育機關接收處理暫行辦法〉規定「上列接管之學校及教育機關，除國語、國文、公民、史地教育，應由國人充任外，得酌量暫時留用日籍教職員」，[67] 但在日籍教師於 1946 年 3 月陸續遣返回國後，僅占日治時期中等學校教師總數 5%的百餘名臺籍教師，難以負擔數千名中學生的教育。據教育處統計，隨著日籍學生返國，雖可減少教員約 600 至 800 人，但尚須補足 1,100 至 1,300 位教師，且政府因應日治時期，日人對於臺人升入中等學校限制嚴格，今後欲盡量給予臺人受中等教育機會，使中學生數量大增，[68] 因此，中等學校的師資短缺，成為當務之急。

　　為解決「師荒問題」，教育處採取「甄選」與「徵選」兩種方法，「甄選」乃依照 1945 年 11 月制定之〈臺灣省中等國民學校教員甄選辦法〉，[69] 規定各

66　臺灣省行政長官公署教育處編，《臺灣一年來之教育》，頁 7。
67　薛月順編，《臺灣省政府檔案史料彙編：臺灣省行政長官公署時期》，頁 356。
68　臺灣省行政長官公署教育處編，《臺灣省教育概況》，頁 74。
69　薛月順編，《臺灣省政府檔案史料彙編：臺灣省行政長官公署時期》，頁 359-362。

級學校教員應具備的資格，並由臺灣省中等國民學校教員甄選委員會進行甄選，合格後再予以短期訓練及講習；「徵選」乃鑑於，

> 本省淪陷五十年，臺胞受敵人壓迫，無法接受祖國之文化與教育，對於祖國語文史地，均不瞭解，接收初期，對於祖國語文史地之教學，最為重要。[70]

因此相關科目之教員，必須向省外（上海、福建等地）徵選。截至 1946 年 4 月 25 日止，甄選合格中等學校教師 301 人、省外徵選來臺之中等學校教師約 430 餘人，[71] 然而，甄選與徵選合格的人數與須補足的師資，仍有相當大的距離，又省外願意來臺工作者並不甚踴躍，[72] 中等學校的師荒仍難以解決。

　　此外，因甄選委員會委員多不具臺灣教育經驗，導致甄選的教員多不適任，甄選辦法又使得優秀的本省人才，因語言障礙而落選，具有語言優勢的外省教師卻未必適才適所；又從省外徵選而來者，部分因路途遙遠而無法順利來臺工作，抵臺者又出現鄉音過重，而難以進行教學的問題。中等教師的缺乏，除了「量」的問題，「質」也備受懷疑。[73]

　　鑑於上述問題，政府認為除了臨時設法進行甄選、徵選外，應主動從事中等學校師資的培養，故籌設「省立師範學院」，擬從根本上解決師荒問題。

　　1946 年 3 月，師範學院籌備委員會成立，於臺北市龍口町（今臺北市立國語實驗小學）辦公。1946 年 4 月 11 日，教育處處長范壽康向行政長官公署長官陳儀、秘書長葛敬恩提出簽呈：「為適應本省急切需要培養大量師資起

70　臺灣省行政長官公署教育處編，《臺灣省教育概況》，頁 75。
71　臺灣省政府教育廳編，《臺灣省政府向省議會施政報告　教育部門報告彙編》，頁 14。
72　〈解決師荒問題〉，《臺灣新生報》，1946 年 2 月 15 日，版 2。
73　陳惠珠，《戰後臺灣中等師資之搖籃──臺灣省立師範學院（1946-1955）之研究》（碩士論文，國立臺灣師範大學歷史學系，2005 年），頁 9-10。

見，奉命籌設本省省立師範學院」，[74] 並附呈「省立師範學院設立原則草案」共十五條，第一條即規定「本省為適應當前教育之特殊需要並為造就中等學校之健全師資起見，特設立省立師範學院。」，設立位址則根據第十二條「本學院暫設於本省省立高級中學（即前日本統治時期之高等學校校舍）並利用其原有設備。」，因此，臺北高中遂與師範學院結下了不解之緣。陳儀於隔日（4月 12 日）簽核，並指派范壽康為師範學院籌備主任，由行政長官公署正式核准後，籌備委員會[75] 遷至位於龍安街（今龍泉街）的臺北高中，5 月 12 日，院長李季谷自上海抵臺，開始主持院務。

　　5 月 17 日，兼籌備主任的教育處處長范壽康，與師範學院院長李季谷、臺北高中校長張金潤，以及其餘籌備委員，於臺北教育會館召開「師範學院籌備談話會」，會中除對師院設立原則條款進行增修確認外，討論結果的第七、八點如下：

> 七、師範學院以省立台北高級中學為基礎將來即以此基礎擴充至省立台
> 　　北高級中學應另覓校舍遷讓
>
> 八、師範學院學（按：應為「與」之誤）高級中學本學期雖同在一校舍
> 　　內一切校具及設備以盡量分別使用為原則[76]

　　此處應特別注意，教育處最初即決定以師範學院取代臺北高中，使用該校校地，然而，此時對於臺北高中的處置，僅為「另覓校舍遷讓」，而非最終的停辦、廢校。

74　「省立師學院籌備主任范壽康派任案」（1946 年 04 月 11 日），〈省立中等學校校長任免〉，《臺灣省行政長官公署檔案》，國史館臺灣文獻館，典藏號 00303233008004。

75　〈師範學院籌備談話會〉，《臺北高校／臺北高中移交師大檔案》，國立臺灣師範大學檔案室典藏，教字 1 宗第 13 號。

76　籌備委員包含范壽康、沈仲九、張同光、張金潤、褚應瑞、李季谷、任德庚、王志義、沈明璋等人，又根據任德庚訪問記錄，尚有朱道欽、黃肅秋、陳俊雄等人。國立臺灣師範大學編，《國立臺灣師範大學校史》（臺北：國立臺灣師範大學，1985 年），頁 1-2。

　　1946 年 6 月，師範學院正式成立，9 月 28 日，於大禮堂舉行成立典禮，[77] 以臺北高中為校地進行招生、校務運作。不同於同校地的臺北高中，師範學院被歸類為「高等教育機關」，從此形成中等與高等教育共用一地的「一校地兩學校」情形。自同年 3 月，師範學院籌備委員會成立開始，至 9 月底即完成第一屆學生招生，並開始授課，短短半年左右的時間，即完成一所學院的創設，其進度之所以能夠如此飛快，實有賴與臺北高中共用校地、校舍及設備之故。

　　創校第一屆師範學院學生，乃經過兩次招生而來。1946 年 5 月 31 日，師範學院於《臺灣新生報》刊登招生公告（圖 2-8），[78] 其中標明師範學院學生一律為公費生，初期膳食暫時由師範學院發給米代金及副食費，由學生自理，宿舍正在趕建中，因此暫採通學辦法。優厚的公費制度與未來就業的保障，吸引許多學生報考。

77　此後，師範學院每年以「6 月 5 日」為校慶，並沿用至今，而非以師院舉行成立典禮的 9 月 28 日為準，乃以行政長官公署頒發的「鈐記」（關防印記）的啟用日（6 月 5 日）為校慶日。根據〈呈為呈報正式成立日期即日啟用關防拓具印模六份請准予存報備查由〉（《臺北高校／臺北高中移交師大檔案》，臺灣師範大學檔案室典藏，檔號 0350000126-01），其實師範學院於 1946 年 5 月 27 日即已擬電「本省各有關機關」，師範學院「業已正式開始辦公並啟用關防」，且已於 5 月 31 日發出電文（檔號 0350000068A-02）。但行政長官公署對於師範學院關防啟用一事，指令：「所請照准關防隨令附發仍希於該學院正式成立之日啟用並拓具印模三份報備為要」（拓具印模後追加為六份）（檔號 0350000068A-03）。雖然師範學院最後呈報行政長官公署教育處的公函為「六月五日正式啟用關防」，但原公文草案為「六月五日正式成立即日啟用關防」，「成立」與「即日」均以雙直線劃掉（檔號 0350000126-01）。師範學院呈報行政長官公署教育處的公文中，書寫關防的啟用確為 6 月 5 日沒有疑問，但並未呈報正式成立日期。

78　〈臺灣省立師範學院招生公告〉，《臺灣新生報》，1946 年 5 月 31 日，版 6。

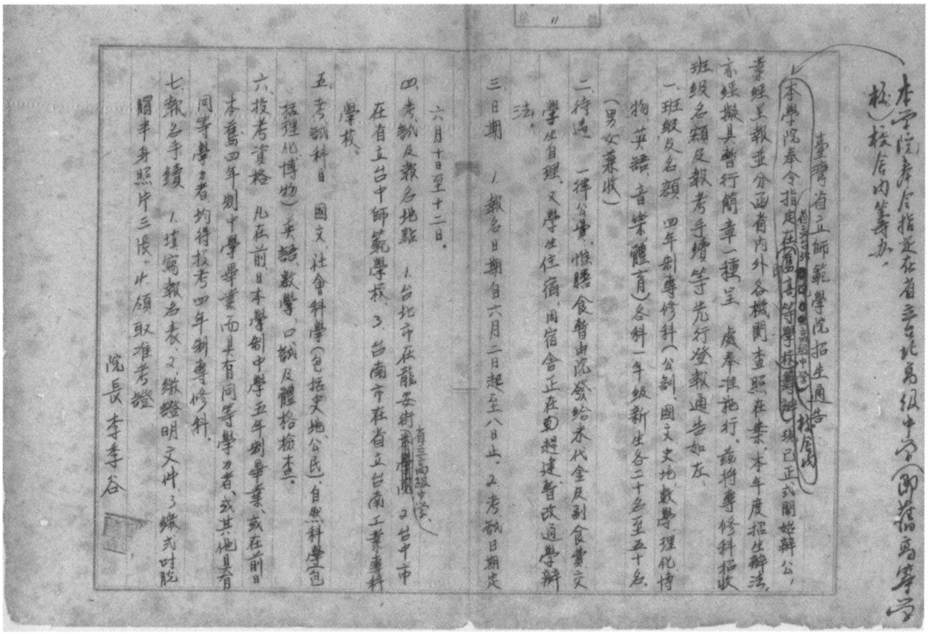

本學院奉令指定在省立臺北高級中學（即舊高等學校）校舍內籌辦。

臺灣省立師範學院招生通告

本學院奉令指定在（舊高等學校）校舍內籌辦現已正式開始辦公，業經呈報並分函省內外各機關查照在案，本年度招生辦法，亦經擬具暫行簡章一種呈處奉准施行，茲將專修科招收班級名額及報考手續等先行登報通告如左

一、班級及名額　四年制專修科（公訓、國文史地數學理化博物英語音樂體育）各科一年級新生各二十名至五十名（男女兼收）

二、待遇　一律公費，惟膳食暫由院發給米代金及副食費交學生自理，又學生住宿，因宿舍正在趕建暫取通學辦法。

三、日期　1.報名日期自六月二日起至八日止　2.考試日期定六月十日至十二日。

四、考試及報名地點　1.台北市在龍安街省立高級中學　2.台中市在省立台中師範學校　3.台南市在省立台南工業專科學校。

五、考試科目　國文　社會科學（包括史地公民）自然科學（包括理化博物）英語　數學　口試及體格檢查。

六、投考資格　凡在前日本學制中學五年制畢業，或在前日本舊四年制中學畢業而具有同等學力者，或其他具有同等學力者，均得投考四年制專修科。

七、報名手續　1.填寫報名表　2.繳證明文件　3.繳式吋脫帽半身照片三張　4.須取准考證

院長　李季谷

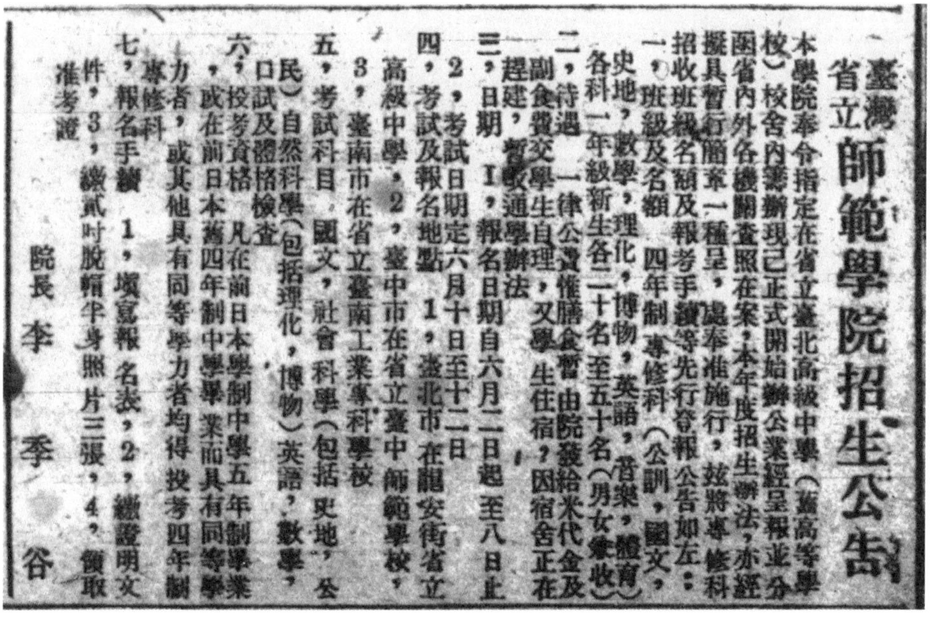

臺灣省立師範學院招生公告

本學院奉令指定在省立臺北高級中學（舊高等學校）校舍內籌辦現已正式開始辦公業經呈報並分函省內外各機關查照在案，本年度招生辦法，亦經擬具暫行簡章一種呈，遞奉准施行，茲將專修科招收班級名額及報考手續等先行登報公告如左：

一，班級及名額　四年制專修科（公訓，國文，史地，數學，理化，博物，英語，音樂，體育）各科一年級新生各二十名至五十名（男女兼收）

二，待遇　一律公費惟膳食暫由院發給米代金及副食費交學生自理，又學生住宿，因宿舍正在趕建，暫取通學辦法

三，日期　1，報名日期自六月二日起至八日止　2，考試日期定六月十日至十二日

四，考試及報名地點　1，臺北市在龍安街省立高級中學，2，臺中市在省立臺中師範學校，3，臺南市在省立臺南工業專科學校

五，考試科目　國文，社會科學（包括史地，公民）自然科學（包括理化，博物）英語，數學，口試及體格檢查

六，投考資格　凡在前日本學制中學五年制畢業，或在前日本舊四年制中學畢業而具有同等學力者，或其他具有同等學力者均得投考四年制專修科

七，報名手續　1，填寫報名表，2，繳證明文件，3，繳貳吋脫帽半身照片三張，4，領取准考證

院長　李季谷

▲**圖 2-8 省立師範學院第一屆招生廣告**

資料來源：《臺北高校／臺北高中移交師大檔案》與〈臺灣省立師範學院招生公告〉，《臺灣新生報》，1946 年 5 月 31 日，版 6。

　　本次招收四年制專修科，修業年限為 4 年，最後一年擔任初級中學實習教師，畢業時授予初級中等學校某科教員證書，招考科別包含公訓、國文、史地、數學、理化、博物、英語、音樂、體育等 9 科之一年級新生各 20 至 50 名，男女兼收，凡在前日本學制中學五年制畢業、中學四年制畢業者，皆可投考。6 月 10 日至 12 日，於北中南三地舉行考試，臺北市在龍安街省立高級中學，臺中市在省立臺中師範學校（今國立臺中教育大學），臺南市在省立臺南工業專科學校（今國立成功大學），最後共招收公訓科 16 名、史地科 38 名、國文科 38 名、理化科 40 名、英語科 40 名、數學科 40 名、博物科 25 名、音樂科 32 名、體育科 20 名，共 289 名。[79]

　　8 月 1 日，師院進行第二次招生，8 月 5 日至 7 日，於院內（臺北高中內）、省立臺南工業專科學校舉行考試。此次招收本科、一年制專修科，並續招四年制專修科，本科修業年限為 5 年，最後一年於中等學校實習，考試及格後授予學士學位；一年專修科招收大學二年級以上的肄業生，不分科系進行一年訓練，[80]《民報》特別指出，一年專修科對於「最近自日本返國及內地各省回臺之大學肄業生，有此良好機會實至可喜也」。[81] 本次招生之入學資格與招收結果如表 2-8：

79　〈省立臺灣師範學院公告〉，《臺灣新生報》，1946 年 6 月 24 日，版 6。

80　臺灣省政府教育廳編，《臺灣省教育法令彙編》（臺中：臺灣省政府教育廳，1971 年），頁 429。

81　〈省師範學院，將設一年制專修科〉，《民報》，1946 年 6 月 1 日，版 2。

▼表 2-8 1946 年 8 月省立師範學院第二次招生情形

科別	入學資格	招生結果
本科	1. 高級中學畢業者。 2. 師範學校普通班畢業，或高中師範科畢業後，服務已滿三年，或請准服務展期，而有證明文件者。 3. 1945 年以後，日本舊制高等學校畢業者。 4. 1945 年以後，日本舊制師範學校本科畢業後，服務一年成績優良，有志深造，經所在學校呈請主管教育行政機關，准予展緩服務，而能提出證明文件者。 5. 日本舊制五年中學畢業後，曾進修一年以上，而能提出證明文件者。 6. 日本舊制五年中等職業學校畢業後，曾進修一年以上，而具有同等學力者。	國文系：24 名。 史地系：17 名。 教育系：22 名。 理化系：31 名。 博物系：12 名。 數學系：7 名。 英語系：28 名。 共計：141 名。
一年制專修科	1. 1944 年以前日本舊制高等學校畢業者。 2. 1944 年以前日本舊制師範學校本科畢業後，服務已滿三年，而有證明文件者。 3. 日本舊制專門學校畢業者。 4. 相當大學二年修滿程度，而有證明文件者。	共計：24 名。
四年制專修科	1. 日本舊制五年中學畢業者。 2. 日本舊制五年中等職業學校畢業者。 3. 日本舊制四年中學或舊制四年中等職業學校或舊制四年高等女學校畢業，而具有同等學力者。	博物組：16 名。 公訓組：24 名。 體育組：20 名。 共計：60 名。

資料來源：〈臺灣省立師範學院招考新生〉，《臺灣新生報》，1946 年 8 月 1 日，版 6。〈臺灣省立師範學院通告〉，《臺灣新生報》，1946 年 8 月 17 日，版 6。

▼表 2-9 1946 年 9 月省立師範學院新生統計表

系科		人數		小計	合計
		男	女		
本科	教育系	35	4	39	198
	國文系	26	3	29	
	英語系	34	3	37	
	史地系	19	2	21	
	數學系	13	3	16	
	理化系	36	1	37	
	博物系	19	0	19	
四年制專修科	公訓專修科	38	1	39	295
	國文專修科	26	5	31	
	英語專修科	33	2	35	
	史地專修科	28	1	29	
	數學專修科	30	1	31	
	理化專修科	33	2	35	
	博物專修科	32	0	32	
	音樂專修科	25	6	31	
	體育專修科	32	0	32	
一年制專修科	專修科	25	0	25	25
合計	17 系科	484	34	518	518

資料來源：國立臺灣師範大學編，《國立臺灣師範大學校史》（臺北：國立臺灣師範大學，1986 年），頁 5-6。

　　然而，若將師範學院公布於《臺灣新生報》之第一次（6月）、第二次（8月，表 2-8）招生結果的總和，與校方日後編纂之《國立臺灣師範大學校史》中記錄的 1946 年 9 月新生統計數量（表 2-9）相對照，可以發現兩者的數據並不吻合，產生差異的原因，有待日後進一步討論。

　　透過兩次招生，7 個系的本科生、9 個系的四年制專修科以及一年制專修科，共 518 名新生，成為師範學院的第一屆學生，1946 年 9 月，師範學院迎來創設後的第一個學期。

二、「一校地兩學校」的困境

　　然而，為解決戰後初期師資問題的師範學院，創設後亦遭逢兩大問題——師資不足與校舍、設備不足。《國立臺灣師範大學校史》記述師院草創初期的困境：

> 本院開辦之初，一切建制章則，皆屬新創，其中艱辛，不言可喻。不若當年的臺大與農、工兩學院（今國立中興大學與國立成功大學的前身）之立足於既有基礎，易於改弦更張。就以師資而言，本院雖於上海設有駐滬通訊處，積極延聘優良師資，然而臺灣因僻處東南海隅，行旅之苦，常使有志者裹足卻步。又如設備，省立臺北高級中學雖較龍口町寬敞，究竟是中學規模，以之改辦學院，實嫌簡陋。再者，當年兩校（本院與省立臺北高級中學）並立於同一校園，共同使用有限的設備，其不便之處，也不難想像。教育處有見及此，遂於三十五年八月，派任李季谷院長兼任臺北高中校長，同時允許兩校教職員相互支援兼職，行政與管理始趨一元化。[82]

　　《國立臺灣師範大學校史》首先提及師資缺乏問題，為解決此問題，教育處遴聘李季谷兼掌師範學院及臺北高中，在向省內外招募教員之外，更允許兩

82　國立臺灣師範大學編，《國立臺灣師範大學校史》，頁 3。

校教職員相互支援、兼職，[83] 因此出現了兩校「共用師資」的情形。茲對照《臺北高級中學概況》的〈教職員一覽表〉、[84] 臺北高校校友會編纂《蕉葉會名簿》，[85] 以及陳惠珠藉由師大檔案室所藏教務類、人事類檔案作成之「（臺灣省立師範學院）講師以上教師名單」，[86] 整理兼任臺北高中、師範學院之「共用師資」，如表 2-10：

▼表 2-10 省立臺北高級中學、師範學院師資共用情形

姓名	籍貫	高中職務	高中擔任學科	師院到職日	師院擔任職務	最高學歷	經歷
宋海文	浙江	校長室主任	—	1946/7	講師兼出版組主任	國立北平大學經濟學士	國內大學訓導員中學教務主任
宗亮東	江蘇	校務主任	公民	1946/8	副教授	國立北平師範大學學士	師範學校教務主任
朱際鎰	湖南	教務主任	歷史	1946/5	兼任講師	國立北京師範大學學士	中央幹訓團教官界首辦事處主任
陳蔡煉昌	臺灣	訓導主任	國語	1946/5	教授	日本東京文理科大學學士	日本東京高等師範學校教授
屠健峰	浙江	事務主任	公民	1946/7	講師	日本早稻田大學學士	中央軍校七分校中校教官

（續下表）

83　〈為呈請准將本校院與省立師範學院臺北高級中學校教職員相互兼任教職者不作校外兼職論仰祈俯准由〉，《臺北高校／臺北高中移交師大檔案》，臺灣師範大學檔案室典藏，檔號0350000511。

84　國立臺灣師範大學圖書館校史組藏，《臺北高級中學概況》，無頁碼。

85　蕉葉會，《蕉葉會名簿（2005～2009 年版）》，頁 115-116。

86　陳惠珠，《戰後臺灣中等師資之搖籃──臺灣省立師範學院（1946-1955）之研究》，頁 51-66。

姓名	籍貫	高中職務	高中擔任學科	師院到職日	師院擔任職務	最高學歷	經歷
許振聲	臺灣	訓育組長	數學／物理	1946/6	講師	日本東京高等師範學校	日本和歌山高中講師
楊基榮	臺灣	管理組長	體育	1948/8	講師	日本國立東京體育學校研究科	河北師範學校教員天津市第三中學校長
石本岩根	日本	圖書館主任	德語	1946/8	圖書館主任	九州帝國大學獨逸語獨逸文學	臺北高等學校教師
王屏周	河北	教員	體育	1947/8	講師	北平市立體育專科學校	臺灣省立高級中學教員
王振鐸	河北	教員	體育	1947/2	講師	北平市立體育專科學校	臺灣省立高級中學教員
市原哲治	日本	教員	數學	★	教授	東京帝國大學理學部	臺北高等學校教師
佐伯秀章	日本	教員	理化	★	教授	北海道帝國大學	臺北帝國大學農學部助教授
松本邦夫	日本	教員	生物	★	教授	臺北帝國大學生物學科	臺北高等學校教師
陳真	廣東	教員	歷史	1946/8	講師	國立北京師範大學學士軍委會幹訓團	廣東省立勤勤大學講師

姓名	籍貫	高中職務	高中擔任學科	師院到職日	師院擔任職務	最高學歷	經歷
傅一勤	湖北	教員	英文	1949/8	講師	湖北師範學院英語學士	臺灣省立高級中學教員
陶濤	安徽	教員	數學	1953/2	講師	省立河南大學數學學士	
楊秉忠	臺灣	教員	英語	1946/8	講師	爪哇泗水荷勒氏大學學士	臺北高級中學教員
蔡東建	臺灣	教員	鑛物	1946/6	講師 副教授 35.6 教授 44.7	日本東京高等師範學校	日本山梨專科師範助教
鄭昌淦	福建	教員	歷史	1946/5	講師	國立武漢大學歷史學士	招訓分會主任秘書中學教員
簡清泉	臺灣	教員	化學	★	講師		日本東京帝國女子理學專門學校講師

註：★表示於三十五學年度第二學期離職。

資料來源：1. 國立臺灣師範大學圖書館校史組藏，《臺北高級中學概況》，無頁碼。

2. 蕉葉會，《蕉葉會名簿（2005～2009年版）》，頁115-116。

3. 陳惠珠，《戰後臺灣中等師資之搖籃——臺灣省立師範學院（1946-1955）之研究》，頁51-66。

4. 徐聖凱，《日治時期臺北高等學校與菁英養成》，2012年。

5. 臺灣總督府職員錄系統，網址：https://who.ith.sinica.edu.tw/。

6. 臺灣總督府府（官）報資料庫，網址：http://db2.lib.nccu.edu.tw/view/。

　　緊接而來的問題，是校地與設備的不足。〈臺灣省立師範學院設立原則〉第十二條規定，「本學院暫設本省省立高級中學，（即前日本統治時期之高等學校校舍）並利用其原有設備」，[87] 之所以選擇臺北高中作為校地，或許可從 1949 年 8 月，師範學院向教育部請求添購各式設備之補助的簽呈中窺見。

　　　　查本校前身為日本高等學校，其程度與大學預科等理化設備，較之我國中學為優，以視大學則弗及勝利。[88]

　　日治時期的高等教育機構並不多，僅有一所帝國大學、一所高等學校，以及工業、農林、商業等數所專門學校，帝國大學及專門學校，戰後旋即轉為臺灣大學，以及省立工學院、農學院、法商學院等，新設的師範學院缺乏合適的校地，僅能選擇日治時期同屬高等教育，具有大學預科性質的臺北高校權充校地。然而，臺北高中實為中學規模，對設立學院而言，設備並不充足。

　　其中，有限的設備及校地，更需供兩個不同學校的學生共同使用。9 月開學後，同校地不僅要容納 400 餘位臺北高中學生，[89] 更要加入 518 位師範學院的新生，[90] 日治時期的臺北高校，學生人數上限為高等科 480 名（每學年 160 名），尋常科 160 名（每學年 40 名），[91] 此時不僅學生人數較日治時期多出數百名，班級數亦遠多於臺北高校。臺北高校高等科修業年限三年，每屆分成 4 班（文甲、文乙、理甲、理乙），尋常科修業年限四年，每屆 1 班，學生依照年級與班級，分別使用校內的 16 間教室，然而臺北高中既有一年級的 1 個班級、二年級 5 個班級、三年級 3 個班級，此時尚須加上師範學院本科 7

87　臺灣省行政長官公署教育處編，《臺灣省教育概況》，頁 92。

88　《臺北高校／臺北高中移交師大檔案》，國立臺灣師範大學檔案室典藏，教務第 9 卷第 30 號。

89　〈台灣省立台北高級中學　三十四年度第二學期在學生名冊（張任移交）〉，《臺北高校／臺北高中移交師大檔案》，臺灣師範大學檔案室典藏，無檔號。

90　國立臺灣師範大學編，《國立臺灣師範大學校史》，頁 5-6。

91　徐聖凱，《日治時期臺北高等學校之研究》（碩士論文，國立臺灣師範大學臺灣史研究所，2009 年），頁 91。

個系、四年制專修科 9 個科、一年制專修科 1 科，教室已明顯不足。日後，師範學院更不斷擴充，「三十八年秋季開始。除於十學系各招新生三十名外……共計三十五班，學生可達千人」，[92] 使得原有的教室使用入不敷出。

　　根據臺北高中校友的回憶，高中學生主要使用一樓的教室，師院學生則在二樓上課，在教室使用上，臺北高中生似乎較未受影響，然而，相較之下學生數與班級數較多的師院學生，則時常出現學生太多，擠不進教室上課的窘況。共用同一校地的問題，不僅出現在空間分配上，校園內教學器材、圖書的使用，亦是僧多粥少，甚至曾出現高中與師院學生，為了爭搶借閱同一本書，大打出手，更演變成雙方集結人馬，在運動場上對決的火爆場面。這樣的衝突，或許不僅僅是因為借書爭議而起，原本屬於臺北高中學生的校地，雖然時代已經不同，仍存留有臺北高校時期的傳統，是臺北高中生的驕傲與尊嚴，但師院學生猝不及防的「入侵」，卻一點一點地侵蝕著高中生憧憬的校園，想必令人不快。

　　師院學生的「入侵」，最終也波及到日治時期臺北高校「自由學風」的象徵——十星寮，曾經是學生們實現自治的自由天地，承載著前輩們勾肩搭背，放歌亂舞地跳著 Storm 的驕傲姿態，是所有寮生畢業後最念念不忘的回憶之地，在師範學院第三十九級（1950 年 4 月）畢業紀念冊[93]的校景照片中出現的七星寮，卻已經成為師範學院的女生宿舍（圖 2-9），臺北高中後期尚未畢業的寮生，被迫搬離七星寮，轉移到校外的小型日本宿舍，[94] 七星寮自日治時期起孕育的獨特歷史與文化，就此截斷。

92　三八級學友會編，《臺灣省立師範學院三八級畢業紀念冊》（臺北：臺灣省立師範學院，1949 年），頁 2。

93　民卅九級級會，《臺灣省立師範學院　民三九級　畢業紀念冊》（臺北：民卅九級級會，1940），無頁碼。

94　蔡錦堂訪問，賴冠妏記錄，游煥松口述，2019 年 5 月 11 日。蔡錦堂訪問，賴冠妏記錄，張燦生口述，2019 年 5 月 19 日。

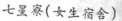

▲圖 2-9 師院時期成為女生宿舍的七星寮
　資料來源：國立臺灣師範大學圖書館校史組藏，左圖《臺灣省立師範學院　民三九級　畢業紀念冊》、右圖《臺灣省立師範學院　四〇級　畢業紀念冊》。

　　在臺北高中與師範學院學生間的衝突之外，1946 年 6 月 21 日，因學制、升學問題，爆發了全校三百名學生集體罷課的抗議事件，[95] 7 月 2 日造成時任校長的張金潤，以「體弱多病」為由請辭，[96] 改由師範學院校長李季谷兼任，使臺北高中朝向日後遭師院併校的悲劇命運，逐漸邁進。

95　〈高中罷校　學期短縮問題で〉，《臺灣新生報》，1945 年 11 月 28 日，版 4。

96　公署教育處任免人員請示單的調動原因及辦法大要為：「據省立台北高級中學校長張金潤呈以體弱多病請准辭職等情前來經查屬實業已處令准予辭職俾資調養遺缺並已派省立師範學院院長李季谷暫行兼代擬請分別准予辭職派兼」。《臺灣省行政長官公署檔案》，國史館臺灣文獻館藏，檔號 132600350037。

第三章

新舊夾縫中的臺北高中

　　1947 年 7 月，自臺北高中畢業後，進入師範學院教育學系，之後畢生投身教育界的陳宗仁，曾任職數所中學的主任、校長，數十年後回想起戰後初期，學習、運用國語的經驗，當時的煩惱與痛苦，仍使他頻頻嘆息。

> 　　那時候我教數學，因為我在臺北高中的時候，讀理科，那時候高等學校有理科、文科，所以我有數學的基礎，所以我教數學，教數學不用像教國語一樣一直講話，只要說明就好，不用講那麼多話，但還是要思考怎麼樣讓學生了解，還是用國語這樣上課，那時候要是要上課一個小時，得要在家裡預習二、三個小時，還不是在預習教材，是在練習講國語，就這樣磨練、磨練，才比較會講話、比較聽得懂。……講到語言，我頭就好痛。[1]

　　但說起自孩提時代即學習的日語，陳宗仁驕傲地拿出至今仍保存良好的，新港公學校高等科舉行畢業典禮時，他擔任在校生代表致詞時所寫的講稿，說道：「要是現在叫我寫日文、用日語演講，可都沒有問題」！

　　1945 年 8 月，日本戰敗後，由國民政府接收臺灣，儘管原先多數臺灣島上的居民來自中國，但經歷日本長達 50 年的殖民統治，臺灣的語言與文化，已與當時的中國有極大的不同，因此，隨著政權轉換而來的一連串改變，完全顛覆了人們習以為常的生活。本章旨在探討戰後的各項轉變，對於臺北高中學生的影響，首先探討語言的轉變，此時的「國語」由臺灣人原本熟悉的日語，改為中文，對於戰後初期的臺灣人，以及臺北高中的學生們，帶來強烈的衝擊。接著，臺北高中乃繼承日治時期的臺北高校，其具有全島首屈一指的優質師資與課程，並以自由且獨特的學風為傲，政權的轉換帶來截然不同的制度與文化，對於臺北高中的課程與校風造成的轉變，亦為本章欲探討的主題。

1　蔡錦堂訪問，賴冠妏記錄，陳宗仁口述，2018 年 9 月 16 日。

第一節　新「國語」的掙扎：戰後語言轉換的衝擊

一、日治時期「國語（日語）解者」的養成

　　所謂「國語解者」，指能在日常生活中使用「國語」，也就是「日語」的人。[2] 1895 年（明治 28 年）日本殖民政府領臺後，便著手推動此後五十年間，作為殖民地「國語」的日語。1895 年 5 月 21 日，臺灣總督府民政局成立學務部，旋即於臺北北側的芝山巖成立「芝山巖學堂」，開始以漢文、臺語進行國語（日語）教學，並編纂相關教材，接著「國語學校」、「國語傳習所」，乃至之後的公學校等各級近代學校成立，透過各式教育機構，教授臺灣人民使用國語。1933 年（昭和 8 年）臺灣總督府實施「國語普及十年計畫」，目標在十年內使「國語解者」達到 50%，由國庫補助，於各地區、部落廣設「國語講習所」，對所有尚不會國語的男女老幼，進行以國語為中心的簡易國民教育。[3]

　　1930 年代，隨著日本對中國的入侵，配合戰爭的需求，日本政府加速同化臺灣人的工作，實施「國民精神總動員運動」，推動臺灣人的皇民化，在推廣國語的方面，透過取消公學校漢文課與報紙漢文欄、表彰「國語家庭」、持續設立國語講習所等措施，欲使臺灣成為完全使用日語的社會。甫實施「國語運動」的 1937 年（昭和 12 年），國語解者為 37.80%，到了 1942 年，已經達到 58.02%（表 3-1），突破臺灣半數人口，直至日本戰敗投降前，國語解者仍持續增加。

2　周婉窈，〈台灣人第一次的「國語」經驗－析論日治末期的日語運動及其問題〉，《新史學》，第 6 卷第 2 期（1995），頁 119-120。

3　臺灣總督府，《臺灣總督府　臺灣事情　昭和十一年版》（臺北：臺灣總督府，1936 年），頁 200-202。

▼表 3-1 國語解者增加狀況

年次	國語解者數	本島人總人口	百分率（%）
1932 年（昭和 7 年）	1,022,371	4,496,870	22.70
1937 年（昭和 12 年）	1,934,000	5,108,914	37.80
1942 年（昭和 17 年）	3,386,038	5,835,657	58.02

資料來源：臺灣總督府，《臺灣事情　昭和十九年版》（臺北：臺灣時報發行所，1944
　　　年），頁 113。

　　經過日本政府長達 50 年的殖民統治，戰後初期的臺灣，大多數人於日常
生活中使用的「國語」即為日語，畢業於臺北高校（第三屆文乙），時任國立
臺灣大學中國文學系的臺籍教授吳守禮，針對此現象有詳實的描寫：

> 臺灣人的語言層可以分做三階段。就是老年、中年、少年。老年級，除
> 了五十年來沒有機會學日本語的一部分不用提以外，智識人的話語雖然
> 大都是臺灣話，生活語也是臺灣話。但是語彙裡已經滲入不少的日本語
> 和語法了。中年級，除了一部分人沒有熟習日本話，大都能操日本話，
> 看日本書、寫日文，有的更因受的是日本教育，所以走思路作思想都用
> 日本語的語法。這一層的人，有的雖然會說一口還很流利的母語（指臺
> 灣話），可恰因為母語已經由社會上退到家庭的一角落，他們不得不用
> 日語想東西。臺灣話的根幹雖沒有搖動，枝葉的作用已經變了。少年級
> 這一層，不但學會了日本語言，有的簡直不會說臺灣話，實際上最難脫
> 離日本語的一層。[4]

　　自上述描寫，能夠清楚了解日語在當時的臺灣人民，尤其是臺灣青年之間
的普及程度，可以說日語已經滲透人們的日常生活，成為名副其實的「國

4　吳守禮，〈臺灣人語言意識側面觀〉，《臺灣新生報》，1946 年 5 月 21 日，國語專刊第 1 期。

語」。戰後，隨著政權轉換而成為新「國語」的中文，無論在政府的推廣，或是人民的學習方面，都勢必迎來全新的挑戰。

二、戰後初期「國語（中國語）熱潮」的興起

1944 年 4 月 17 日，為使戰後臺灣能夠順利回歸中國，蔣介石設置「臺灣調查委員會」，並任後來的臺灣省行政長官公署行政長官——陳儀，為主任委員，1945 年 3 月 23 日，「臺灣接管計畫綱要」頒布，在文化政策部分，第一部分「通則」第 4 項寫道：「接管後之文化設施，應增強民族意識，廓清奴化思想，普及教育機會，提高文化水準」。[5] 要達成上述目標，首要任務即為教導臺灣人民使用「國語」，第八部分「教育文化」第 44 項亦強調：

> 接管後應確定國語普及計畫，限期逐步實施。中小學校以國語為必修科，公教人員應首先遵用國語，各地方原設之日語講習所應即改為國語講習所，並先訓練國語師資。

1945 年 8 月 29 日，陳儀被任命為行政長官之後，即表示「本人到臺灣之後，擬先著手國語及國文的教授，務期達到使臺胞明白了祖國文化之目的」。

在陳儀尚未抵臺之前，已於重慶邀請國語教育的專家，包含魏建功、何容、王炬等人，於 1945 年 11 月起分批前往臺灣，1946 年 2 月陸續抵臺，遂於同年 4 月，成立「臺灣省國語推行委員會」，隸屬於行政長官公署教育處，以魏建功為主任委員，由二十餘名委員組成，目的在「推行標準國語，改進語文教育」，設有負責研究國語、臺灣方言、高砂族語言系統，以及設計語文教育的「調查研究組」；負責編輯與審查國語教材、書籍的「編輯審查組」；負

5　〈台灣接管計畫綱要〉，收錄於陳鳴鐘、陳興唐主編，《台灣光復和光復後五年省情（上）》（南京：南京出版社，1989 年），頁 49-57。

責訓練各級國語師資，以及宣傳國語教育的「訓練宣傳組」等組織。[6]

　　此後，全臺國語教育行政由行政長官公署教育處主持；國語教育的研究、設計、調查、編審、訓練、視導、宣傳等工作則由國語推行委員會負責；各縣市的國語教育，則由縣市教育行政機關主持，並設立國語推行所，推行員由國語推行委員會考詢合格、長官公署派遣。戰後初期的國語教育，乃由上述各級機關共同推動。

　　國語推行委員會成立後，首要工作為「樹立國語標準，訂定國語運動綱領」，由主任委員魏建功、副主任委員何容進行廣播演講，並且在各報發表論文，指定所有國音裡的「讀音」、「語音」，均應以 1932 年 5 月 7 日，教育部明令公布的《國音常用字彙》，以及日後以此為基礎增訂的《國音標準彙編》為準。另外，以 1944 年 3 月，教育部於重慶舉行的國語運動週中，印發的「國語運動綱領」為基礎，重新提出「臺灣省國語運動綱領」：

　　　　一、實行臺語復原，從方言比較學習國語。
　　　　二、注重國字讀音，由「孔子白」引渡到「國音」。
　　　　三、刷清日語句法，以國音直接讀文，達成文章還原。
　　　　四、研究詞類對照，充實語文內容，建設新生國語。
　　　　五、利用注音符號，溝通各族意志，融貫中華文化。
　　　　六、鼓勵學習心理，增進教學效能。[7]

以此為目標進行國語推廣。

　　至 1946 年底，國語推行委員會已進行數項推廣工作：學校教師的國語講習、國語讀音示範廣播、理論和方法的研討、編印臺（臺灣話）國（國語）對照學習用書、教法教材的實驗、編印國音標準參考書、注音符號的應用和推廣

6　〈臺灣省國語推行委員會組織規程（民國三十五年四月二日公佈）〉，何容、齊鐵恨、王炬編，《臺灣之國語運動》（臺北：臺灣書店，1948 年），頁 12-15。
7　何容、齊鐵恨、王炬編，《臺灣之國語運動》，頁 20-22。

等項目。[8]

　　那麼，面對隨著新政權而來的語言轉換，以及國民政府各項國語推廣措施，當時的臺灣人是如何反應的呢？《臺灣一年來之教育》中有一段生動寫實，且饒富趣味的記述：

> 光復以後，一般臺灣同胞在語言上所感受的痛苦，正像一個被拐騙了的孩子，叫騙子治成了啞吧，忽然又回到家來，看見了自己的親人，喜得直跳，急得乾哭，可是說不出一句話來！
>
> 臺灣同胞恨不得立刻就能學會說國語，這已經是一種沒法兒滿足的心理要求。[9]

　　誠如所述，戰後初期的臺灣，掀起了一股學習國語的熱潮。1945 年 10 月，以中央通訊社臺灣特派員的身分抵臺的葉明勳，親眼目睹了這股熱潮：

> 光復以後，街頭巷尾到處掛滿了補習國語的招牌，臺灣同胞無分男女老幼，都在詰屈聱牙的學習著國語；而接收人員也能熱情地學習著閩南語。[10]

　　當時的臺灣，有人聘請專人教授國語，有人在家中開班，聘請老師找左鄰右舍的人一起學習；城市與鄉村中成立了大大小小的私人國語補習班、國語研究會，公家機關及駐軍單位，也提供由公費補助的國語補習班，接著，各級學校內亦有國語講習班的開設，參加情形非常踴躍，如臺北太平國民學校甚至半

8　臺灣省行政長官公署教育處編，《臺灣一年來之教育》（臺北：臺灣省行政長官公署宣傳委員會，1946 年），頁 100-105。

9　臺灣省行政長官公署教育處編，《臺灣一年來之教育》，頁 98。

10　翁椿生、周茂林、朱文字主編，《衝越驚濤的年代》（臺北：臺灣新生報出版部，1990 年），頁 206。

日間就有超過 4,000 人報名。[11]

　　至於學習國語的教材，在官方版本出版前，民間出版社早已出版各式各樣的國語教材，時因臺灣人民慣用日語，此時期的教材幾乎皆以日語編訂，可以在書中見到國語例文旁，附上日語翻譯的情形，甚至日治時期用於學習北京話的讀本，亦出現在市面上，之後也有《日華辭典》等工具書的出版。此外，在日治時期因為內容記載中國歷史、文化、思想而遭到當局取締的漢文讀本，亦重新改編，上市後更是供不應求。[12]

　　由此可見戰後初期，臺灣人學習國語的盛況，《公論報》甚至形容「六百萬同胞爭學國語的狂潮，簡直比『搶購』、『擠兌』還熱烈」！[13] 而促成這樣狂熱國語學習熱潮的原因，由國語推行委員會主要成員編寫的《臺灣之國語運動》，寫道：

> 一般人都熱烈的學習國語，有的是由於純粹的「祖國熱」（純潔得可敬可愛）。有的是由於「要為祖國服務」（理智得可欽可佩），當然也有的是由於「想做新官僚」（投機得可驚可懼）。連尚未遣送的日本人都偷偷的在家中讀「華語急就篇」。[14]

　　然而，無論動機是「祖國熱」、「要為祖國服務」或者是「想做新官僚」，學習國語最基礎的動機，必定是為了生活的現實考量，從尚未遣送的日本人也偷偷學習的情形來看，或許可以解釋成一種求生本能。

　　國語相較於日治時期的日語，以更快的速度，嘗試取代原本的語言，成為主宰日常生活的官方語言，以此時的臺北高中為例，1946 年舉行的一連串入

11　〈本省人熱心習國語，半日間報名四千人〉，《民報》，1945 年 11 月 21 日，版 1。許雪姬，〈台灣光復初期的語文問題〉，《思與言》，第 29 卷第 4 期（1991），頁 160-161。

12　蔡盛琦，〈戰後初期學國語熱潮與國語讀本〉，《國家圖書館館刊》，第 2 期（2011），頁 70-86。

13　〈臺灣國語推行的回顧與展望〉，《公論報》，1949 年 2 月 14 日，版 3。

14　何容、齊鐵恨、王炬編，《臺灣之國語運動》，頁 10。

學考試，即以國語作為考試用語言，考生們對於國語的掌握程度，不但影響入學臺北高中的資格，在日後的學習，以及未來的升學、就職，學生的國語能力，仍然是影響命運與人生的重要關鍵。

三、臺北高中的國語學習實況

　　針對中等學校的國語教育，1946 年起，由教育處甄選合格的中等學校教員，在省訓練團受訓，其中，國語為主要科目，從中國來臺的教員，也要接受國語推行委員會的短期講習。然而，為了應付國語推廣的燃眉之急，「由內地來臺的教員，雖不一定都是擔任國語教學的，可是，如果他們的國語說得『差不多』，那就也要他們『勉為其難』了」，[15] 可見接收初期，負責國語教學的教員，多為急就章的緊急支援人力，師資來源混雜，且僅接受短期訓練，提供的教學品質難以保證。日後，國語推行委員會方協助國立臺灣大學、師範學院增設國文科目，以提供未來師資較為高深的國語訓練。

　　此時用於國語教學的文字為注音符號，注音符號的發明最早源於甲午戰爭，部分中國人士認為日本的強盛，是因為五十音的出現，相較於中國龐雜的方言、繁複的文字，五十音的文字簡單，能夠開啟民智，普及教育。民國成立後，教育部成立「讀音統一會」，訂定「注音字母」，1930 年定名「注音符號」，規定於中小學國語教育中使用。[16]

　　然而，在日治時期，注音符號即在當時的日本領土內被使用，臺北高中第二屆校友李孔昭，在 5 歲時即跟隨父親至滿州國生活、就學。[17] 李孔昭就讀奉天一中時，除了「英數國漢」（英文、數學、國語、漢文，漢文指以中文書寫、以日語發音的科目）四個重要的科目外，也會學習注音符號，當時被稱為「支那語」，自中學開始學習，每個星期上一小時。這樣的經驗使得李孔昭在戰後回到臺灣，進入臺北高中後，不但上課沒有語言障礙，甚至還可以替不會注音

15　何容、齊鐵恨、王炬編，《臺灣之國語運動》，頁 29。

16　何容、齊鐵恨、王炬編，《臺灣之國語運動》，頁 7-8。

17　李孔昭於滿州國的經歷，請參考第二章第二節的說明。

符號的同學補習。[18]

　　國民政府接收臺灣後，根據前述「臺灣省國語運動綱領」第 5 條「利用注音符號，溝通各族意志，融貫中華文化」，正式使用注音符號推廣國語，教育處編印的國民學校、中等學校暫用國語課本中，添加「注音表」及「注音本」，各地的鐵路站名表、公路站名表、臺北市街巷名稱表等，也由國語推行委員會標上注音，試圖使注音符號在臺灣人的日常生活中生根。[19]

　　不過，在戰後初期臺灣的中學內，學習國語的情形，並沒有如國語推行委員會所想的一般順利，曾於臺灣某所省立中學兼任教師，因為人手缺乏而教過高中部的國文、英文、公民、歷史等科目的《北方雜誌》駐臺特約記者薛綏之，以自己的執教經驗以及觀察所見，撰寫〈替台灣中學生訴苦〉一文，[20] 生動描述當時臺灣中學生的學習實況。

　　作者首先指出臺灣與中國的不同，第一為語言，說明日語在臺灣的普及程度已經相當高，日語為臺灣人的日常慣用語言；第二為與中國歷史及文化的疏遠，鑒於上述兩點，綜合作者於高中部任教的經驗，以高中歷史課本為例，臺灣學生對中國歷史茫無所知，然而課本內容卻龐雜堆砌，加上使用古文撰寫，對臺灣學生來說，簡直是天書，因此作者認為：

　　　　按照各方面的實際情形來說，臺灣學生實在需要以他們程度為標準的特別編制的一套教科書。但教育當局所努力的，是如何統一化，如何一致正。

　　此外，教學的實施也有嚴重的問題，顯現在教師的專業缺乏。首先，是針對學科內容的專業缺乏，作者以高中公民科為例，指出臺灣學生於日治時期的高等教育，以自然科學為主，對社會科學的了解有限，因此公民教育相形重

18　蔡錦堂訪問，賴冠妏記錄，李孔昭口述，2018 年 9 月 28 日。

19　臺灣省行政長官公署教育處編，《臺灣一年來之教育》，頁 104。

20　薛綏之，〈替台灣中學生訴苦〉，《北方雜誌》，第 2 卷第 1 期（1947），頁 52。

要。但是，「担任公民的多半是訓育主任或隨便什麼人，總之很少是學社會科學的，教員自己對這個既缺乏認識，上課祇好念課本」；第二，即是最深刻的國文、國語問題，反映在來自不同地區的教師，各式各樣的國語發音，作者以自己的經驗為例：

> 因為筆者在北平住過幾年，所以有些臺灣同胞認為我的國語講的地道，其實我的國語在北平就說不開，雇三輪或打叫號碼的電話，往往弄錯。但竟也教起國文和國語，國文尚可勉強，國語簡直頭痛……。[21]

　　除了教師之外，學生亦相當苦惱，有一個小學生曾在日記上寫著「國語有六種」，一個中學生則因為沒有將「淪陷」，念成教師的鄉音「淪漢」，而遭受斥責，可見戰後初期國語教學與學習，因未能妥善考慮臺灣的現況，而產生缺乏適當教材與合適教師的窘境。[22]

　　戰後初期，臺北高中的國語、國文教師，同樣來自中國，根據《臺北高級中學概況》中收錄之〈教職員一覽表〉，任教國語的是來自北平市的女教師李淑馨、來自臺灣臺中縣的陳蔡煉昌（兼任訓導主任）、來自河南安陽的孫萍，任教國文的則是來自江西雩都的熊省三（兼任註冊組長）、來自廣東順德的林諷莘。[23] 臺北高中第三屆校友賴文傑，對於李淑馨老師特別有印象，分享當時與老師相處的趣聞：

> 我在學國文的時候，有學ㄅㄆㄇ但馬馬虎虎的，那時候的國語老師從北京來，很漂亮，老師也很好。「你講ㄅㄆㄇㄈ…」，「好啦老師，ㄅㄆㄇㄈ……馬馬虎虎啦！」，「你們這班吊兒啷噹的！」，老師就跑掉了。[24]

21　薛綏之，〈替台灣中學生訴苦〉，《北方雜誌》，第 2 卷第 1 期（1947），頁 52。

22　許雪姬，〈台灣光復初期的語文問題〉，《思與言》，第 29 卷第 4 期（1991），頁 166。

23　國立臺灣師範大學圖書館校史組藏，《臺北高級中學概況》（出版地不詳：出版者不詳，1946 年），無頁碼。

24　蔡錦堂訪問，賴冠妏記錄，賴文傑口述，2019 年 4 月 11 日。

　　而從臺北高中第一屆校友呂燿樞的回憶中，可以觀察到學生們學習國語的情形：

> 當時我們沒有好好地唸，剛開始的時候很用心，老師都是教注音符號，注音符號我覺得可以用就好了，但他一直訓練注音符號，好像我們是國小的孩子一樣，所以對國語雖然開始的時候有很想要學，但每天都在演練注音符號，沒有很想要學，我就沒有興趣了，後來國語的時間就不去了，想說可以唸一點小說什麼就好了，以前的高中的學生都在演練注音符號。[25]

臺北高中第二屆校友陳宗仁則回憶道：

> 那時候大家都還用日本話在講話，從中國來的老師也知道我們聽不懂，就慢慢地溝通……可以說老師教是教，但我們還是自己讀，自己幫ㄅㄆㄇ注音，我們看得懂漢字的意思，但是沒辦法發音，所以不用老師解釋，老師只要教發音，「ㄅㄆㄇ」、「我去學校」……慢慢自己學，大部分都是自己自修。老師是有國語那樣的課，但我們還是自己看書、翻書。[26]

　　從校友的回憶中，並沒有特別指出國語老師的口音問題，然而老師能教授、協助的部分，因為語言的障礙，僅能提供注音符號的演練，或是讀音的示範，無法教授更進一步的知識，使得國語課形同自修課，學生學習的效率不佳，甚至不願意去上課，日後在國語的實用上，仍有相當的困難。例如，校友陳宗仁在師範學院畢業後，投身教職，每當隔天要上臺講授課程，一個小時的

25　蔡錦堂、徐聖凱訪問，呂燿樞口述，2008 年 5 月 6 日。徐聖凱，〈臺北高等學校到臺北高級中學的重整延續與斷裂（1945-1949）〉，收於蔡錦堂主編，《「臺北高等學校創立 90 週年國際學術研討會」論文集》（臺北：國立臺灣師範大學臺灣史研究所，2014 年），頁 398。

26　蔡錦堂訪問，賴冠妏記錄，陳宗仁口述，2018 年 9 月 16 日。

課程，往往需要耗費二、三小時備課，然而，準備的內容並非是學科內容，而是國語講稿，得要經過反覆練習才會比較通順，學生比較容易聽得懂。另外，亦有校友因國語學習成效不佳，高中畢業後報考大學時，喪失進入臺大就讀的機會。

　　但是，語言的轉換，並非一蹴可幾，此時尚有部分日籍教師留用臺北高中，亦有臺籍教師，根據《臺北高級中學概況》中收錄之〈教職員一覽表〉，共有 28 位教師（不含無任教學科的職員），其中 6 名為日籍教師、7 名為臺籍教師，其餘 15 名皆為來自中國的教師。在能夠使用日語的日籍、臺籍老師授課時，多使用日語授課，臺籍老師亦會使用臺語上課，臺北高中第三屆校友蘇遠志，回憶任教國語的陳蔡煉昌老師時，說道：

> 他早期有去大陸。他還是很會講日語，所以跟我們聊天的時候講臺灣話或者是日語。他之前有念日本學校。他住在青田街，我常常去他家……。[27]

然而，臺北高中第四屆校友溫理仁，在 1949 年進入臺灣大學後仍然面臨相同的情形：

> 甚至在臺大，臺大的老師不會講國語，他都用寫的，要不然就是用日本語、臺語摻著講，甚至臺大也這樣，一些老師也不一定會講國語。[28]

在學生之間，也有在碰到實在難以標準發音的國字時，會使用日文平假名標註讀音的應急措施。

　　而臺灣同學與自不同地區返臺的同學之間，亦產生溝通的問題，若是自日本、滿州等，曾學習日語的地區返臺的同學，可以使用日語與臺灣同學溝通，

27　蔡錦堂訪問，賴冠妏記錄，蘇遠志口述，2019 年 4 月 13 日。

28　蔡錦堂訪問，賴冠妏記錄，溫理仁口述，2019 年 3 月 7 日。

但如果是從中國返臺的同學，只會說中文，面對日常生活慣用日語、臺語的臺灣同學，雖然在課堂中正開始學習國語，但在口語溝通上，仍相當困難，最後僅能回歸最原始的溝通方式——比手畫腳。[29] 由此可以見到，在政權、語言轉換之際，各式各樣獨特的「權宜之計」。

戰後的國語推廣與學習，並未維持最初「國語熱潮」的熱度，之後頹勢漸顯，其原因在於，第一，語言的教學問題：擔任國語教師的人力多是緊急招募，缺乏足夠的專業知識，且來自中國各省分，口音也是五花八門。

第二，推行的方式不盡妥當：政府忽視臺灣經歷日本殖民 50 年後，所產生與中國的巨大語言、文化差異，未妥善安排語言與文化轉換的緩衝期。在學校裡，大部分臺灣學生，甚至是臺灣教師，日常生活皆慣用日語，面臨鋪天蓋地而來的國語浪潮，學生的學習成效並不理想，且立刻需要面對以國語進行的入學考試，使得學生日後在升學、就職，遭逢各種的困難與痛苦。在社會上，則以國語的流利程度為標準安排職位，許多能使用國語，但是能力卻不如臺灣人的外省人士，因此位居高位，使臺灣人心生不滿。

第三，政治、經濟原因使學習熱情大減：國民政府官員貪污腐敗、施政亂無章法，使得戰後的臺灣社會不但無法得到治癒，反而導致臺灣人生活困難，更受到外省人士的歧視與壓迫。政治與經濟的原因，使得臺灣人學習國語的熱情大減，甚至成為日後二二八事件的導因。

原本被期待能夠「為祖國服務」、「做新官僚」的國語，反而成為阻擾臺灣人任職、升遷的障礙，而對於戰前即考入臺灣第一難關校——臺北高校的高校生，以及懷抱著對臺北高校的憧憬，考進戰後才改制不久的「省立臺北高級中學」的高中生，流利的日語原本是他們引以為傲的能力，藉由日語能力，他們得以考進可以直升帝國大學的臺北高校，確保未來升學與就職無虞，並且獲得社會的認同與尊重。然而，日本的戰敗，迎來了政權的變更，其帶來最大的衝擊，即為語言的轉換，在中文成為「新國語」的同時，高校生與高中生的命運即被名為「新國語」的高牆一分為二，高校生在戰後仍保有直升帝國大學的

29　蔡錦堂訪問，賴冠妏記錄，溫理仁口述，2019 年 3 月 7 日。

資格，高中生們則在高中入學考試，以及往後決定未來進路的大學入學考試中，遭逢「新國語」的挑戰，人生就此截然不同。

　　面對隨著新政權而來的新語言，試卷上陌生的中文字令他們不知所措。根據校友們的回憶，他們能夠以過往學習的漢文作答，因而上榜，但想必有更多僅會日語的考生因此落榜，然而順利考進臺北高中的學生，在日後使用中文講課的課堂中，以及同樣以中文進行的大學入學考試，仍面臨聽不懂、跟不上的問題，使他們在升學及未來規劃上，受到各種的挫折及阻礙。

　　七十餘年後，校友陳宗仁回想起這段漫長而痛苦的語言轉換過程，仍然忍不住慨嘆：

> 日本時代講起來我們是菁英，但是我們變成文盲，確實是文盲、確實是文盲，文看不來、講話不通、沒辦法找工作，所以我們有些同學就出國，留著的就作國民學校的老師，我們在找工作的時候，講話不通，所以在接洽公務的時候，意思表達不出來，很痛苦、很痛苦，我到現在，中文還是沒辦法、沒辦法，能通是能通，但是沒辦法，沒辦法像現在這些年輕人，有啦，有些人學習比較快，但我學習比較慢、比較鈍，所以這個語言的問題，對臺灣人、我們這個時代，失去很多人才、失去很多人才，沒辦法發揮，所以國語對我們來說是很痛苦的事情、很痛苦的事情。[30]

從他緊蹙的眉間之中，彷彿可以見到累積了數十年的辛酸，所刻劃下的深深印記。

30　蔡錦堂訪問，賴冠妏記錄，陳宗仁口述，2018 年 9 月 16 日。

第二節　菁英養成教育的餘風：臺北高中的課程與教學

　　過去，具有大學預科性質的臺北高校，因為畢業之後升學、求職都受到保障，而成為學子心目中的第一志願，此外，臺北高校也作為一所培養社會菁英的學校，以豐富的課程、優異的師資聞名，而臺北高校的盛名，仍然延續至戰後，儘管已改制為臺北高中，但仍有眾多學子慕名而來。來自臺灣各地，甚至自日本、中國返回臺灣的學生們，通過「新國語」的測驗，擠進臺北高中的窄門後，是否也能接受如臺北高校一般，優於全島的菁英教育呢？本節旨在說明臺北高中的授課目標、課程結構與內容，並與臺北高校時期的課程進行比較，分析兩者的異同，最後針對臺北高中的師資進行探討。

一、課程與教學

　　臺北高中的前身——臺北高校，為日治時期臺灣唯一一所高等學校。日治時期的高等學校，具有「大學預備教育」與「高等普通教育」兩種性質，「大學預備教育」目的在於，使未來幾乎所有人皆會升學大學的高校生，習得進入大學後所需的基礎學力，在課程安排上相當重視外語訓練；「高等普通教育」目的在於廣泛教授各領域的基本知識，此外，重視培養學生的研究、賞析能力或興趣，學生的學習不僅限於課內，在課外自主閱讀各式各樣領域的書籍、自主研究感興趣的事物，也是相當重要的課題，因此，高校教育一般被視為通才教育或通識教育。

　　臺北高校為七年制的舊制高校，分為修業四年的尋常科，以及修業三年的高等科，戰後，1945 年 4 月入學高等科的臺北高校生，成為臺北高中的第一屆學生。日治時期，高等科依照學生的主修科目，分為文科、理科，文科以人文類學科為主修，包含修身、國語及漢文、歷史、地理、哲學概說、心理及論理，理科以數理類學科為主修，包含數學、自然科學、物理、化學、植物及動物、礦物及地質。再依照主修外語，分為甲類、乙類，甲類以英語為第一外語、德語為第二外語，乙類以德語為第一外語、英語為第二外語，根據上述分班規則，高等科一個年級各有文甲、文乙、理甲、理乙，四個班級。

　　儘管主修科目不同，文科與理科課程安排的共通點，為對於外國語及人文類學科的重視，這也是臺北高校高等科課程的特色。

　　自高等科平均每週授課時數（表 3-2）可以發現，文、理科每週授課時數最多者為主修科目，分別為人文類、數理類，緊接在後的，即是外國語，在文乙與主修科目時數相同，在理乙甚至略多於主修科目，在文甲、理甲也僅有一個多小時的差距。主修科目與外國語科目的時數總和，即佔授課總時數的八成左右，足見對於外國語的重視。另外，人文類學科在文科自然是佔比最高的學科，但在理科仍有每週三個小時以上的授課時數，為對人文素養的重視所致。

　　即使到了 1942 年，高等學校的課程安排、修業年限，雖因應戰爭而調整，外國語與人文類學科仍然佔有相當的比率，對於外國語與人文類學科的重視，不僅是臺北高校的特色，亦是日本舊制高等學校的共通特色。[31]

　　戰後，繼承臺北高校高等科的臺北高中，在教學重點、課程安排上，是否同樣承繼自臺北高校呢？

▼表 3-2 1925 至 1941 年臺北高等學校「高等科」課程分類與平均每週授課時數

	文科				理科			
	甲類		乙類		甲類		乙類	
	時數（小時）	百分比	時數（小時）	百分比	時數（小時）	百分比	時數（小時）	百分比
人文類	13.3	40.8%	13.3	39.6%	3.7	11.8%	3.7	11.2%
外國語	12.3	37.7%	13.3	39.6%	10.7	34.0%	12.3	37.2%

（續下表）

31　徐聖凱，《日治時期臺北高等學校與菁英養成》（臺北：國立臺灣師範大學出版中心，2012年），頁 152-156。

	文科				理科			
	甲類		乙類		甲類		乙類	
	時數（小時）	百分比	時數（小時）	百分比	時數（小時）	百分比	時數（小時）	百分比
社會類	1.3	4.0%	1.3	3.9%	0.7	2.2%	0.7	2.1%
數理類	2.7	8.3%	2.7	8.0%	12.0	38.2%	12.0	36.4%
技術類	—	—	—	—	1.3	4.2%	1.3	4.0%
體操	3.0	9.2%	3.0	8.9%	3.0	9.6%	3.0	9.1%
總計	32.6	100%	33.6	100%	31.4	100%	33.0	100%

資料來源：徐聖凱，《日治時期臺北高等學校與菁英養成》，頁 154。

　　1946 年初，各地學校的接收暫告一段落，臺灣省行政長官公署教育處公布〈臺灣省各級學校學年學期假期劃一辦法〉，規定：「一學年分為二學期：以八月一日至翌年一月三十一日，為第一學期；以二月一日至七月三十一日，為第二學期」，[32] 因此，1946 年 2 月 1 日至 7 月 31 日即為三十四學年度第二學期。教育處接著公布〈臺灣省立各中學及職業學校三十四學年度第二學期招生辦法〉，使省立各中學得以開始招生，臺北高中亦在 1946 年 2 月 22 日至 26 日舉行入學試驗，招收一年級、二年級的新生，與原為臺北高校生的三年

32　薛月順編，《臺灣省政府檔案史料彙編：臺灣省行政長官公署時期》（臺北：國史館，1996 年），頁 363。

級學生，共同於三十四學年度第二學期，展開戰後的第一個學期。

> 這樣一來，省立中等學校內就有新舊生之別，在學制尚未調整以前，我
> 們認為各級學校的課程無論舊生新生均應加強語文教育，而且規定新生
> 在本年七月以前為實施補習教育時期，不列入規定修業年限之內。[33]

教育處根據上述原則，訂定〈三十四學年度第二學期中等以上學校新生課程時
數表〉，如表3-3：

▼表3-3 三十四學年度第二學期中等以上學校新生課程時數表

科目	公民	本國歷史	本國地理	音樂	國語文	算數	英文	體育	總計
每週時數	4	3	2	2	14	3	2	2	32
百分比	12.5%	9.4%	6.3%	6.3%	43.8%	9.4%	6.3%	6.3%	100%

資料來源：臺灣省行政長官公署教育處編，《臺灣一年來之教育》，頁59。

由此推測，仍屬過渡時期的三十四學年度第二學期，臺北高中的一年級、二年
級新生應是根據上表授課，其中，國語文即佔近五成的時數。至於屬於舊生的
三年級生（原臺北高校生），第一批畢業生於1946年3月畢業，第二批畢業
生於1946年7月畢業，畢業後皆免試編入臺大，他們在學期間的課程安排，
因缺乏相關史料，不得而知。

　　1946年6月10日，教育處在調查各中等學校原有課程及教學進度後，
於臺北市龍口町鐵路飯店，召開中等教育座談會，討論中等學校課程改訂問題
等，邀請臺北市各中等學校校長參加，會議決定「適應本省需要，加強語文教

33　臺灣省行政長官公署教育處編，《臺灣一年來之教育》，頁58。

育，重視科學教育」，[34] 因此頒布〈初級中學教學科目及各學期每週各科教學時數〉、〈高級中學教學科目及各學期每週各科教學時數〉，自三十五學年度第一學期（1946 年 8 月至 1947 年 1 月）開始實施。此一教學時數規定，遂成為日後臺北高中課程安排的標準。

　　茲將教育處頒布之〈高級中學教學科目及各學期每週各科教學時數〉，與師大圖書館校史組藏《臺北高級中學概況》中〈省立臺北高級中學三十五學年度第一學期教學科目及每週授課時間表〉整理如表 3-4、表 3-5。

34　臺灣省行政長官公署教育處編，《臺灣一年來之教育》，頁 61-62。

▼表 3-4 高級中學教學科目及各學期每週各科教學時數

學期 時數 科目	第三學年		第二學年		第一學年	
	第一學期	第二學期	第一學期	第二學期	第一學期	第二學期
公民	1	1	1	1	1	1
體育	2	2	2	2	2	2
軍事訓練或家事看護	3	3	3	3	3	3
國文	4（6）	4（6）	4（6）	4（6）	5	5
外國語	6（7）	6（7）	5（6）	5（6）	5	5
算學	5（3）	5（3）	5（3）	5（3）	4	4
生物	－	－	－	－	3	3
礦物	1	1	－	－	－	－
化學	－	－	5（4）	5（4）	－	－
物理	5（4）	5（4）	－	－	－	－
歷史	2	2	2	2	2	2
地理	2	2	2	2	2	2
勞作	－	－	－	－	2	2
圖畫	－	－	1	－	1	1
音樂	－	－	1	－	1	1
每週教學總時數	31	31	31	31	31	31

（改授國文）（改授國文）

註：1. 自第二年起分為甲乙兩組，括弧內為乙組授課時數。

　　2. 各校得視地方情形自第三年起酌設簡易職業科目，前項選習甲乙組科目之學生，得免習第三年各該組選習時數，改自職業科目中選習一或二種。

　　3. 女生勞作應注意家事科目，自第二年起各校應酌設家事科目，二三年級女生於甲乙組練習時數內改習家事科目。

　　4. 體格訓練除體育、軍事訓練及早操或課間操外。每週須有課外運動三小時，軍事訓練及家事看護中並應注重救護工作。

　　5. 各年級每週須有二小時為戰時後方服務訓練。

　　6. 各科教學時間之排列，須力求其合理化，即國文、算學、科學、外國語、公民、史地等科目，須排列於教學最有效之時間（如上午 8 至 11 時、下午 2 至 5 時）。

資料來源：臺灣省行政長官公署教育處編，《臺灣一年來之教育》，頁 64-66。

▼表 3-5 省立臺北高級中學三十五學年度第一學期　教學科目及每週授課時間表

學年別	組別	時數	公民	國文	國語	注音符號	英語讀本	英語文法	微積分	代數	幾何（解析幾何）	三角	物理	物理實驗	有機化學	無機及理論化學	生物	鑛物	歷史	地理	體育	音樂	德語	自由選讀德語	自由選讀物理	總計
第三學年	文組	處頒課程	1	5	3	1	5	2		2	1		4				1		2	2	2					31
		補充課程														2							2			4
		小計	1	5	3	1	5	2		2	1		4			2	1		2	2	2		2			35
		合計	1	9			7				3		4			2	1		2	2	2		2			35
第三學年	理組	處頒課程	1	3	3	1	4	2		1	2		4	1			2	1	2	2	2					31
		補充課程							2			1				2						1		2		8
		小計	1	3	3	1	4	2	2	1	2	1	4	1		2	2	1	2	2	2	1		2		39
		合計	1	7			6				6		5			2	2	1	2	2	2	1		2		39
第二學年	文組	處頒課程	1	6	3	1	4	2		2	1		2				2		2	2	2	1				31
		補充課程														2								2	2	6
		小計	1	6	3	1	4	2		2	1		2			2	2		2	2	2	1		2	2	37
		合計	1	10			6				3		2			2	2		2	2	2	1		2	2	37
第二學年	理組	處頒課程	1	4	3	1	3	2		3	2		2		2		2		2	2	2					31
		補充課程														3						1			2	6
		小計	1	4	3	1	3	2		3	2		2		2	3	2		2	2	2	1			2	37
		合計	1	8			5				5		2			5	2		2	2	2	1			2	37
第一學年	未分組	處頒課程	1	7	3	1	5			2	2						3		2	2	2	1				31
		補充課程																								
		小計	1	7	3	1	5			2	2						3		2	2	2	1				31
		合計	1	11			5				4						3		2	2	2	1				31

資料來源：國立臺灣師範大學圖書館校史組藏，《臺北高級中學概況》，無頁碼。

　　根據師大圖書館校史組藏《臺北高級中學概況》中，大約於 1946 年底撰寫之〈三月來之校務概況〉，說明校方的教學方針：

> 第三，教學方面則除仍保留高等學校時代數理較高之水準外，並特別注意國語及本國史地知識之講授，迄今已舉行國語演說競賽兩次。教學之態度仍繼續本校一貫嚴格之作風，著重平時之練習與試驗，現第一次月考已舉行，凡有不及格者，均通知學生及其家長，以收學校與家庭共同督促之功效。學制更動期中，本校因情形特殊，課程不相銜接之處甚多，為顧全學生之學業，除遵照教育處規定外，更酌增課程以便學生之選習與補習。實驗方面，原有設備本甚充分，近又加補充。物理、化學、博物等實驗均已切實施行，圖書方面，三月來添購之圖書有五百餘冊，最近又與師範學院會同在上海訂購價值約台幣參拾萬元之圖書。中文書籍短期內亦可望充實。[35]

　　由此可見，臺北高中的課程安排乃以教育處規定為標準，分組方式亦遵守教育處規定「自第二年起分為甲乙兩組」，其中，甲組之國文、外國語授課時數少於乙組，算學、物理、化學授課時數多於乙組，臺北高中的分組則將甲組稱為理組，將乙組稱為文組。校友們經常將文、理分組，搭配戰後甲班、乙班、丙班……的編班，承襲日治時期臺北高校的方式，以日語稱呼自己的班級為「文甲」、「理乙」、「理丙」，而非「三年甲班」、「三年乙班」、「三年丙班」，至今在校友會通訊錄，或是校友之間，仍習慣以臺北高校的方式，稱呼自己的班別。值得注意的是，1946 年 10 月入學的臺北高中第四屆，也就是最後一屆學生，根據校友的回憶，自入學直到畢業，皆未依照文科、理科分班，且僅有一個班級。

　　然而，臺北高中的課程安排，雖然大致上以教育處規定為標準，但科目的分類相較教育處規定，更為細緻；又因「本校因情形特殊，課程不相銜接之處

35　國立臺灣師範大學圖書館校史組藏，《臺北高級中學概況》，無頁碼。

甚多」，而提供部分課程，供學生選修，因此科目的種類又相較教育處規定，更為豐富。其中，「國文」細分為國文、國語、注音符號；「外國語」則有「英語」、「德語」兩種，「英語」細分為英語讀本、英語文法，「德語」則有自由選讀的選項；「算學」在此稱為「數學」，細分為微積分、代數、幾何（解析幾何）、三角；「物理」細分為物理、物理實驗，以及自由選讀；「化學」細分為有機化學、無機及理論化學。

　　教育處規定之每週授課總時數為 31 小時，臺北高中的課程同樣以 31 小時為基準，再提供額外的選修科目。第三學年文組提供 2 小時的無機及理論化學、2 小時的德語，理組提供 1 小時的代數、3 小時的無機及理論化學、2 小時的生物、2 小時的德語（自由選讀）；第二學年文組提供 2 小時的生物、2 小時的德語、2 小時的物理（自由選讀），理組提供 2 小時的物理、2 小時的生物、2 小時的德語（自由選讀）；第一學年則未提供。

　　選修科目以數理類學科、德語為主。其中，德語為日治時期臺北高校以來的特色課程，無論文科、理科皆為必修的外語課程，然而，根據校友的回憶，僅有第二、三屆校友（三十五學年度第一學期時，分別為三年級、二年級生）曾上過半年的德語課程，第四屆校友在高中三年間，從未上過德語課。或許是因為此時教授德語的教師，為日籍留用教師石本岩根，三十五學年度第一學期（1946 年 8 月至 1947 年 1 月）仍留用在校，得以替二、三年級學生上課。隔年（1947 年），二二八事件爆發，留用日人被懷疑指揮暴動、動搖政權，在 1947 年 4 月中旬至 5 月 3 日，全數遣返日本，德語課因此僅維持了短短一年。

　　此外，根據臺北高校第十五屆校友，畢業於東京帝國大學法律系的賴永祥回憶，1946 年其自日本返回臺灣後，曾受到當時留用臺北高中之德語教師石本岩根的推薦，在臺北高中開設法律課程，教授國際公法，受課的學生只有文科生林榮勳、黃權世、王祖銘、姜文鑑、楊石盆以及盧焜熙 6 名。[36] 根據臺北

36　張炎憲、曾秋美訪問，施妙旻記錄，〈賴永祥先生和「私立延平學院」〉，《臺灣史料研究》，第 28 號（2006），頁 183-184。

高中發予賴永祥的服務證明書，[37] 課程自 1946 年 4 月開設至同年 7 月，可以推測臺北高中校方在三十四學年度第二學期起，即提供其餘選修科目，以彌補「本校因情形特殊，課程不相銜接之處」。

　　由於臺北高中僅有四屆學生，此課程時數表實施時期為三十五學年度第一學期（1946 年 8 月至 1947 年 1 月），在這個時期，第一屆學生已全數畢業，1946 年 2 月考試入學的第二、三屆學生，入學時分別為二年級、一年級（當時學生使用的上課證，請見圖 3-1），暑假結束後，分別進入第三、二年級，1946 年 10 月考試入學的最後一屆學生，則適用第一學年的課程表。在此應特別注意，多數臺北高中生並未完整經歷由第一學年到第三學年的課程，升上高年級後的分班與課程安排，也並非完全按照此課程表推進，如第四屆學生至畢業皆未依照文、理科分班，又因為日籍教師遭遣返，第四屆學生於高中生涯從未修過德語課。但是，因為史料的缺乏，僅能獲取三十五學年度第一學期的課程表，其他學期的課程安排與變化，須待日後相關史料出現，再行研究。

▲圖 3-1 臺北高中時期的上課證
　　資料來源：陳宗仁先生提供。

37　賴永祥長老史料庫，「臺灣省立臺北高級中學服務証明書」，2020 年 9 月 2 日瀏覽，http://www.laijohn.com/Loas/LES/date/1947.04.17/certificate/tphs.htm。

綜觀臺北高中的課程安排、授課時數（表 3-6），可以看出其教學重點，首先為「保留高等學校時代」的數理科目，並且充分利用繼承自臺北高校的實驗設備（圖 3-2），進行物理、化學、博物等實驗。其次為政府重視的國語及本國史地知識，並且舉辦國語演說競賽、添購大量中文書籍；[38] 此外，若將英語課加上補充課程的德語課，外國語授課時數亦不亞於上述科目。

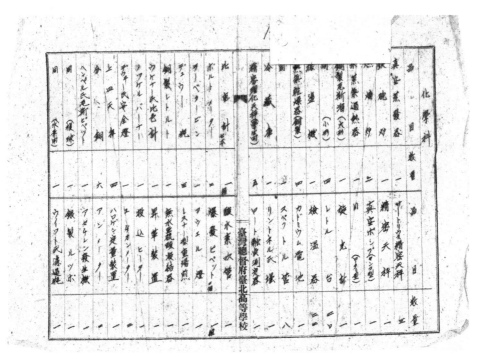

▲圖 3-2 臺北高等學校移交清冊（化學科）

資料來源：《臺北高校／臺北高中移交師大檔案》，臺灣師範大學檔案室典藏。

---

38 國立臺灣師範大學圖書館校史組藏，《臺北高級中學概況》，無頁碼。

▼表 3-6 三十五學年度第一學期臺北高中課程分類與平均每週授課時數

	第三學年				第二學年				第一學年	
	文組		理組		文組		理組		不分組	
	時數	百分比	時數	百分比	時數	百分比	時數	百分比	時數	百分比
國語	9	25.7%	7	17.9%	10	27.0%	8	21.6%	11	35.5%
外國語	9	25.7%	8	20.5%	8	21.6%	7	18.9%	5	16.1%
人文類	5	14.3%	5	12.8%	5	13.5%	5	13.5%	5	16.1%
數理類	10	28.6%	17	43.6%	11	29.7%	14	37.8%	7	22.6%
音樂	0	0.0%	0	0.0%	1	2.7%	1	2.7%	1	3.2%
體育	2	5.7%	2	5.1%	2	5.4%	2	5.4%	2	6.5%
總計	35	100%	39	100%	37	100%	37	100%	31	100%

註：1. 外國語包含英語、德語。
　　2. 人文類包含公民、歷史、地理。
　　3. 數理類包含數學、物理、化學、生物、鑛物。
資料來源：〈省立臺北高級中學三十五學年度第一學期　教學科目及每週授課時間表〉，收錄於國立臺灣師範大學圖書館校史組藏，《臺北高級中學概況》，無頁碼。

　　第三、二學年，無論文組或理組，數理類學科的授課時數皆為最高者，其中理組又較文組為高，第三學年理組的數理類授課時數，更將近五成，國語與外國語則分別位居第二、三高。其中，國語時數隨著學年增加而減少，外國語

時數則隨著學年增加而增加，因此，第一學年國語授課時數為最高，超越數理授課時數，而外國語則因為缺乏德語補充課程，而較少。

　　比較臺北高中與臺北高校的課程，雖然臺北高中宣稱「仍保留高等學校時代數理較高之水準」，數理科的授課時數亦為最高，但臺北高校最具特色，且授課時數最多者，實為外國語以及人文類學科。臺北高中時期，人文類學科僅剩下「本國史地知識」，缺乏臺北高校時期，培養學生思考的哲學概論、論理（邏輯學）等科目，時數也明顯較低；外國語學科，雖然不及高校時期的授課時數，但仍有相當的授課時數，且仍保持具有臺北高校特色的德語課，然而，因為日籍德語教師的遣返，導致外國語時數驟減，再加上政府大力推廣國語，使得國語時數凌駕於外國語之上。

　　不過，透過臺北高中的課程安排，僅能了解各科的時數比重，無法了解實際的課程內容、教學品質。因日治時期擔任教員者通常為日籍教師，使得戰後的臺灣面臨嚴重的師資缺乏問題，以國語科為例，如第三章第一節所述，雖然政府積極進行教員招考與培訓，但仍遠不及國語教師的需求數量，因此經常出現濫竽充數的情形，[39] 其他科目亦面臨相同的困境。雖然臺北高中仍有數名臺北高校教授留用，臺籍教師與自中國前來的教師，亦有數名具有大學學歷者，教學品質或許較其他高中為好，但若要與以往的臺北高校相比，仍有難以彌補的差距。

　　　　高等學校的師資，係以接受高等教育且通過試驗，特別是「大學畢業或大學測驗合格得稱為學士者」及「依照外國留學生規程擔任在外研究員者」，被視為具有高等學校高等科教員義務，而授予高等學校教員免許狀（許可證），在此外如高等師範學校畢業生，便須接受試驗檢定合格，方得以任用。[40]

39　「由內地來臺的教員，雖不一定都是擔任國語教學的，可是，如果他們的國語說得『差不多』，那就也要他們『勉為其難』了」。何容、齊鐵恨、王炬編，《臺灣之國語運動》，頁29。

40　徐聖凱，《日治時期臺北高等學校與菁英養成》，頁61-62。

另外，值得注意的是，〈三月來之校務概況〉針對校方教學態度，說明：

> 教學之態度仍繼續本校一貫嚴格之作風，著重平時之練習與試驗，現第一次月考已舉行，凡有不及格者，均通知學生及其家長，以收學校與家庭共同督促之功效。

然而，日治時期臺北高校的教學態度，如同校方對於人文學科、通識教育的重視，學生的學習不僅限於課內，能夠在課外自主閱讀、研究各領域的知識，才是最受重視的能力，因此，考試的分數，並非評價學生唯一的標準，校方甚至為了使學生自由發展，而調整進級規定，避免學生留級或退學的情形。[41] 而臺北高校的校風為「自由自治」，重視學生思考、表達的自由，在校內各種活動中，也給予學生充足的自主空間，與臺北高中宣稱「本校一貫嚴格之作風」，似乎並不一致。關於臺北高校與臺北高中校風的比較，將於下一節（第三章第三節）進行討論。

臺北高中雖自臺北高校繼承校地、設備與學生，但在授課目標上，未能完整繼承臺北高校重視人文學科的精神，反而以數理學科，以及配合政策實施的「本國史地知識」為主；在教學品質、教學態度上，仍與臺北高校時期有相當的差距。不過，在課程結構上，外國語部分則承繼了臺北高校的特色與精神，雖然受到時代背景與變遷的影響，難以維持外國語學科之質量，但仍短暫保留臺北高校的特色學科──德語，加上英語後，也尚有相當的授課時數。在此，可以觀察到存在於兩個時代的夾縫之間，同時具有舊時代與新時代特色，臺北

---

41 自小、中學校便已對昆蟲、高山著迷的鹿野忠雄，以第一屆高等科生進入臺北高校，在學期間除了學校修習的德文、英文，另自習拉丁文、希臘文。但因為沉迷高山世界而經常曠課，在校務會議中多數意見認為應將其退學，終因三澤糾（按：臺北高校第二任校長）力保而留校察看一年。未料留級該年仍舊缺課，復在教務會議中引發激烈討論。雖然鹿野在高校期間（1925 至 1929 年）多達 60 篇以上英、日文發表之專門著作，但其違反校規的部份至少包括未申請便不來校、曠課日數達三分之二以上、未參加學期測驗等。結果在三澤愛惜人才的考量下，仍令其畢業，給予進入帝國大學的資格（1930 年進入東京大學）。徐聖凱，《日治時期臺北高等學校與菁英養成》，頁 88。

高中獨特的夾縫性格，亦是時代變遷的見證。

二、校長的任用

　　儘管因為缺乏相關史料，而難以了解臺北高中實際的授課內容，但透過對臺北高中教職員的研究與分析，可窺探臺北高中的校務與教學運作實況，以下將分別介紹運作校務，以及實際執行各科目教學的臺北高中校長（表 3-7）以及教師。

（一）第一任校長・張金潤

　　隨著 1945 年 11 月 7 日〈臺灣省各級學校及教育機關接收處理暫行辦法〉[42] 的公布，臺灣省行政長官公署教育處展開教育機構的接收工作，同年12 月，時年 42 歲的張金潤，前來接收並執掌臺北高中的校務，為臺北高中首任校長。[43] 張金潤出身廣東東莞，具有美國紐約大學法律學士，以及西北大學法學博士的亮眼學歷，在由行政長官公署發布的〈擬派省立各中等學校校長名單〉中，[44] 張金潤為眾省立師範學校、中等學校校長人選間，唯一具有博士學歷者，並且列於名單的首位。在戰後時局不穩，且人才嚴重缺乏的情形下，獲派張金潤擔任校長，或可推測臺北高中在戰後初期，仍受到相當高的尊崇。

　　張金潤到校後，首先展開臺北高校校地與校產的接收。1945 年的 12 月14 日起，臺北高校最後一任校長下川履信，開始將臺北高校的財產分類製作移交清冊，交予臺北高中。依據師大檔案室典藏之校史檔案，移交類別共有：化學類、動物類、植物類、地鑛類、體鍊類、心理類、歷史類、數學類、教練類、物理類、一般備品類（含「鐘」與「金庫」）、圖書類，另有在「古亭町」與「龍口町」的土地、建物及樹木之「公用財產」，清楚地列出所有臺北高校移交給臺北高中的財產物件。不過移交初期，這些物件的「保管人」仍先委託

42　薛月順編，《臺灣省政府檔案史料彙編：臺灣省行政長官公署時期》，頁 355。

43　國立臺灣師範大學圖書館校史組藏，《臺北高級中學概況》，無頁碼。

44　〈擬派省立各中等學校校長名單〉，《臺灣省行政長官公署檔案》，國史館臺灣文獻館藏，檔號 132300350010。

原臺北高校留任的教職員擔任。

此外，張金潤任內辦理兩次舊制高校生的畢業考試，並招考臺北高中的一年級與二年級新生，但隨即於 1946 年 7 月，到職短短半年的時間，以「體弱多病」為理由請准辭職，由當時已與臺北高中共用校園的師範學院院長李季谷，兼任臺北高中的校長，此後臺北高中的校長，則皆由師範學院院長兼任。然而，張金潤以「體弱多病」提出辭職的同時，正值臺北高中學生針對學期短縮、進級爭議，以及希望得到如大學先修班一般的待遇等問題，向校方與教育處提出抗議，甚至發起罷課活動，並聯合家長欲召開緊急父兄會的時期（詳見第三章第三節）。最後，校方同意學生的要求，舉行「編級試驗」，使學生順利升上高年級，根據學生在《臺北高級中學緊急父兄會開催謹告》中的紀錄，校長張金潤乃因此事「顏面盡失而辭職」。[45] 何者為張金潤真正的辭職原因，抑或是兩者皆是，因史料缺乏，不得而知。

不過，值得注意的是，根據 1946 年 10 月，師範學院的一份公文「為本院公訓專修科主任張金潤教授堅請辭職之准遺缺改聘唐子宗教授兼任」，[46] 可以發現師範學院創設之初，因為缺乏教員而與臺北高中共用師資的情形，甚至連臺北高中的校長，也可以兼任師範學院的教授。

（二）第二任校長・李季谷

張金潤的接任者——李季谷（1895-1968，圖 3-3），為浙江紹興人，畢業於日本東京高等師範學校，之後又赴英國劍橋大學研究院，獲得歷史學位，抵臺接任師範學院院長前，曾於中國南開大學、北京大學、北平師大、燕京大學等校擔任講師，並於北平大學、西北聯大、中山大學、四川大學等校擔任教授，學經歷皆相當豐富。[47]

45　〈本校定于本月十、十一兩日舉行〉，《臺灣新生報》，1946 年 7 月 4 日，版 3。楊益龍，《臺北高級中學緊急父兄會開催謹告》（臺北：台北高級中學學生自治會，1946 年），頁 2。

46　〈張金潤辭職遺缺由唐子宗兼任案〉，《國立臺灣師範大學檔案》，國家發展委員會檔案管理局藏，檔號 035/400.02/01/0004/023。

47　章子惠編，《臺灣時人誌　第一集》（臺北：國光出版社，1947 年），頁 31-32。

▲圖 3-3 李季谷
　資料來源：國立臺灣師範大學數
　位校史館。

▲圖 3-4 謝東閔
　資料來源：國立臺灣師範大學數
　位校史館。

李季谷遂自 1946 年 8 月起，同時任職師範學院院長及臺北高中校長，接任臺北高中校長不久，李季谷便以「近為明瞭學生家庭概況與詢家長對改進校務之意見起見」，[48] 於 8 月 31 日在校內會議廳舉行學生家長懇談會，可以推測除了新上任欲了解校內事務之外，避免學生再次因不滿校方決策，而發起罷課等反抗事件，或許也是舉行此次懇談會的目的之一。李季谷任內進行了臺北高中最後一屆的招生，師範學院則不斷擴張，隨後遭逢二二八事件，大量暴徒與浪人在事件發生之初，衝入臺北高中與師範學院共用的校園中，對校內設施及部分職員造成重大損害，使得臺北高中與師範學院在二二八事件後的復課，較其他學校為晚（詳見本書第四章第一節）。

（三）第三任校長‧謝東閔

1948 年 6 月，李季谷調任浙江省教育廳廳長，由謝東閔（1908-2001，圖 3-4）接任。謝東閔出生於彰化二水，曾就讀二水公學校，後於臺中州立第一中學肄業四年，便前往中國，1925 年進入上海承天中學就讀，1927 年考入私立東吳大學法科，肄業一年後插班考入廣州中山大學法科政治學系，取得學位。1930 年加入中國國民黨，

48　〈省立高中開家長懇談會〉，《民報》，1946 年 8 月 30 日，版 2。

1931 年畢業後，留在中山大學任教。之後，先後擔任廣州市自治會兼任幹事、軍事訓練委員會少校秘書、桂林《廣西日報》電訊室主任等職，1943 年起參與中國國民黨臺灣直屬黨部工作，1945 年戰爭結束後，以高雄州接管委員會主任委員的身分回到臺灣，曾任首任官派高雄縣縣長、臺灣省行政長官公署民政處副處長、臺灣省合作金庫理事長、臺灣省政府教育廳副廳長、臺灣省議會議長、臺灣省政府主席、副總統等職，接任師範學院院長及臺北高中校長時，正值教育廳副廳長任期。[49]

（四）第四任校長・劉真

1949 年 4 月，起因於臺大與師院學生腳踏車雙載事件的「四六事件」，造成大量臺大、師院學生被捕，為校園重大白色恐怖事件，事件後，省政府電令師院停課，省主席陳誠下令整頓學風，師範學院隨即組成「整頓學風委員會」，由時任教育廳長的劉真擔任主任委員，並兼職師範學院代院長。[50] 劉真（1913-2012，圖3-5），安徽鳳臺人，1935 年就讀日本東京高等師範學校教育研究科，1941 年任職湖北師範學院教授、訓導長，之後曾任中央訓練團主任秘書等職，接任師範學院院長時，正值南京立法院立法委員任期，

▲圖 3-5 劉真
資料來源：國立臺灣師範大學數位校史館。

49　章子惠編，《臺灣時人誌　第一集》，頁 177。TBDB 臺灣歷史人物傳記資料庫，「謝東閔」，2020 年 6 月 1 日瀏覽，http://tbdb.ntnu.edu.tw/showBIO.jsp?id=C9ECD9F6-396F-4698-8A7F-34E53AC09AD5。

50　〈師院組整頓學風委會〉，《公論報》，1949 年 4 月 8 日，版 3。

乃臨時受臺灣省政府聘書來臺。[51]

　　1949 年 5 月 10 日，劉真接任師範學院院長，並兼任臺北高中校長，旋即以「一所本來規模不大的校舍，容納了兩個學校，當然顯得異常的擁擠」，[52]向省政府呈准將臺北高中於當年結束，以便師院能利用全部校舍。除了臺北高中原本的校地之外，更向省政府請求撥用校地對面的空地，擴張校園面積，之後陸續進行新建校門、改裝辦公室與教室、修繕宿舍、新建教室等擴建與整修工程。

　　然而，特意被指名來臺處理重大學生運動的劉真，獲選的條件或許應歸於其所具有的豐富政治、黨團經驗，更甚於其教育經驗。時值國共內戰後期，國民政府已節節敗退，蔣介石選定臺灣作為撤退地點，此時臺灣發生的學生運動，猶如芒刺在背，使國民政府擔心共產勢力是否將於臺灣蔓延。因此，劉真接任後除了改善師範學院的校地範圍、硬體設備，更對於該校學風進行徹底的改革，以軍事管理模式實施生活訓練，針對學生的生活習慣、作息時間，甚至思想言論，進行嚴格的控管。從此，師範學院失去其原有的自由學風，成為全臺數一數二保守的學校，而承繼過去「殖民地的自由學園」臺北高校，其自由自治校風的臺北高中，則就此走入歷史。[53]

51　司琦編，《劉真先生文集》第三冊（臺北：臺灣商務印書館，1990 年），頁 1211-1212。〈劉院長簡歷介紹〉，《臺灣省立師範學院院刊》，復刊號第 1 期（1949），頁 1。

52　「一所本來規模不大的校舍，容納了兩個學校，當然顯得異常的擁擠。幸好那時省立臺北高中的校長係由師院院長兼任，於是不久我便呈准省府將臺北高中於當年（按：1949 年）暑期結束，以便師院能全部利用這所校舍。」司琦編，《劉真先生文集》第三冊，頁 1212-1213。

53　四六事件後，劉真於師範學院內實施的詳細訓育內容，詳見第四章第一節。

▼表 3-7 省立臺北高級中學歷任校長

任期	姓名 （生卒年）	學歷	到職臺北高中前之經歷
第一任 （1945/12- 1946/7）	張金潤 （不詳）	美國紐約大學 法律學士 美國西北大學 法學博士	省立臺北商業專科學校 代理校長
第二任 （1946/8- 1948/6）	李季谷 （1895- 1968）	日本東京 高等師範學校 英國劍橋大學 研究院	中國開南大學、北京大學、北平師大、燕京大學等校講師 北平大學、西北聯大、中山大學、四川大學等校教授
第三任 （1948/6- 1949/5）	謝東閔 （1908- 2001）	廣州中山大學 法科政治學系	廣州中山大學教職 廣州市自治會兼任幹事 軍事訓練委員會少校秘書 桂林《廣西日報》電訊室主任 高雄州接管委員會主任委員 高雄縣縣長 臺灣省行政長官公署民政處副處長 臺灣省合作金庫理事長 臺灣省政府教育廳副廳長
第四任 （1949/5- 1949/7）	劉真 （1913- 2012）	日本東京 高等師範學校	湖北師範學院教授、訓導長 中央訓練團主任秘書 南京立法院立法委員

資料來源：1.〈擬派省立各中等學校校長名單〉，《臺灣省行政長官公署檔案》，國史館臺灣文獻館藏，檔號 132300350010。

2. 章子惠編，《臺灣時人誌　第一集》，頁 31-32。

3. 章子惠編，《臺灣時人誌　第一集》，頁 177。TBDB 臺灣歷史人物傳記資料庫，「謝東閔」，2020 年 6 月 1 日瀏覽，http://tbdb.ntnu.edu.tw/showBIO.jsp?id=C9ECD9F6-396F-4698-8A7F-34E53AC09AD5。

4. 司琦編，《劉真先生文集》第三冊，頁 1211-1212。〈劉院長簡歷介紹〉，《臺灣省立師範學院院刊》，復刊號第 1 期（1949），頁 1。

三、教師的聘用

　　臺北高中所繼承的臺北高校，除了其具有的「大學預科性質」，使畢業生得以直升帝國大學，未來的升學及求職之路獲得保障，因此高校生足以被稱為「天之驕子」，臺北高校優於全島的課程與師資品質，亦頗負盛名。其中，師資方面，高等學校的師資，以接受高等教育且通過試驗者為主，特別是「大學畢業或大學測驗合格得稱為學士者」及「依照外國留學生規程擔任在外研究員者」，被視為具有高等學校高等科教員義務，而授予高等學校教員免許狀（證明書），[54] 這些擁有高學歷的教員們，負起培育菁英的職責，提供高校生們足以銜接大學的知識，更拓展高校生們的視野，介紹課本之外的新知，並引導學生遵循自由自治的校風，自由探索感興趣的領域。而戰後臺北高中的師資又是如何呢？在此針對留用日籍教師、戰後聘任教師，分別進行說明。

（一）留用日籍教師

　　戰後，國民政府取代日本殖民政權，接收並著手治理臺灣，然而，當時尚有大量日人居住於臺灣，根據臺灣總督府所作成之交接報告，截至 1945 年 10 月 1 日的日僑人口統計成果，當時在臺日僑約有 35 萬 5,596 人，[55] 而 1946 年初由臺灣省日僑管理委員會進行的日僑人口再調查，則約有 30 萬 8,232 人。[56] 1945 年 12 月 15 日，臺灣省行政長官公署公布「臺灣省日僑省內遷移管理暫行辦法」，限制在臺日人的遷移並進行管理，之後，於 12 月 27 日以署法字第七一五號公布「臺灣省日僑管理委員會組織規程」，設置臺灣省日僑管理委員會，為直隸長官公署的單位，處理在臺日僑之調查、管理、輸送

54　徐聖凱，《日治時期臺北高等學校與菁英養成》，頁 61-62。

55　臺灣省日僑管理委員會秘書室編輯，《臺灣省日僑遣送紀實》（臺北：臺灣省日僑管理委員會，1947 年），頁 10。

56　臺灣省日僑管理委員會秘書室編輯，《臺灣省日僑管理法令輯要》（臺北：臺灣省日僑管理委員會，1946 年），頁 199。

等事項，[57] 分作數期進行在臺日人的遣送。

　　不過，國民政府初來乍到，經過日本統治 50 年的臺灣，眾多產業、技術、建設等為當時的中國從未接觸的，因此，為了確保臺灣島在戰後仍能持續運作，部分日人獲得「留用」，在此一過渡時期扮演銜接的角色。依據 1945 年 10 月 1 日施行之「中國境內日籍員工暫行徵用通則」，規定各事業部門徵用日籍員工標準如下：

1、事業不能中斷其技能無人接替者

2、其技術為我國目前所缺乏者

3、非徵用不能為業務上之清理者

4、情形特殊有徵用之必要者。[58]

　　1946 年 4 月時，留用之日人共 7,139 名，以農林工礦技術人員、交通通訊技術業務人員、金融財政主要技術業務人員、必要之水利衛生地政地方建設及警務人員、學術研究人員等為主，加上家屬，共計 2 萬 7,227 人。[59]

　　其中，教育部分，1945 年 11 月，行政長官公署教育處著手教育行政機構、各級學校的接收工作，根據 11 月公布之「各級學校及教育機關接收處理暫行辦法」，規定臺北市區內的學校，由行政長官公署直接派員接收整理，「接管之學校及教育機關，除國語、國文、公民、史地教育，應由國人充任外，得

57　臺灣省行政長官公署，〈臺灣省日僑省內遷移管理暫行辦法〉，《臺灣省行政長官公署公報》，第 2 卷第 2 期（臺中：臺灣省政府秘書處，1945 年），2020 年 6 月 1 日瀏覽，http://subtpg.tpg.gov.tw/og/image1.asp?DocYear=034&ImgFile=0AK9%20%20%20%20&StrPage=6&EndPage=7。

58　臺灣省日僑管理委員會秘書室編輯，《臺灣省日僑管理法令輯要》，頁 107。

59　臺灣省日僑管理委員會秘書室編輯，《臺灣省日僑遣送紀實》，頁 36-39。歐素瑛，〈戰後初期在臺日人之遣返與留用：兼論臺灣高等教育的復員〉，《臺灣文獻》，第 61 卷 3 期（2010 年），頁 290-296。

酌量暫時留用日籍教職員，以免業務停頓」。[60]

截至 1946 年 4 月 14 日，教育相關徵用人員，全臺共 462 名，家屬人員共 1,229 名，臺北市留用教育人員共 362 名，[61] 部分臺北高校教員獲得留用，其中亦有留用於臺北高中者。茲自日僑管理委員會作成之，截至 1946 年 12 月 28 日的「官公吏臺灣留臺者名簿」，[62] 整理出留用之臺北高校日籍師資名單，如表 3-8：

▼表 3-8 留用之臺北高校日籍師資名單

赴任學校	姓名	官職	擔當學科	職等
臺北高級中學	石本岩根	教授	德語	三－六
	市原哲治	教授	數學	三－五
	太田賴常	教授	物理	三－六
	小山捨男	教授	英語	三－四
	松本邦夫	教授	博物／生物	七－九
	里井宥二良	教授	德語	三－六
臺北帝國大學預科	加藤平左衛門	預科長	數學	二－二
臺北師範學校	根津金吾	講師	國語／漢文	無
臺南工業專門學校	甲斐三郎	學校長	數學	二－二

資料來源：河原功，《資料集　終戰直後の臺湾》，頁 329-363。

60　「各級學校及教育機關接收處理暫行辦法檢送案」（1945 年 11 月 10 日），〈接收辦法〉，《臺灣省行政長官公署檔案》，國史館臺灣文獻館，典藏號 00326610088001。洪瑞重，《臺灣省行政長官公署時期教育的接收與推展（1945-1947）》（碩士論文，國立臺灣師範大學歷史研究所，1997 年），頁 48-49。

61　河原功，《臺灣協會所藏臺灣引揚・留用記錄　第 1 卷》（東京：ゆまに書房，1997 年），頁 28-29。

62　河原功，《資料集　終戰直後の臺湾》（東京：不二出版，2015 年），頁 329-363。

　　臺北高校留用日籍教師 9 人中，文科教師共 4 名，包含德語、英語、國語（日語）／漢文科教師，皆為教授語言的教師，而乏地理、歷史等社會科教師，社會科等乃涉及國族認同等意識形態之科目，難以繼續交由日人負責的情形，可想而知。

　　對照約於 1946 年 12 月作成之《臺北高級中學概況》中，收錄之〈教職員一覽表〉（表 3-10），[63] 可以發現當時臺北高中共有 8 名日籍教員與職員，而留用於臺北高中的 6 名臺北高校教員中，僅有 4 名記錄於臺北高中的〈教職員一覽表〉，分別為教授生物的松本邦夫、教授數學的市原哲治、太田賴敏（應為太田賴常），以及原為德語教師的圖書館主任石本岩根。此外，則為來自臺北高校以外的留用日籍教師，包含教授物理的內藤昌平、教授化學的佐伯秀章、教授數學的末岡勝馬；擔任行政人員者，則有擔任幹事的喜多代堯（表 3-9）。

　　再對照 1947 年 1、2 月作成之「地域別臺灣省繼續留用者名簿」、「職域別留用者名簿」，[64] 可觀察到留用機關的變更：太田賴常轉任國立臺灣大學理學院教授，小山捨男、石本岩根、里井宥二良轉任國立臺灣大學先修班教授。最終，僅餘松本邦夫、市原哲治留任臺北高中，然而登記之留用機關已更改為「省立師範學院」，不過，因師範學院與臺北高中有共用師資的情形，可以推測松本與市原仍有可能於臺北高中授課。

　　1947 年 3 月下旬，日僑管理委員會進行「日僑留用實況調查」，各單位留用之日籍人員，需撰寫工作實績報告書回報予日僑管理委員會，藉由這些報告書，得以了解留用日人的工作情形，松本邦夫即代表師範學院撰寫報告書。松本寫道，國民政府接收時，留用者多為物理、化學、博物等理科人才，其中，博物科尤為重要，因為臺灣的自然環境、動植物和中國有相當顯著的差異，甫渡臺的中國教師在教材準備、蒐集標本等工作上有諸多不便，因此留用

63　國立臺灣師範大學圖書館校史組藏，《臺北高級中學概況》，無頁碼。詳見本書整理之表 3-10。

64　河原功，《臺灣協會所藏臺灣引揚・留用記錄　第 8 卷》，（東京：ゆまに書房，1997 年），頁 14-25、86-89、159-165、189-204。

熟知臺灣自然界的日籍教師，不但對學生的學習有相當大的助益，相關儀器、器具、模型、標本等的接收也很順利。

　　據松本邦夫的報告，目前師範學院留用的日人僅有數學系 1 名、博物系 1 名，博物系教授為松本邦夫，而數學系教授應為市原哲治。相較於僅有兩名的日籍教師，中國籍教師共有數學系 2 名、博物系 1 名、理化系 6 名、教育系 9 名、國文系 14 名、英語系 10 名、史地系 11 名、音樂系 7 名，可見理科的教師人數遠少於文科，面臨嚴重人手不足問題，因此該校日籍教師的授課分量相當重。

　　除了教學之外，留用日人在研究上也有貢獻。1946 年 10 月底，松本在臺灣發現未知的物種——熊蟲（緩步動物，俗稱水熊蟲），在歐美已發現近 30 種熊蟲，日本僅有 1 種，中國的情況仍不明，因而這次的發現對臺灣來說是第一次，松本邦夫在臺灣的熊蟲研究中，提出第一份報告「臺灣產熊蟲的發見」，在臺灣大學動物學教室進行展示。[65]

　　然而，1947 年 2 月底，發生二二八事件，留臺日人被懷疑指揮臺灣「暴徒」進行反抗國軍的攻擊行動，甚至計畫再次奪回臺灣，例如中華日報即發表社論，指出在過渡時期留用之日籍技術人員，可能藏有陰謀造反者，而留用之日籍教師，可能使用日語教授歪曲的言論，且留用過多日人，可能會使本省同胞誤解祖國缺乏人才等負面影響，故要求將留用日人全數送還。[66] 在此背景之下，執行最後一期遣送（1947 年 4 月中旬至 5 月 3 日），遣送 3,566 人，幾乎所有留用日人皆在此時遭到遣返，最終共計遣送 32 萬 3246 人。[67]

65　河原功，《臺灣協會所藏臺灣引揚・留用記錄　第 9 卷》（東京：ゆまに書房，1997 年），頁 43-45。

66　河原功，《臺灣協會所藏臺灣引揚・留用記錄　第 5 卷》（東京：ゆまに書房，1997 年），頁 69-73。

67　臺灣省日僑管理委員會秘書室編輯，《臺灣省日僑遣送紀實》，頁 132、150、153。

▼表 3-9 臺北高中留用日籍師資之學經歷

姓名	學科	學歷	略歷
松本邦夫	博物生物	臺北帝國大學生物學科	1936-44 嘉義中學校 教諭 1944 臺北高校 教授兼教諭
市原哲治	數學	東京帝國大學理學部	1944 臺北高校附置臨時教員養成所 講師
太田賴常	物理	京都帝國大學	1929 臺北帝大 助手 1930-40 臺北帝國大學附屬農林專門部 教授 1941 氣象臺測候技術官養成所 1941-44 臺北高校 教授 1942-44 臺北高校附置臨時教員養成所 講師
石本岩根	德語	九州帝國大學獨逸語獨逸文學	1930 臺北高校 講師 1931-44 臺北高校 教授 1938-44 內務局測候技術官養成所
小山捨男	英語	東京帝國大學文學部英吉利文學科	1927-44 臺北高校 教授 1940-44 氣象臺測候技術官養成所 1944 臺北高校附置臨時教員養成所講師
里井宥二良	德語	京都帝國大學文學部德國文學專攻	1932-33 臺北高校 講師 1934-44 臺北高校 教授 1938-44 內務局測候技術官養成所
內藤昌平	物理	臺北高等學校附置臨時教員養成所	1930-31 臺中州臺中第一尋常高等小學校 訓導 1932-40 臺中州臺中市明治尋常高等小學校 訓導 1940-41 臺中州臺中市立明治青年學校 指導員 1941-44 臺中州臺中市明治國民學校 訓導

（續下表）

姓名	學科	學歷	略歷
佐伯秀章	化學	北海道帝國大學農學博士	1929-38 臺北帝國大學理農學部 助手 1931-32 臺北帝國人學附屬農林專門部 講師 1939-44 臺北帝國大學理農學部 助教授 1939-41 臺北帝國大學附屬農林專門部教授
末岡勝馬	數學		1937-41 臺北州州立臺北工業學校 教諭 1942 氣象臺測候技術官養成所、氣象臺業務課 技手 1944 氣象臺測候技術官養成所、氣象臺豫報課 技師

註：灰底為記載於「留用之臺北高校日籍師資名單」（表 3-8），卻未記載於《臺北高級中
　　學概況》收錄之〈教職員一覽表〉（表 3-10）者。
資料來源：1. 徐聖凱，《日治時期臺北高等學校與菁英養成》，頁 277-290。
　　　　　2. 臺灣總督府職員錄系統，http://who.ith.sinica.edu.tw/mpView.action。
　　　　　3. 臺灣總督府府（官）報資料庫，http://ds3.th.gov.tw/DS3/app007/。

　　儘管日籍教師留用於臺北高中的時間並不長，留用時間約自 1945 年底至
1947 年 2 月，但仍接觸過臺北高中的四屆學生，並且在學生心目中留下了相
當的印象。第二屆校友陳宗仁回憶戰後初期的情景：

> 那時日本人都走了，但是還有一部分的日本老師留著，還沒回去，繼續
> 在這裡教書，有時候我們還會學ドイツ語、德語，只有學一下下而已，
> 老師還沒回去，數學的老師、理化的老師，差不多都是日本人，都還沒
> 回去，留下來教書。[68]

68　蔡錦堂訪問，賴冠妏記錄，陳宗仁口述，2018 年 9 月 16 日。

　　第一屆校友張燦生回憶:「日本老師還有留用,校長都走了,日本老師像是石本是德語,松本、內藤等等都是⋯⋯佐伯、市原都是,那時候(民國)35 年都還在。(民國)36 年才回去」。[69]

　　在 1946 年 9 月入學臺大之前,在母校臺北高中擔任雇員的臺北高校第二十屆蕭柳青,和教授生物(博物)的松本邦夫老師,則有過印象深刻的交流:

> 松本我有跟他接觸過,我不知道去哪裡的地攤買組織切片,但我看不懂,去拜託教授,請他教我,告訴我這是什麼 order、部位,告訴我是什麼臟器組織,松本教授很親切,好幾百張哦,他告訴我這是什麼,並且幫我寫。[70]

　　留用的數名優秀日籍理科教師,在師資缺乏的戰後初期,仍能提供臺北高中的學生們優質的理科教育,他們的留用也符合戰後臺北高中所制定的教學重點,在於「保留高等學校時代數理較高之水準」。[71] 此外,留用的日籍教師中尚包含教授德語的石本岩根,因此臺北高校獨具特色的德語課,雖然已無法維持如戰前一般的重要地位,但仍能使臺北高校的特色,短暫延續至戰後。

(二)戰後聘任教師

　　然而,戰後雖仍有部分日籍教師留用,但大部分日籍教師旋即遭到遣返,仍須補進大量本國師資。根據《臺北高級中學概況》中〈三月來之校務概況〉:

> (1946 年)八月間張前校長辭職,教育處遴聘本省師範學院院長李季谷氏兼長本校,接辦以來,銳意整頓,分向省內外延聘品學兼優之教員並請師範學院教授講師協助施教。[72]

69　蔡錦堂訪問,賴冠妏記錄,張燦生口述,2019 年 5 月 19 日。
70　蔡錦堂訪問,賴冠妏記錄,蕭柳青口述,2019 年 3 月 21 日。
71　國立臺灣師範大學圖書館校史組藏,《臺北高級中學概況》,無頁碼。
72　國立臺灣師範大學圖書館校史組藏,《臺北高級中學概況》,無頁碼。

　　可見當時臺北高中師資的來源，主要有向臺灣省內外延聘者，以及與師範學院共用者。與師範學院共用師資的情形，已於第二章第三節進行說明（表2-10），在此便不再贅述，以下將介紹並探討臺北高中的師資組成。

　　臺北高中的組織系統表，收錄於《臺北高級中學概況》（圖3-6），而教員與職員名單，亦收錄於《臺北高級中學概況》中〈教職員一覽〉，此外，在由臺籍臺北高校與臺北高中畢業生所組成的「臺北高等學校同學會」，所編纂的《會員名簿》，以及由日籍臺北高校畢業生組成的「蕉葉會」所編纂的《蕉葉會名簿》中，也有收錄「師長通訊錄」，茲綜合上述三種名冊，整理名單如表3-10：

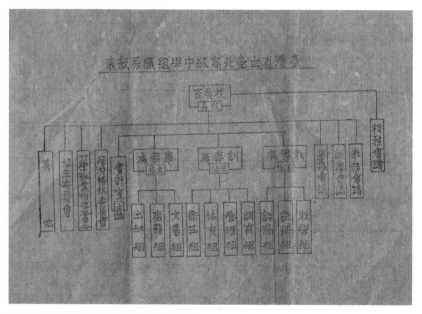

▲圖 3-6 臺灣省立臺北高級中學組織系統表
　資料來源：國立臺灣師範大學校圖書館史組藏，《臺北高級中學概況》，無頁碼。

▼表 3-10 臺北高中教職員一覽表

姓名	年齡	性別	籍貫	職務	學科	最高學歷	最終經歷
教員							
宋海文	32	男	浙江上虞	校長室主任		國立北平大學經濟學士	
宗亮東		男	江蘇宜興	校務主任	公民	國立北平師範大學學士	國立臺灣師範大學教務長
朱際鎰	33	男	湖南石門	教務主任	歷史	國立北京師範大學學士	國立臺灣師範大學歷史學系教授
陳蔡煉昌	35	男	臺灣臺中縣	訓導主任	國語	日本東京文理科大學學士	國立臺灣師範大學國文學系教授
屠健峰	32	男	浙江平湖	事務主任	公民	日本早稻田大學學士	
熊省三	26	男	江西雲都	註冊組長	國文		
許振聲	30	男	臺灣臺北市	訓育組長	數學／物理	日本東京高等師範學校	國立臺灣師範大學工業教育學系教授
楊基榮	30	男	臺灣臺中縣	管理組長	體育	日本國立東京體育學校研究科	國立臺灣師範大學體育系主任
楊秉忠	28	男	臺灣臺北市	教員	英語	爪哇泗水荷勒氏大學學士	
林諷荐	48	男	廣東順德	教員	國文		
李淑馨	38	女	北平市	教員	國語		
孫萍	28	男	河南安陽	教員	國語		

（續下表）

姓名	年齡	性別	籍貫	職務	學科	最高學歷	最終經歷
內藤昌平	35	男	日本兵庫	教員	物理	臺北高等學校附置臨時教員養成所	日本京都市東山高校講師
楊慎修	35	女	江蘇江陰	教員	英語		國立臺灣師範大學附屬中學
末岡勝馬	41	男	日本石川	教員	數學		氣象臺測候技術官養成所、氣象臺豫報課技師
羅牧敖	26	女	湖北黃安	教員	英語		
太田賴敏	26	男	日本奈良	教員	數學	京都帝國大學	
莊樹棠	35	男	江蘇邳縣	教員	地理		
鄭昌淦	29	男	福建林森	教員	歷史	國立武漢大學歷史學士	
邱維城	27	男	江西臨川	教員	公民		
潘守先	32	男	浙江紹興	教員	英語		國立成功大學外文學系副教授
蔡東建	31	男	臺灣新竹縣	教員	鑛物／自然	日本東京高等師範學校	
簡清泉	26	男	臺灣高雄縣	教員	化學		臺灣省立新竹女子高級中學
陳秩宗	26	男	臺灣新竹縣	教員	化學	京都大學工學部博士	國立臺灣大學工學院教授
江士騤	31	男	廣東仁化	教員	音樂		

姓名	年齡	性別	籍貫	職務	學科	最高學歷	最終經歷
佐伯秀章	42	男	日本北海道	教員	化學	北海道帝國大學	
市原哲治	46	男	日本福島	教員	數學	東京帝國大學理學部	
松本邦夫	36	男	日本兵庫	教員	生物	臺北帝國大學生物學科	日本川崎醫科大學教授
陳真	35	男	廣東文昌	教員	歷史	國立北京師範大學學士	
屠炳春	36	男	江蘇武進	教員	歷史		
王振鐸		男	河北	教員	體育	北平市立體育專科學校	臺北市立女子師範專校教授
王屏周		男	河北	教員	體育	北平市立體育專科學校	國立臺灣師範大學體育學系教授
傅一勤		男	湖北	教員	英文	湖北師範學院英語學士	
陶濤			安徽	教師	數學	省立河南大學數學學士	國立臺灣師範大學數學系教授
鄭孟華			安徽	教員	數學	北平輔仁大學	
郭世祺				教員	體育		國立臺灣師範大學畢業生輔委會秘書
職員							
馬德謙	33	女	廣東番禺	設備組長			
莫安夏	28	男	浙江溫嶺	文書組長			
陳與風	26	男	福建林森	庶務組長			
張濤	31	男	河北正定	出納組長			
王燦海	30	男	福建永定	會計主任			
范綱彩	23	男	臺灣新竹縣	會計員			

（續下表）

姓名	年齡	性別	籍貫	職務	學科	最高學歷	最終經歷
石本岩根	44	男	日本東京	圖書館主任教員	德語	九州帝國大學獨逸語獨逸文學	日本西南學院大學教授
高鳳年	45	女	浙江永嘉	圖書管理員			
伍韻湘	35	女	江蘇武進	圖書管理員			
喜多代堯	26	男	日本福岡	幹事			
霍崇熙	21	男	廣東南海	幹事（總務）			
劉來和	31	男	河北正定	幹事			
鄭鎮能	59	男	廣東中山	幹事			
劉振華	34	男	臺灣臺北市	幹事			
陳金寬	24	男	臺灣臺北市	幹事			
林金龍	30	男	臺灣臺南縣	校醫			私立高雄醫學院藥理學教授
黃砧	25	女	臺灣臺中縣	護士			
黃明輝	26	男	臺灣高雄市	雇員			
蕭清桂	21	男	臺灣臺北市	雇員			
彭茂	43	男	臺灣新竹縣	雇員			
范蘭嬌	25	女	臺灣新竹縣	雇員			
李復明				訓導／職員			國立臺灣師範大學總務處營繕組

註：空白處為資料不足，不得而知者。灰底處為日籍教職員。

資料來源：1.〈教職員一覽表〉，收錄於國立臺灣師範大學圖書館校史組藏，《臺北高級中學概況》，無頁碼。

2. 臺灣省立臺北高級中學校友會，《臺灣省立臺北高級中學校友通訊錄》（臺北：臺灣省立臺北高級中學校友會，1988 年），頁 1-3。

3. 蕉葉會，《蕉葉會名簿（2005～2009 年版）》（東京：蕉葉會，2004 年），頁 115-116。

4. 陳惠珠，《戰後臺灣中等師資之搖籃——臺灣省立師範學院（1946-1955）之研究》（碩士論文，國立臺灣師範大學歷史學系，2005 年），頁 51-66。

5. 臺灣總督府府（官）報資料庫。

6. 臺灣總督府職員錄系統。

　　依據表 3-10，臺北高中共有 36 名教員，教員中有 30 名男性、3 名女性、3 名不明。觀察其籍貫與國籍，36 名教員中，22 名為外省籍（61%）、7名為臺籍（19%）、6 名為日籍（17%）、1 名不明（3%），在教師的聘用上，可見外省籍的師資為壓倒性的多數。

　　若與同樣由李季谷主掌的，師範學院師資聘任情形相比較，根據陳惠珠的研究，1946 年李季谷聘任的教師中，外省籍 55 人，佔 83.3%，本省籍僅有6 人，佔 9.1%，同樣為外省籍師資佔多數的情形；又與同時期的臺大師資組成相比較，本省籍 121 人，佔 40.87%，外省籍卻僅有 29 人，佔 9.79%。[73]可見李季谷任內的臺北高中教員組成，與師範學院相同，以外省籍人士居多，因此儘管兩校有共用師資的情形，學生所接觸到的教師，大部分為外省籍教師。

　　第三屆校友謝文周記得這些外省籍教師，初來乍到時所發生的趣事：

　　　從大陸來的老師，沒遇過地震，當時校長李季谷帶幾位督學在外面，有一位地理老師，地震來了，我們說「有地震！」，老師就從窗戶跳出去逃跑，我們的窗戶很寬嘛。當時校長李季谷和幾位督學就站在外面，老師跳出窗戶剛好遇到他們，也顧不得校長和督學，趕緊逃命！[74]

73　陳惠珠，《戰後臺灣中等師資之搖籃——臺灣省立師範學院（1946-1955）之研究》，頁 38-39。

74　蔡錦堂訪問，賴冠妏記錄，謝文周口述，2019 年 4 月 8 日。

　　擔任學科部分，國語與國文教師 5 名、英語教師 5 名、德語教師 1 名（於名單中因任職圖書館主任，而歸類為職員）、數學教師 6 名、物理教師 1 名、化學教師 3 名、生物教師 1 名、鑛物教師 1 名、地理教師 1 名、歷史教師 4 名、公民教師 3 名、音樂教師 1 名、體育教師 4 名。數理科目共有 12 名教師，多於語文科目 11 名、社會科目 8 名，乃與臺北高中的課程安排重點相符，首重保留高等學校時代的數理科目，其次為政府重視的國語及本國史地知識，具有臺北高校特色的外語課程，亦有相當程度的保留。

　　學歷部分，具有大學學歷者 14 名，具有專科學校、師範學校學歷者 4 名，雖然學歷不明但之後續任大學教授者 3 名，在 36 名教員中，具有高等學歷者佔半數以上。

　　然而，由於當時任職於臺北高中的教員相關資料與紀錄相當有限，校友們對於教師的印象亦所剩不多，但幾乎被筆者訪問過的校友皆清楚記得者，是同時兼任訓導主任的國語教師——陳蔡煉昌。

　　陳蔡煉昌（1912-2007，圖 3-7）於 1912 年出生於臺中豐原，曾就讀臺中師範學校，並於 1932 年 7 月獲得公學校甲種本科正教員免許狀，[75] 之後赴日就讀日本東京文理科大學，畢業後曾擔任東京高等師範學校教授，終戰時於日本參與「臺灣學生聯盟」的創建，並擔任顧問。[76] 之後更曾前往北京學習，因此陳蔡煉昌能講臺語、日語，更講得一口標準的北京話，甚至優於其他外省

▲圖 3-7 陳蔡煉昌

資料來源：臺灣省立師範大學，《師大貳拾年》（臺北：臺灣省立師範大學，1966年），頁122。

75　「教員免許狀授與」（1932 年 05 月 04 日），〈臺灣總督府府報第號〉，《臺灣總督府府（官）報》，國史館臺灣文獻館，典藏號：0071031513a007。

76　何義麟，〈戰後初期臺灣留日學生的左傾言論及其動向〉，《臺灣史研究》，第 19 卷第 2 期（2012），頁 157。

人，[77] 遂於臺北高中擔任國語教師。

　　此外，陳蔡煉昌於師範學院草創時期，便兼任師範學院國文系教授，並參與各項校務重大決定，如 1947 年 4 月，師範學院著手籌備其附屬中學時，陳蔡煉昌即受邀擔任「附屬中學籌備委員會」籌備委員；[78] 1949 年 4 月，四六事件後，師範學院組成「整頓學風委員會」，陳蔡煉昌則為委員會中，唯二的師範學院教師代表之一。[79] 臺北高中停辦後，仍續任師範學院國文系教授，直至退休。

　　第三屆校友蘇遠志，因曾擔任學生自治會長，因此和當時擔任訓導主任的陳蔡老師有過交流，記憶中的陳蔡老師是很好的人，跟學生聊天時經常使用臺語或是日語，仍是高中生的蘇遠志，還時常到老師位於青田街的家中拜訪。[80]

▲圖 3-8 宗亮東

資料來源：臺灣省立師範大學，《師大貳拾年》（臺北：臺灣省立師範大學，1966 年），頁 122。

　　除了陳蔡煉昌外，較著名的臺北高中教員，有擔任校務主任的宗亮東（1911-1996，圖 3-8），其畢業於北平師範大學教育系，後入中央大學教育研究所深造，曾任國立綏遠蒙旗師範學校教導主任、陝西省立鳳翔師範學校教席、陝西省立西安師範學校教席、教育部蒙藏教育司編輯、國立麗江師範學校校長。1946 年來臺後，除任臺北高中校務主任，更同時擔任師範學院教育系副教授，後又兼任臺灣省立和平中學校長、師範學院附屬中學校長等。1957 年赴美獲史丹福大學教育碩士，並入美

77　林曙光，〈一逢永訣呂赫若〉，《文學臺灣》，第 6 期（1993），頁 20。

78　國立臺灣師範大學附屬高級中學，「附中大事紀：民國 30 年代」，2020 年 6 月 7 日瀏覽，https://www.hs.ntnu.edu.tw/great/school_events/events_30/。

79　陳惠珠，《戰後臺灣中等師資之搖籃——臺灣省立師範學院（1946-1955）之研究》，頁 118-119。

80　蔡錦堂訪問，賴冠妏記錄，蘇遠志口述，2019 年 4 月 13 日。

國哥倫比亞大學師範學院研究。後出任臺灣省立師範大學及改制後之師大教務長共 19 年。[81]

　　化學老師陳秩宗，為臺北高校第十五屆理乙學生，畢業後赴日就讀日本京都帝國大學工學部工業化學科、日本京都帝國大學大學院，又受日本政府文部省指定為大學院特別研究生，於同校攻讀工業博士學位，曾任京都立命館高等工業學校講師，回臺後任臺北高中化學教師，之後任職於國立臺灣大學工學院。其關於維他命 B2，以及高周波電流之生化學的作用，對學術界的助益相當大。[82]

　　無論是留用之日籍教師，或於戰後聘任之外省籍、臺籍教師，臺北高中的教師多為具有高學歷者，並且在其專業學科上亦有顯著且重要的貢獻，在戰後初期中等學校師資嚴重缺乏的情形下，臺北高中能夠擁有高比例的高學歷教員，或許是其仍保有戰前臺北高校特殊地位的表徵之一，也為臺北高中提供優於當時全島中等學校的教學。

第三節　自由火花的餘燼：臺北高中的學生活動

　　舊制高校的校風與校園生活，具有它的獨特性，臺北高校設立以前，「自由」、「自治」已成為全日本高校的傳統精神；宿舍方面，各校學寮均採自治制，學生自主營運邁入成熟；學生文化方面，思想自由化且時代思潮連繫，文藝創作至為興盛；運動競技方面，各種校際競賽盛行，進入 1920 年代，出現全國高等學校聯合競賽「インターハイ」（Inter-High school），弊衣破帽、ストーム、コンパ、長髮、蓬髮、寮

81　中華民國教育部，「國家教育研究院辭書　詞條名稱：宗亮東」，2020 年 6 月 7 日瀏覽，http://pedia.cloud.edu.tw/Entry/Detail/?title=%E5%AE%97%E4%BA%AE%E6%9D%B1。

82　章子惠編，《臺灣時人誌　第一集》，頁 101-102。

雨、寮歌、萬年床等特異風氣，都在 1920 年以前已然定著。[83]

日治時期，臺北高校作為日本領土內的舊制高等學校之一，自然受到內地高校的影響，「自由自治」的精神也在臺北高校紮根，自由的學風在相對壓抑的殖民地，仍然熠熠生輝，至今仍為校友津津樂道。物換星移，戰後的臺北高校為臺北高中繼承，過去學生引以為傲的「自由自治」精神，是否也同樣被繼承了呢？本節擬以臺北高校的校園文化為背景，研究臺北高中的校風與校園生活，並比較兩者之異同。

一、臺北高中生的「自由」

師大圖書館校史組藏《臺北高級中學概況》中，〈三月來之校務概況〉說明校方的訓導方針：

> 訓導方面，本校訓導方針在於培育學生人格啟發其自動自治之精神，故對宿舍教室之秩序皆責成學生自行維持。關於加強國家民族意識及宣揚三民主義之要義則由各級導師乘機施教，或在團體活動中，時加灌輸。十一月廿三日全體師生曾徒步旅行草山一次。最近學生自治會且成立各種團體，推行學術研習及體育之活動。此次校慶紀念日遊藝會之準備均由學生主持。[84]

▲圖 3-9 臺北高中校訓
資料來源：國立臺灣師範大學圖書館校史組藏，《臺北高級中學概況》，無頁碼。

文末，則大大地寫上臺北高中的校訓「誠樸勇勤」（圖 3-9）。

83　徐聖凱，《日治時期臺北高等學校與菁英養成》，頁 78。
84　國立臺灣師範大學圖書館校史組藏，《臺北高級中學概況》，無頁碼。

　　臺北高中的校風被定位為「自動自治」、「誠樸勇勤」，雖仍強調學生在課堂、宿舍的自治，但是原本高校生引以為傲的「自由」，卻變成「自動」，原先得以隨心所欲的奔放、不羈，也變成應該腳踏實地的誠實、質樸。以往意氣風發、自由自在的高校生形象，似乎失去了光彩，而實際的校園生活是否如〈三月來之校務概況〉所述呢？以下將透過校友們的口述記錄，一窺臺北高中生的校園生活。

（一）行為表現的自由

　　過去，臺北高校的「自由」，最為外顯、具體的形象，便是「下課後，經常三三五五，意氣昂揚地，挽臂橫行於顯眼的榮町——本町通，著弊衣破帽、高腳木屐，高唱デカンショ與校歌，唯我獨尊而橫行闊步的樣子」，[85] 身著弊衣破帽，肩披黑斗篷，腰垂長毛巾，腳踏高腳木屐的模樣，即是臺北高校生的正字標記。

　　戰後，臺北高中並未規定制服，上學可以自由穿著，然而，臺北高中生們仍然喜歡穿著臺北高校時期的舊制服（圖 3-10），腳踩木屐，與同學們三五成群地上街閒逛，臺北高中第三屆校友游煥松回憶當時的情景：

> 大家喜歡穿舊制服，在宿舍都穿木屐，從宿舍後面出來去夜市吃點心，再穿木屐去逛書店，再走到中山堂看二輪電影，學生半票，四五個人一起走，奇奇喀喀地響。我們在腰間掛一條毛巾，穿木屐，也喜歡戴帽子，但在學校不能戴，我們還很尊重日治時代的傳統，衣著都像以前一樣。[86]

85　鈴木猛雄，〈忘れ得ぬ青春譜〉，《台北高等學校（一九二二—一九四六）》（東京：蕉葉會，1970 年），頁 298-299。徐聖凱，《日治時期臺北高等學校與菁英養成》，頁 104。

86　蔡錦堂訪問，賴冠妏記錄，游煥松口述，2019 年 5 月 11 日。

第四屆校友溫理仁，則特意模仿同鄉臺北高校前輩的穿著：

> 回想起來，我在學的時候雖然流行「蠻風（按：バンカラ，日本舊制高校中流行的風格，穿著弊衣破帽，行為粗暴野蠻）」，但我穿著皮鞋以及整齊的衣服，因此被同學稱為「松山（臺北市東側的市街）的紳士」。以前我時常在松山車站看到同鄉的吳建堂前輩（按：臺北高校第十八屆），他戴著沒有破損的臺高帽，以及整齊的灰色制服，僅有書包用草繩掛著，在腰間繫上長毛巾，穿著日式的高木屐。我當時便選擇模仿吳前輩，戴著臺高帽，穿著制服，在腰間垂掛長長的毛巾，並踏著臺灣木屐上學。[87]

其中，最受臺北高中生歡迎的便是繡有兩條白線，並且別著臺北高校校徽，被視為高校生象徵的白線帽。值得注意的是，臺北高中生仍以臺北高校的校徽作為自己的校徽，並以此為榮，因此，部分學生會購買別有校徽的臺高學生帽配戴。而買不到的學生，如被同學稱為「松山的紳士」的第四屆校友溫理仁，則不惜親手製作一頂，自己繪上兩條白線，以及臺北高校的校徽。[88] 甚至在畢業幾十年後，溫理仁仍然會戴著親手製作的臺高學生帽，參加定期於每月第三個星期三（水曜日）舉辦的臺北高校同學會——三水會，以及由

▲圖 3-10 陳宗仁就讀臺北高中時期著制服照片
資料來源：陳宗仁先生提供。

87　溫理仁，〈台北高等学校創立九十周年紀念大会〉，《我輩は犬である》（作者自印，2015年），頁 37。

88　蔡錦堂訪問，賴冠妏記錄，溫理仁口述，2019 年 3 月 7 日。

「前輩」李登輝、辜寬敏等人舉辦的活動。儘管看起來如喜劇一般、被孫子笑稱是幼稚園的帽子，但是對溫理仁而言，「相較於臺灣大學、美國的研究所，曾經於臺北高校就學，才是最棒的榮耀（しかし小生にとっては、台湾大学や米国の大学院よりも台北高校での誇が最高である）」。[89]

透過臺北高中生對高校舊制服的喜愛，甚至將之視為必須尊重的「日治時代的傳統」，以及對於臺北高校校徽的憧憬、藉由校徽而獲得的榮耀感，可以發現對臺北高中生而言，儘管校名已經不同，但他們仍認同自己為臺北高校生，並且以此為榮，雖然難以完全相同，仍盡其所能在外表、行為上，仿傚臺北高校生。

對此，臺北高中的教員雖然感到訝異，但並未禁止或是懲罰。溫理仁在校期間，校長謝東閔巡視學校時，見到教室內的學生蓄著長長的頭髮與鬍鬚，腰間掛著長毛巾、腳踩木屐，部分聽到校長來校巡視，慌忙從宿舍跑進教室的學生，甚至僅穿著一條外褲，謝東閔見到學生的模樣，感到相當驚訝，但也只是對學生進行簡短訓話而已。[90] 由此可見，校方對於臺北高中學生的制服穿著、外貌打扮，並未有規定或干涉，學生在衣著上，仍享有相當的自由。

（二）知識獲取與思考表達的自由

而臺北高校「自由」的內涵，則包含自由地獲取感興趣的知識，自由地思考並且表達，儘管這些知識、思考與表達，有違執政當局的旨意，仍受到校方的包容。

在知識獲取方面，臺北高校生被鼓勵涉獵大量課外書籍，除了藏書豐富的圖書館，學生也會自行購入感興趣的書籍。此外，在課堂中，教師甚至會提供與政府提倡的主流知識背道而馳的課程，如教授歷史科的塩見薰（1936-1944年在職），具有鮮明的自由主義、反對軍國主義，並且同情殖民地臺灣人，他

89　溫理仁，〈台北高校同窓会の三水会〉，《我輩は犬である》，頁 37。

90　溫理仁，〈台北高等学校創立九十周年紀念大会〉，《我輩は犬である》，頁 239-240。蔡錦堂訪問，賴冠妏記錄，溫理仁口述，2019 年 3 月 7 日。

的東洋史課程首先自清朝的鴉片戰爭說起，依序講述辛亥革命、袁世凱帝制、國民革命，乃至於中日事變，以及甘地等人反抗英國殖民統治的歷史，[91] 不僅詳實介紹臺灣人原先的「祖國」，更說明了其他殖民地如何反抗殖民母國，可說大膽觸碰總督府的逆鱗。

然而，戰後，臺灣省行政長官公署依照 1945 年 3 月 23 日頒布之「臺灣接管計畫綱要」，在文化政策方面，以「增強民族意識，廓清奴化思想」為目的，強硬地切割日本殖民時代的思想與文化，推行國語教育、「本國」歷史與地理課程，以增強民族意識。由此可見，〈三月來之校務概況〉中所強調教師在訓育方面的工作，「關於加強國家民族意識及宣揚三民主義之要義則由各級導師乘機施教，或在團體活動中，時加灌輸」，即是順應政府旨意的作法，而實際上，各科教師實際授課時，是否如臺北高校的塩見薰一般，提供與政府目標相左的教學內容，因為缺乏相關史料與口述成果，不得而知。

至於學生是否仍被鼓勵，或主動涉獵大量課外知識，校友們並未特別提及相關訊息。但是，第二屆校友陳宗仁回憶其學寮生活時，說道：

> 讀書的時候有自由活動，學校都不管，都是學寮來舉辦活動，郊遊、休閒活動、棒球、請老師來吃飯和演講，都是學生自己做，學校都不管。[92]

其中，在課餘時間邀請老師來演講，即是汲取課外知識的管道之一，臺北高校時期，亦有在課餘時間由教授主持的讀書會等活動。此外，臺北高校的大量藏書，仍然供臺北高中的學生使用，甚至七星寮內也附設圖書室以及唱片室，供寮生們使用，[93] 因此臺北高中的學生仍享有豐富的資源，若要獲取課外知識，應非難事。

91　徐聖凱，《日治時期臺北高等學校與菁英養成》，頁 162-164。
92　蔡錦堂訪問，賴冠妏記錄，陳宗仁口述，2018 年 9 月 16 日。
93　蔡錦堂訪問，賴冠妏記錄，蕭柳青口述，2019 年 3 月 21 日。

　　在**自由思考與表達**方面，臺北高校生熱衷於經營各式刊物，有全校性的共同刊物（例如：《台高》、《翔風》等）、班級主導的班級刊物、學會刊物、學寮刊物、文學同人誌等等，學生得以自由地發表所思所想。另外，一年一度的臺北高校記念祭，學生也可以透過自行布置班級教室、自編自演「記念祭劇」等方式，向來校參觀的一般民眾表達自己的想法。例如，記念祭劇的演出乃受到當時日本內地的影響，以近代理念和方法演出的新式戲劇（今日的舞臺劇）自歐洲傳來，1924 年後於日本盛行，此時亦是左翼戲劇的全盛期，因此，當時臺北高校的記念祭劇大多演出日本內地的左翼戲劇；[94] 又如第四屆文乙的學生，「以『阿呆塔充滿此臭氣』為題，製作臺灣總督府模型，背後寫上『阿呆塔下的臭氣』，帶來豬隻數頭，給豬戴上文官帽，任其隨意行走、大小便，自然臭味橫溢」。[95] 儘管高校生透過教室布置、戲劇等方式，展現與政府立場相左的想法，或以極其嘲諷的方式批評執政當局，仍未受到校方制止或懲處。

　　雖然臺北高中的學生似乎並未有類似的刊物出版，但在戰後初期，學生在記念祭的舉辦上，根據〈三月來之校務概況〉的記述，仍然擁有相當的自主權。戰後，記念祭改稱「校慶記念日遊藝會」、「記念節」，臺北高中第一屆「記念節」秩序單（節目單，圖 3-12、圖 3-13）的第一頁，寫有第一屆記念節委員名單（表 3-11），從統籌到宣傳、販賣，皆由學生一手包辦。

94　徐聖凱，《日治時期臺北高等學校與菁英養成》，頁 105-108。

95　徐聖凱，《日治時期臺北高等學校與菁英養成》，頁 96。

▼表 3-11 臺北高中第一屆記念節委員名單

部門	委員名單（屆次）
統制部	高舜庭（2）、張麗明（2）、楊益龍（2）、邱仕豐（3）、石條章（2）
進行部	李鎰堯（2）、陳　財（2）、周金滿（3）
演劇部	陳啓植（3）、張榮宗（2）、蔡惠風（3）、吳清松（2）、陳成章（3）
裝飾部	蔡瑤瓊（2）、陳柏齡（2）
音樂部	林建中（2）、黃共輝（2）、黃國豐（3）
寫真部	林坤典（2）、潘英章（2）
販賣部	陳堯鐘（2）、紀經紹（3）、盧溪圳（3）
宣傳部	吳道明（2）、林師模（3）

資料來源：國立臺灣師範大學圖書館校史組藏，《臺北高級中學第一屆記念節秩序單》（臺
　　　　北：臺北高級中學，1946 年），頁 1。

　　臺北高中首屆校慶記念日遊藝會，於 1946 年 12 月 8 日舉行，

> 上午九時於該校大禮堂舉行慶祝典禮，十時開始盛大的遊藝會，招待學
> 員家長及各界人民，據聞節目繁多，有國語臺語英語德語之各地話劇，
> 並聞尚擬舉行化妝遊行，及二十五個室內裝飾，屆時必有一番熱鬧
> 云。[96]

　　活動開始前在報紙上刊登數則報導與廣告（圖 3-11），進行宣傳，廣告中
羅列遊藝會的表演項目，包含 1.音樂、獨奏、合唱等；2.演劇：Faust、The
Monkey's Paw、白衣人等；3.裝飾展覽，並且公布當日設有食堂，食券以及
招待券可於活動開始前，於臺北市新中山公園口的中光號餐廳、延平路一段的
榮安攝影社，以及校內購買。

96　〈臺北高中　明舉行校慶〉，《臺灣新生報》，1946 年 12 月 7 日，版 4。

◀圖 3-11 省立臺北高級中學首屆校慶記念
日遊藝會廣告

資料來源：〈省立臺北高級中學首屆校
慶記念日遊藝會〉，《臺灣新生報》，
1946 年 12 月 5 日，版 1，漢鑫圖書縮
影出版有限公司出版，國立臺灣大學圖
書館藏。

◀圖 3-12 臺北高中第一屆記念節　秩序單
封面

資料來源：國立臺灣師範大學圖書館校
史組藏，《臺北高級中學第一屆記念節
秩序單》。

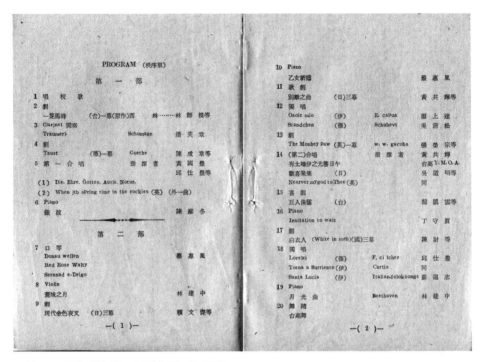

▲圖 3-13 臺北高中第一屆記念節　秩序單

　資料來源：國立臺灣師範大學圖書館校史組藏，《臺北高級中學第一屆記念節秩序單》。

　　活動當日的節目分為第一部、第二部，內容則分為唱歌、樂器演奏，以及演劇。唱歌部分包含唱校歌、合唱、獨唱；樂器演奏則包含單簧管、鋼琴、口琴、小提琴；演劇則有 7 部，以臺語、德語、英語、日語等各種語言，演出新劇、歌劇、喜劇等豐富的劇碼，在秩序單後，則附上演員名單，以及使用中文、日文撰寫的劇情簡介（「The Monkey's Paw」與「白衣人」僅有中文簡介，「巨人侏儒」則未附簡介）；節目的最後，以臺北高校著名的「臺高舞」畫下句點。

　　表演節目以「唱校歌」拉開序幕。臺北高中的校歌乃承襲由臺北高校第二任校長三澤糾，所創作的「第一校歌」，根據「臺北高等學校同學會」所編纂

的《會員名簿》，[97] 首頁刊載的校歌，除了以日文撰寫臺北高校的校歌歌詞，其上更由國文科的林諷荵老師，填寫中文歌詞（圖 3-14）。然而，中文歌詞乃為日文歌詞的中譯版，且至今臺北高中校友們所記得的校歌，仍為日語歌詞，因此，雖然確實有中文校歌的存在，但當時臺北高中學生在記念節中表演的校歌，是以中文或是日語演唱，則不得而知。

校歌　林諷荵　詞

獅子頭山雲氣蓬蓬
七星嶺上霧迷濛
朝夕不斷掛長空
高尚理想存吾胸
駒足奔騰永不休窮
奮勉繁忙學業中

前途無量深奧無窮
學問進展捷如風
但看花香盈我袂
青年得意喜重重
引吭高歌遙望碧空
揚鞭顧盼氣融融

大顯身手錬武場中
男子熱汗灑英雄
鐵腕鋼筋誇百錬
心懷壯志吐長虹
勒馬橫刀歸來歌唱
北斗七星影幢幢

哈！要抱正直之志氣
青春易逝去匆匆
光陰一過不復返
及時努力舞庭中
與君攜手歡呼一曲
（人生歡樂在其中）

（校歌原詞　三澤糾　作）

獅子頭山に雲みだれ
七星が嶺に霧まよふ
朝な夕なに天かける
理想を胸に秘めつゝも
駒の足掻のたゆみなく
そしむ學びの舍

限りも知らに奧ふかき
文の林に分け入りて
花つむ袂薰ずれば
若き學徒の誇らひに
碧空遠く嘯きて
わがペガサスに鞭あてむ

錬武の場に下り立ちて
たぎる熱汗しぼるとき
鐵の腕に骨鳴りて
男の子の心昂るなり
つるぎ收めてかへるとき
北斗の星のかげ清し

あゝ純眞の意氣を負ふ
青春の日はくれやすく
一たび去ってかへらぬを
など君起ちて舞はざるや
いざ手をとりて歌はなむ
（生の歡喜を高らかに）

▲圖 3-14 臺北高中校歌歌詞
資料來源：臺灣省立臺北高級中學校友會，《臺灣省立臺北高級中學校友通訊錄》，無頁碼。

　　演出的劇目改編自世界各國的劇本，「一隻馬蜂」為中國劇作家丁西林，於 1923 年推出的劇作處女作，「Faust（浮士德）」為德國文豪歌德 1808 年的作品，「金色夜叉」則為日本明治時代作家尾崎紅葉的小說作品，「The

97　臺灣省立臺北高級中學校友會，《臺灣省立臺北高級中學校友通訊錄》（臺北：臺灣省立臺北高級中學校友會，1988 年），無頁碼。

Monkey's Paw（猴爪）」原作為 1902 年英國作家 W. W. Jacobs 的短篇小說，此處使用英國劇作家 Louis N. Parker 於 1907 年改編的舞臺劇本，「白衣人」則是 1933 年由美國劇作家 Sidney Kingsley 創作的劇本，此處使用 1946 年由汪宗耀翻譯的譯本。其中，僅有歌劇「別離之曲」為臺北高中第三屆學生蔡惠風自行創作的劇本，演出臺北高中住宿生的生活。

記念節的劇本使用中國、德國、日本、英國、美國的著名劇本或小說，或許可以推測臺北高中生，對世界各國的名著皆有涉獵，仍延續臺北高校時期，鼓勵閱讀課外讀物的風氣。而劇本以臺語、德語、日語、英語、國語演出，演唱的曲目中也有德語、義大利語歌曲，一方面展現臺北高中在英語、德語等外語上的優異表現，尤其德語更是沿襲自臺北高校的特殊外語科目。另一方面，此時以國語演出是理所當然，但是不被政府鼓勵的臺語、日語在記念節劇中，仍佔有相當的分量（7 部劇碼中，共有 2 部臺語劇、2 部日語劇），或許是戰後初期政府並沒有嚴格限制，也可能代表著臺北高中學生表達的自由。

而節目最後的「臺高舞」，又稱「高砂舞」，是從高山族原住民日常舞蹈中衍伸而出，1928 年首次於記念祭中演出，經過改良後，再搭配臺北高校教師的作詞作曲，「臺高舞」正式完成，在 1933 年記念祭首次公開，遂成為臺北高校記念祭、寮祭的固定演出。[98] 臺北高中的記念節亦延續臺北高校的傳統，演出「臺高舞」以作為結尾，顯示臺北高中乃承襲臺北高校的文化與精神，也可以看出臺北高中生，對於臺北高校之認同。

值得注意的是，日文簡介大部分較中文簡介更長、更詳細，而中文簡介（表 3-12）則多有語意不順、錯字的情形，或許可以猜測，因為記念節籌備皆由學生一手包辦，老師並未介入，因此節目單上的中文，直接由學生撰寫，未經過老師的修改或潤飾，而此時學生學習中文的時間仍然不長，因此出現中文語意不順、錯字的情形。

98　徐聖凱，《日治時期臺北高等學校與菁英養成》，頁 22。

▼表 3-12 臺北高中第一屆記念節　演劇劇情簡介

劇名	劇情簡介
·隻馬蜂（臺語）	訊刺一位舊腦筋的老婦人之戀愛觀。
Faust（德語）	這劇是採取由哥德之大傑作「浮士德」（書齊之場面其二）來上演的。哥德在這劇中目的是死表演哥總如何友對醉生夢死伺的机上海倫之哲學觀。和賭身高蹈的、白熱的、緊張的人生生活觀。
現代金色夜叉（日語）	高中生賴弘（男）和蘭華（女）是相愛的、放事他們夢想將來幸福、過著愉快的日子。有一天蘭華遇識金滿家顏、那時候被錢眩惑、她決心與顏結婚。……結婚後、蘭華的生活果然是幸福呢？……
別離之曲（日語）	將舍生生活裏頭優雅而且有熱情的部分公開出來多感的一百青年學子們在如此理想而且自由的環境裏過着溫暖的生活。彼此抱着有美滿的同學愛和互相琢磨切磋的精神。就學的風度老是光明正大並且有勁兒的，
The Monkey's Paw（英語）	這是一齣比喻劇由於神秘的魔法猿腳招來的幸福同時也報來悲哀的運命。

劇名	劇情簡介
白衣人 （White in men）（國語）	聖喬治醫院裏有一位大人物何大夫在指導各位實習生研究醫學，此內有一位實習生張澤民和一個富家的病人韓世臣之女羅蘭三個月後要結婚。 羅蘭：你真不知道我是多麼地想念你呵！ 　　　還有三個月（吐息）……我真不知道 　　　這三個月是怎樣、地過下去。 張大夫：親愛的—三個月會恨長的—恨長的 羅蘭：是的……我一想起我就恨它（她拉住 　　　他的手、拉到一個大安樂椅上）到這 　　　兒來我有…… ……………………………………………… ……………………………………………… 白丹寧：（拿起筆記……緩總步向着門遲疑 　　　一會……正預備出去……忽死停頓 　　　下來決定留下來、她靠著門、屏住 　　　氣息、再走到房中、慢慢地把放在 　　　桌上、走向床、坐下、拿起她的帽 　　　子……去在床上、坐在那兒……等 　　　着等着） 張大夫：只替他找一職業是不能幫助她的、 　　　最好的辦法……假使她需要她—我 　　　可以和她結婚 何大夫：則民、不要說瘋話、你想着羅蘭

資料來源：國立臺灣師範大學圖書館校史組藏，《臺北高級中學第一屆記念節秩序單》，頁2-7。

　　日治時期，臺北高校的記念祭扮演高校生與一般市民的橋樑，校內各班級、組織舉辦各式各樣豐富的展覽（如新聞展、電影展、美術展等）、音樂會、運動會、學寮展覽，以及最受歡迎的記念祭劇，開放民眾自由參觀，使得臺北高校的記念祭成為市民的年中重要活動，甚至被報紙冠上「臺北的名物」、「秋季的名物」等頭銜，在記念祭舉辦前後，報紙也會刊登舉辦時間、地點、節目、實況等，更附上樂評、劇評，在在顯示臺北高校記念祭的盛況與

分量。

戰後，臺北高中的記念節，雖然舉辦時間僅有一天，不如臺北高校記念祭為期整整兩天，甚至更長，活動項目也相對較少，但仍保有臺北高校時期最具人氣的演劇、音樂會，以及最能發揮學生創意的學寮展覽。規模雖然不如以往，但仍透過事前登報宣傳、在市內進行票券前售（預售）等方式，維持與市民的聯繫。

二、臺北高中罷課事件[99]

除了透過刊物、記念祭活動等體制內的方式表達想法，臺北高校乃至日本內地的舊制高校，面對危害學生權益，尤其干涉高校生的自由、自治權的威脅，更會採取「罷課」的手段。

臺北高校時期，曾發生過兩次罷課事件。首次為發生於 1927 年（昭和 2 年）的「生徒監事件」，生徒監為臺北高校學生宿舍「七星寮」中的監督者，學生不滿生徒監的管理過度嚴格，遂於 1927 年 10 月 25 日向校長三澤糾，提出〈決議文〉，要求處分擔任生徒監的田中、大浦、森長三位教授，指控生徒監在出席取締、學寮管理失當，且捏造不實文書送至學生家中、對學生做出無視人權的脅迫性言行，更壓迫學生的言論及出版自由。[100] 在與校方協商期間，學生們以行動驅趕前往學生會議的教師，且於學級代表前往校長室進行交涉時，無預警地攻擊三澤校長的頭部，而引起大騷動。

然而，在隔天的全校大會上，三澤校長卻宣布「不是擔任生徒監的教師有問題，而是生徒監制度本身有問題」，隨後取消生徒監制度，並接受學生大部分的要求。之後，田中、大浦、森長三位教授辭去生徒監職務，學寮的管理改採不干涉方針，促成七星寮自治制度的完成。此次抗爭因自由派的三澤校長大

99　本節內容引用自賴冠妏，〈戰後初期的學制變更問題－以臺灣總督府臺北高等學校與省立臺北高級中學為例〉，《史穗》，第 11 期（2020），頁 47-73。

100　〈臺北高校の二三教授　生徒をケシかける　それが生徒をして學業を外に　不良の風を習はしめた〉，《臺灣日日新報》，1927 年 12 月 7 日，版 7。

幅讓步，因此未引發罷課，被稱為「罷課未遂」。[101]

第二次罷課事件，則發生於 1930 年（昭和 5 年），起因為某生於德語測驗中私下翻書，而遭校方退學，又有一名學生，以筆名而非真實姓名，在校內販賣部購買菸草，被誤為詐騙而遭退學。學生認為校方未徹查事實，便嚴懲學生的作法失當，且對部分教師不滿，故發起抗爭，9 月 10 日向時任校長的下村虎六郎提出〈嘆願書〉，要求重新處理作弊學生的懲處事件、處分該事件的相關教授、允許往後與學生處罰有關的教授會，得有學生代表出席等，卻遭校方駁回。

高等科的學生遂發起罷課（同盟休校），且自組會計部、食糧部、情報部、警備隊等組織，堅守於學寮內，不上課也不返家。隔日，學生、教師與家長內部皆針對罷課事件，產生歧見，而臺北州警務部則以罷課事件中，未有左翼分子滲透為由，若無暴力事件則採不干涉作法。

1930 年 9 月 12 日晚間，在校長邀請文教局長與學生代表會談，卻仍無法動搖學生的決心後，終於發生戲劇性的轉變。

> 應校長之請，警官隊擬包圍學寮，在警察未抵達前，一名意見相左的教授逕赴七星寮，擊破窗戶連喊「快走！快走！有大事發生了」，奔出學寮的學生群集校庭，蠻聲高歌「獅子頭山に雲みだれ……」（臺北高校第一校歌）地步出校門，最末在警方環伺下，大呼「臺北高等學校萬歲」三遍而散。[102]

罷課結束後，由數名畢業於臺北高校的臺北帝大學生，出面調停，最終校方公布退學者 3 名、無限期停學者 19 名的懲處名單，結束事件。然而，實際上，遭懲處的學生並未受到真正的處分，不久後便讓停學者復學，退學者也在

---

101 徐聖凱，《日治時期臺北高等學校與菁英養成》，頁 94-96、103。

102 徐聖凱，《日治時期臺北高等學校與菁英養成》，頁 100。

測驗後發給畢業證書。[103]

　　此次罷課事件的背景，乃為當時全日本高等學校的罷課風潮，「所謂全國高等學校的罷課風潮，嚴格指 1927 至 1932 年間，在各高等學校間引發的罷課行動，實際可往前延伸至 1925 年以來各高校維護自由、追求自治權而『反體制』（對抗學校當局或改革現有體制）的一環」。[104] 臺北高校廢除生徒監、爭取自治權，以及要求重新調查學生違規事件、撤廢不適任教師的兩次抗爭事件，都可以視為「反體制」的抗爭行動。

　　在戰後初期，國民政府甫接收臺灣，各領域與機構的制度與法規都尚未穩定，其中，教育制度尤是如此。日本的學制與中華民國的學制，有相當大的差異，以中等教育為例，日治時期的修業年限為中學校五年（戰爭時期縮短為四年）、高等學校三年（戰爭時期縮短為二年），其中，日治時期全臺僅有一所高等學校，即臺北高中的前身——臺北高校，作為日治時期的「舊制高校」，畢業生更具有免試直升帝國大學的資格。然而，戰後的中等教育則為「三三制」，也就是初中三年、高中三年，並在各地廣設初中及高中，且戰後的高中一律須透過考試，才能升學大學。

　　因此，在數個月前，仍為全臺唯一一所高等學校，且具有大學預科性質的臺北高中，在戰後的學制改革中，便成為受到最大衝擊者。面對時代變遷與制度更迭，自身權益因此折損，臺北高中的學生，就如同數十年前臺北高校的前輩一般，同樣進行了「反體制」的抗爭活動。

　　最初，臺北高中的學生採取向校方，以及教育主管單位——行政長官公署教育處陳情的方式，表達訴求。1946 年 4 月 28 日，民報刊登臺北高中二年

103 徐聖凱，《日治時期臺北高等學校與菁英養成》，頁 99-103。高桑末秀，〈ストライキ事件の顛末〉，《台北高等學校（一九二二—一九四六）》，頁 115-122；〈七星ヶ嶺に霧まよふ〉，同書，頁 37-39；〈朝な夕なに天かける〉，同書，頁 50-52；鹿沼彰，〈ストライキ解散の夜〉，同書，頁 280-281。《臺灣日日新報》1930 年 9 月 11 日，版 4、7；1930 年 9 月 12 日，版 2、4、7、夕刊版 2、4；1930 年 9 月 13 日，版 4、7、夕刊版 2、4；1930 年 9 月 14 日，夕刊版 2、4。

104 高橋佐門，《舊制高等學校全史》（東京：時潮社，1986 年），頁 852。徐聖凱，《日治時期臺北高等學校與菁英養成》，頁 102。

級學生的陳情內容：

> 省立臺北高級中學第二學年全體學生，為求師生一體並喚起父老及社會
> 注意，日昨呈請該校長向省署教育處提議，俾解決該特紙情形，簡錄其
> 要求事項如下：
> 1、國文、國語、公民史地，至於畢業期誓必習熟
> 2、本校情形特殊，學課內容，請照舊制高校
> 3、本屆學均為舊制中學畢業生，而在於日本統治的時代，不幸受嚴重
> 限制之失學青年、在家日修應考者年齒既長辛勞又多
> 4、以卅六年八月為畢業期，應廢暑假寒假上課等、云云。[105]

　　其中，可以觀察到臺北高中學生仍認同該校為臺北高校，儘管學制變更，
但「本校情形特殊」，在授課內容方面，仍希望與臺北高校相同。若觀察此時
期（三十四學年度第二學期）臺北高中的課表，可以發現雖然基本的時數與科
目，以教育部頒布法規為準，但仍保留臺北高校時期的特色科目，如德語等，
科目的分類亦較為細緻，似乎尚保留部分屬於臺北高校的特殊性（詳見本書第
三章第二節）。

　　然而，同年 6 月底，臺北高中的一、二年級生 300 餘名，針對學制變更
一事，發起大規模的「同盟休校」（罷課），對臺北高中的學生而言，這次的
罷課行動「說不定是臺高開校以來的第三次罷課」。[106]

　　根據《臺灣新生報》的報導，臺北高中學生針對學期短縮的問題，以及希
望得到如大學先修班一般的待遇，而透過該校校長與教育處交涉，卻未獲得明
確解答，故於 6 月 21 日，學期測驗舉辦之前，進行罷課。然而，對於學生們
的要求與行動，學校卻認為這是學生為了躲避學期測驗的作為，遭到學生大力

---

105 〈省立台北高中二年生要求解決特殊情形〉，《民報》，1946 年 4 月 28 日，版 2。

106 楊益龍，《臺北高級中學緊急父兄會開催謹告》（臺北：台北高級中學學生自治會，1946
　　年），頁 2。

反彈。[107]

　　6 月 30 日，部分學生以「臺北高級中學學生自治會」的名義，發布以日語書寫的《臺北高級中學緊急父兄會開催謹告》，以表明罷課的決心與目的，從這份珍貴的史料中，[108] 可以觀察到當時的臺北高中學生所面臨的困境、採取的行動以及他們真實的心情。

　　茲將《臺北高級中學緊急父兄會開催謹告》全文譯文，整理如下（原文請參考附錄一）：

臺北高級中學緊急父兄會開催謹告（台北高級中學一、二年學生大會決議。）

　　回想起來，仍是初春的三月，我們通過被公認為「天下的難關」的，進入臺北高中的窄門，戴上了畫有兩條白線的璀璨榮冠，懷抱著光明的前途以及遠大的希望，義氣昂然地聚集在這純淨的象牙塔中，自四月以來的三個月，我們只管接受純然的高等教育，並埋首於學理探究之中，唉，這些事物都悲哀地幻滅了。過去曾是全島欣羨的高等學校，現在仍保有人才濟濟的高等教育，以及在全島標準之上的堅強教授陣容，再加上充實的設備，熊熊燃燒的熱情，還有堅定的自由自治精神，在這樣理想的學園之中勤勉學習的我們，所面臨的命運真是太過痛苦了，現在只能暗暗垂淚，或而悲憤地切齒而已。

　　所謂的教育，是否應該有興盛與衰敗的消長呢？我們確實在全島中拔得頭籌，作為民國三十四年度第二學期的編入生，通過競爭激烈的考試入學，得以擁有自稱「被選上的人」的資格。然而，隨著時代的演變，伴隨著「高中」這個名稱而來的矛盾待遇，對我們來說實在太過殘酷。而對於這些問題（參考後記會議事項），我們以往實在太過紳士、溫和，曾經好幾次派遣代表至學校、教育處，持續進行交涉，但因為我們是學生，所以完全不予理會，因此到現在為止，我們都未獲得任何回應。這應該要歸因於我們沒有一個強力的父兄會，作為後援的關係吧。這是因為我們學生的申訴理由，是非常正當的。隨著三年

---

107 〈高中罷校〉，《臺灣新生報》，1946 年 7 月 1 日，版 4。
108 此份資料並非當年實際使用者，乃校友日後重新抄寫複製的版本。

級的畢業以及新學期的到來，原本應是理所當然的進級紛爭，以及本學園的存亡危機，都是燃眉之急的問題，現在只能盡早召開父兄會，若沒有父兄會的強大力量，我們的地位無疑將陷入危機。

以往校方對於我們的態度，僅能以「不誠實」來形容。如此冷淡且奸詐的態度，終於使我們激憤地奮起反抗，拋棄以往隱忍自重的方式，採取此次的同盟罷課，如此不得已的作法。校方誤解我們的態度，辯稱我們是為了逃避考試才罷課，替誠懇的我們冠上侮辱的污名，這樣的窘境完全暴露了我們的無力。然而，他們不可能不知道，我們這些真正的高中生，無論是誰，無論何時，都具有面對考試的勝算與自信。我們是為了自己，為了開拓未來光輝的道路而進行抗爭，況且，父兄們想必不會相信，自己的子弟會愚鈍到畏懼在抗爭準備期間，與成績無關的小測驗吧。

唉，世間真是變化多端。若是在以往的時代，我們全員都擁有升學大學的保障，尤其像是臺灣大學，幾乎能夠無條件地入學，原本應得以無後顧之憂、全心全意地投入自我實現、學術修練中的我們，在這個物價飛漲的時代，克服種種物資缺乏的問題，聚集在此，然而現在卻被視為與地方高級班無異，面臨社會的黑暗以及教育界的腐敗，我們這些純真的青年們，備感悲憤感慨。我們這些一年級生中，大部分的人若是回到地方高中，九月起就能獲得二年級的資格，我們在這個學校裡屈就於一年級，只是因為相信這個學校的特殊性而已。

希望各位父兄大人，能夠盡早來校，為了在社會中相形無力的我們助威。事態已經覆水難收，我們一同許下誓言，為了達成目的，就算遭到退學，而必須回到地方也在所不惜，我們秉持毅然的節操，為了不使臺灣青年學子的顏面被汙衊，連署決定持續實施本次的同盟罷課，誓將共同拯救這個骯髒的教育界。現在正值新學年前的休假，若是錯過了這個絕無僅有的機會，我們的請願將會永久地被忽視吧。親愛的各位父兄大人，請為了我們、更為了匡正臺灣教育，煩請排除萬難北上，盡力援助抗爭。

最後，對於為了宣達我們的想法，而故意使用日文發布謹告，以及因為我們在社會上的無力，而使得事態惡化至此，致上深沉的歉意。

『記』

（一）場所　台北市古亭町二一六番地　台北高級中學大講堂。

（二）時刻　七月五日午前九時。

（三）會議事項

第一件—學校存亡的問題。伴隨特殊性的表面化、師範學院的設立而來，
　　　　本校的校舍維護以及存亡問題。

第二件—針對進級問題的妥當性，討論在三年級畢業並升學大學後，所產
　　　　生的空位應如何處理。讓我們作為三十四年度第二學期編入生升
　　　　上高年級一事，已經取得校長的同意。與教育處長仍在交涉中，
　　　　且可能性很大。

（附）若此問題成功解決，我們幾乎都能獲得升學大學的保證，不需要事
　　　　先進入僅有名聲，而內容淺薄的先修班。

第三件—學校內部的改革。職員的肅正。其他。

父兄大人各位台鑒

台北高級中學學生自治會

民國三十五年六月三十日

『附註』

撰稿：吳道明（22 期理乙。現在：高雄市道明婦產科院長、東京大學醫
　　　博。）

添刪：楊益龍（22 期理乙。現在：史懷哲之友會、臺北高校同學聯誼
　　　會、楊永全顧問事務所等創立者、日語教授、日文精譯、文宣指
　　　導。）

謄寫版：(1) 楊思廉（22 期理乙。現在：國立工業技術學院教授、歷任訓
　　　　　導長、總務長等。）

　　　　(2) 陳黃義平（22 期理乙。漢忠綜合醫院外科主任、美國密歇根
　　　　　大學修士，已故。）

別函（中文、寄送給父兄中的名人）撰稿：楊益龍（前述）。

毛筆：(1) 石條章（22 期理丙。一九五一年高等考試狀元、打破 20 年來
　　　　最高成績。現在：美國。）

　　　(2) 連文彬：（23 期理乙，現在：台大醫學院教授、總統府特醫小
　　　　組召集人、內科主治醫。）

始末：此次進行了說不定是臺高開校以來的第三次罷課，甫入學便有許多
　　　臺北市內的學生、住宿生因此而返鄉，正當我們愁於缺乏通訊資料
　　　之時，陳添享傳來急報：「學校當局正在製作要寄給父兄們的信」，
　　　於是我便抓準放學的時間，偷偷溜進事務室裡，將父兄的姓名、地
　　　址記錄下來之後，調換信封中的內容物，只要見到名人的名字，便
　　　將毛筆書寫的別函放入信封中寄出。因此，學校與教育當局共同妥
　　　協，以編級考試為條件，讓我們提早半年升級（原本是降級），校
　　　長顏面盡失而辭職。我已經看透了高雄一中作弊橫行的作為，決定
　　　脫離高雄一中，背水一戰，就算遭到退學處分也在所不惜。（急
　　　報：23 期理丁，陳添享，高醫副院長）

　　《臺北高級中學緊急父兄會開催謹告》由當時就讀二年級的吳道明撰寫，
並由同為二年級的楊益龍進行修改，然而，因應學制變更，許多同學逕行返回
地方的高中就學，使得公告內容完成後，卻缺乏同學們的通訊地址，無法將公
告寄給同學以及家長。此時，楊益龍等人接獲學校正在製作寄送給學生家長的
信，唯恐學校捷足先登，楊益龍決定鋌而走險：

　　　於是我便抓準放學的時間，偷偷溜進事務室裡，將父兄的姓名、地址記
　　　錄下來之後，調換信封中的內容物，只要見到名人的名字，便將毛筆書
　　　寫的別函放入信封中寄出。……背水一戰，就算遭到退學處分也在所不
　　　惜。[109]

---

109 楊益龍，《臺北高級中學緊急父兄會開催謹告》，頁 2。

　　因此，學生家長獲知學生們面臨的困境，以及決定發動罷課的原委，7 月 1 日，《臺灣新生報》刊登了「省立臺北高級中學　一、二年生父兄招待會」的舉辦資訊，[110] 乃學生計劃聯合家長的勢力，向學校以及教育當局抗議。

　　公告中，首先說明臺北高中的特殊性：

> 回想起來，仍是初春的三月，我們通過被公認為「天下的難關」的，進入臺北高中的窄門，戴上了畫有兩條白線的璀璨榮冠⋯⋯過去曾是全島欣羨的高等學校，現在仍保有人才濟濟的高等教育，以及在全島標準之上的堅強教授陣容，再加上充實的設備，熊熊燃燒的熱情，還有堅定的自由自治精神，在這樣理想的學園之中勤勉學習的我們，所面臨的命運真是太過痛苦了⋯⋯
>
> ⋯⋯我們確實在全島中拔得頭籌，作為民國三十四年度第二學期的編入生，通過競爭激烈的考試入學，得以擁有自稱「被選上的人」的資格。然而，隨著時代的演變，伴隨著「高中」這個名稱而來的矛盾待遇，對我們來說實在太過殘酷。[111]

透過強調入學考試競爭的激烈，以及擁有高於全島標準的師資、設備以及學風，呈現臺北高中不僅在形式上承繼了過去「全島欣羨的高等學校」，校內的學生依然相當優秀，至今仍足以被稱為，成功進入「天下的難關」之「被選上的人」。而這樣特殊、優秀的學生，只是因為名稱的改變，就遭受痛苦的命運、矛盾的待遇，是非常殘酷且不公平的。

　　接著，公告以感性而迫切的語調，闡述臺北高中學生們所遭逢的困境：

> 唉，世間真是變化多端。若是在以往的時代，我們全員都擁有升學大學的保障，尤其像是台灣大學，幾乎能夠無條件地入學，原本應得以無後

---

110 〈省立臺北高級中學　一、二年生父兄招待會〉，《臺灣新生報》，1946 年 7 月 1 日，版 4。
111 楊益龍，《臺北高級中學緊急父兄會開催謹告》，頁 1。

顧之憂、全心全意地投入自我實現、學術修練中的我們，在這個物價飛漲的時代，克服種種物資缺乏的問題，聚集在此，然而現在卻被視為與地方高級班無異，面臨社會的黑暗以及教育界的腐敗，我們這些純真的青年們，備感悲憤感慨。我們這些一年級生中，大部分的人若是回到地方高中，九月起就能獲得二年級的資格，我們在這個學校裡屈就於一年級，只是因為相信這個學校的特殊性而已。[112]

首先，說明在戰後，臺北高中已不如日治時期的臺北高校，擁有「大學預科」的性質，失去直升帝國大學的特殊權力，因此，原本應被視為「天之驕子」的高中生，此時「卻被視為與地方高級班無異」。不僅如此，也面臨和地方高中相同的學制改變問題，使得一、二年級生可能遭到「留級」的命運，更加傷害堅信臺北高中仍具特殊性的學生，迫使他們起而反抗。

　　公告的後段，統整臺北高中學生欲提出討論的三件會議事項：

> 第一件─學校存亡的問題。伴隨特殊性的表面化、師範學院的設立而來，本校的校舍維護以及存亡問題。
> 第二件─針對進級問題的妥當性，討論在三年級畢業並升學大學後，所產生的空位應如何處理。讓我們作為三十四年度第二學期編入生升上高年級一事，已經取得校長的同意。與教育處長仍在交涉中，且可能性很大。
> （附）若此問題成功解決，我們幾乎都能獲得升學大學的保證，不需要事先進入僅有名聲，而內容淺薄的先修班。
> 第三件─學校內部的改革。職員的肅正。其他。[113]

其中，最為深刻的問題，即為第二件所述的「進級問題」。

---

112 楊益龍，《臺北高級中學緊急父兄會開催謹告》，頁 1。
113 楊益龍，《臺北高級中學緊急父兄會開催謹告》，頁 2。

　　日治時期，中學校、高等女學校、實業學校為招收國民學校畢業生的中等學校，高等學校、師範學校則為招收中學校畢業生的高等教育；接收後，教育部將上述學校統一分類為中等教育。因此，在 1946 年 7 月 6 日，報紙刊登教育處所頒布的「臺灣省公私立中學新舊制各年級調整辦法」，同時，師範學校與職業學校制度也進行調整。

　　「臺灣省公私立中學新舊制各年級調整辦法」規定如下：

一、本處為調整本省公私立中學新舊制各年級起見特訂本辦法。

二、本省公私立中學舊制一年級二年級三年級應即一律依次改編為新制初中一年級二年級三年級（以本年七月為修滿期間）。

三、凡本省公私立中學學生在校修滿三年者得參加新制初級中學畢業考試畢業考試日期規定在七月初旬及格者得發給畢業證書。

四、凡本年七月新制初級中學畢業學生得免試升入高級中學並得自行投考其他高級中學。

五、本省公私立中學舊制四年級畢業學生留校補習語文成績合格者得免試升入原校新制高中二年級其未留校補習者得投考新制高中二年級。

六、本辦法自呈准公佈之日施行。[114]

　　其中，第五條與臺北高中的「進級問題」息息相關。

　　1946 年 6 月，正值三十五學年度第二學期，臺北高中的一、二年級生，皆具備舊制中學四年級的學歷，然而，卻僅能選擇「升入原校新制高中二年級」，意謂若希望免試直升二年級，必須回到地方中學設立的高中部，若想要留在臺北高中，就必須再度投考。因此，許多一年級生選擇回到地方的高中就讀，出生於新竹市，畢業於新竹中學，於 1946 年 3 月進入臺北高中就讀一年級的曾重郎，即是其中一名：

---

114 臺灣省行政長官公署教育處編，《臺灣一年來之教育》，頁 31-32。〈調整公私立中學　教育處訂定新年級制〉，《民報》，1946 年 7 月 6 日，版 2。

光復第二年（一九四六年）三月底，日制的新竹中學畢業。原來日制的
中學是五年制的，因為戰爭而縮短為四年制。畢業後考取了當時的台北
高等學校，它的位置就是現在的師範大學（和平東路一段），進了高等
學校才能入大學，這等於是延續了高中課程，三月至六月我讀了一個學
期，又因為光復後學制更改為高中與初中，我又轉回新竹中學念高中部
二年級（一九四六年九月），至一九四七年六月份結束，九月我插班至
（師院）附中（即現在的師大附中）。[115]

也因為如此，楊益龍等人準備寄出公告時，才發生許多同學都返回家鄉，而難
以取得同學通訊地址的情形。

　　但是，對於原本應在三十六學年度第一學期，升上三年級的二年級生而
言，無論選擇回到地方的高中，或者再次投考，都僅能進入二年級，形同「留
級」，造成臺北高中二年級生的不滿，也成為此次罷課事件的主因。

　　然而，情勢卻在 7 月 1 日產生重大轉折，教育處第二科長與督學主任來
到臺北高中，經過與學生、校方的懇談後，鑑於該校的特殊性格，接受學生們
的要求，決定在近日舉行「學年試驗」，合格者便可升上三、二年級，學生立
刻中止罷課，並且取消原本將在 7 月 5 日舉行的父兄招待會。[116] 不久後，校
方在 7 月 10、11 日舉行一、二年級的「編級試驗」，履行懇談的承諾，使學
生順利升上高年級，不過，校長張金潤卻因此事「顏面盡失而辭職」。[117]

　　雖然「進級問題」得到順利的解決，但是「希望得到如大學先修班一般的
待遇」以及「獲得升學大學的保證，不需要事先進入僅有名聲，而內容淺薄的
先修班」的問題，在後續的報導以及校友的經歷中，似乎未得到解決，臺北高
中的畢業生們，仍需要透過考試才能升學，此後並未恢復如臺北高校一般的
「大學預科」性質。

115 〈訪學長　話從前〉，《新竹中學校友會刊》，第 9-10 期合刊（1994），頁 14。
116 〈臺北高中の罷校解決す〉，《臺灣新生報》，1946 年 7 月 3 日，版 4。
117 〈本校定于本月十、十一日兩日舉行〉，《臺灣新生報》，1946 年 7 月 4 日，版 3。楊益龍，
　　《臺北高級中學緊急父兄會開催謹告》，頁 2。

　　臺北高中的「進級成功」引起了其他高中的不滿，聽聞臺北高中得到教育處允許，一經考試及格就可以升級，使得其他高中認為有前例可循，同樣要求教育處一律平等對待：

> 因本年三月新入學之省立高中一、二年係舊制三、四年修業者，而現在全省省立中學高級部學生亦同此資格，而今特別允許省立高中升級，甚抱不平。[118]

由此可見，臺北高中在此時期的學制更改爭議中，為首先成功爭取權益者。

　　1945 年底至 1947 年二二八事件爆發前，各地學潮絡繹不絕，除了學制變更問題，師資素質低落、教學品質不佳，以及各式各樣的校園問題（例如：校內衛生不良、校長遭免職、校方會計帳目不清、教師管理學生不當、教師間相處不睦等），使得學生經常使用罷課、遊行、陳情等方式進行抗議。

　　與學制變更相關者，包含 1945 年 12 月，省立臺中師範學校因校長處理學制問題不當，爆發學生集體罷課、罷考；[119] 1946 年 1 月，臺南工業學校在改制為臺南工業職業學校後，將降級為初中等級，學生因此發起全校罷課，並召開父兄大會，作成陳情書向當局陳請升級高中；[120] 1946 年 2 月，嘉義農林學校同樣面臨改制職業學校後的降級問題，學生與父兄組成期成同盟會，北上向教育處請願等等。[121]

　　師資素質低落問題，在臺北高中學生發布的布告中，會議事項第三件亦提及「學校內部的改革。職員的肅正。其他。」，雖然後續處理情形不得而知，但在當時全臺中學中，與師資素質低落、品行不正、作法不當等相關的罷課事件，層出不窮。省立新竹工業職業學校、省立臺南第一女子中學、省立臺中第

118　〈省中學生要求教處升級待遇一律平等〉，《臺灣新生報》，1946 年 7 月 5 日，版 5。

119　〈臺中師範騷゜〉，《臺灣新生報》，1946 年 1 月 10 日，版 4。〈中師の罷考問題圓滿解決〉，《臺灣新生報》，1946 年 1 月 12 日，版 4。

120　〈學校降格鬧起風潮，台南工業生罷課〉，《民報》，1946 年 1 月 28 日，版 2。

121　〈要求學校昇格，嘉農父兄上北陳情〉，《民報》，1946 年 2 月 18 日，版 2。

一中學、臺北市私立高級工商學校、臺北縣立初級工業職業學校、省立臺中工業職業學校、省立臺中工業職業學校、省立高雄第二中學、省立臺南第一中學、省立高雄工業職業學校等，皆曾針對校內教職員瀆職，而引發學生罷課抗議。[122]

　　戰後初期，教育制度轉換、人事任用的不當，促成學潮的遍地開花，臺北高中針對中學學制調整發起的抗爭，獲得教育處的特別關注，也因此率先其他中學獲得成功，或許可以推測此時的臺北高中，仍具有相當的特殊性。可能是因為第一屆臺北高中生成功獲得直升大學的權利，使得臺北高中在校生特別不滿，也可能是因為臺北高中曾為全島唯一一所舊制高校的光環，至今仍然有其影響力，又或者臺北高中在當時，仍為入學門檻較高的學校，能夠順利考取的學生，多屬於社經地位較高的家庭，其父兄在社會上具有較大的影響力等等，確切理由因史料缺乏，不得而知。不過，在全島各級學校同時發起爭取升級的學潮之時，臺北高中拔得的頭籌，確實具有相當的代表性。

三、臺北高中生的「自治」

　　臺北高校的校風，除了前述的「自由」之外，「自治」亦是重要的一環。

　　臺北高校的「自治」，主要呈顯於高等科學生對於學寮生活的自治。臺北高校的高等科學寮，稱為「七星寮」，創立於 1925 年（大正 14 年），其特別之處在於並非全寮制，且臺日人共同生活，外觀則為近代式兩層水泥建築。創立之初，七星寮尚未設置行政組織，僅在各室設室長，由舍監統一管理，1925 年底由寮生召開會議，共同制定規約，並向校長、舍監提出「七星寮為自治寮」的規約，獲得允許後，1926 年 3 月選出總務，以及其下文藝、運動、衛生、炊事等 11 名委員。然而，學生仍時常針對寮內的生活管理，包含門禁、點燈、熄燈、違規處分等，與舍監產生糾紛，遂召開寮生大會以抗議舍監處分不當，要求由學生自組司法機關以維護風紀，獲准後改革自治組織，

---

122 洪瑞重，《臺灣省行政長官公署時期教育的接收與推展（1945-1947）》，頁 156-164。〈高級工商昨罷課，提出勸告校長辭職書〉，《民報》，1946 年 11 月 5 日，版 3。〈台南一中罷課〉，《民報》，1947 年 1 月 19 日，版 4。

依三權分立原則設置中堅會（司法）、委員會（行政）、總代會（立法），其中委員會由總務、委員組成，總代會由各室室長組成；中堅會內規尋獲舍監承認，同時點名簿、出入登記簿、外宿簿交由總務保管，使寮自治更進一步。[123]

之後，經過 1927 年（昭和 2 年）學生抗議生徒監（兼舍監）管理過度嚴格的「生徒監事件」，校長取消生徒監制度，學寮的管理改採不干涉方針，盡量給予學生最大限度的自治，促成七星寮自治制度的完成。此後，寮生具有相當的獨立性與自主管理制度，寮內的衛生、炊事皆由學生自主管理，文藝部則創有寮誌，供寮生抒發心情與感想，每年亦舉行寮祭與觀月會，寮祭乃透過活動聯繫寮生情感，並對外展現學寮精神，活動內容包含開放由寮生佈置的寢室、在學寮中庭表演「臺高舞（高砂舞）」等；觀月會則為「全體寮生一同乘舟，順基隆河或新店溪而下，飲酒、高歌，加上豐盛的餐食，為學寮的重要行事」。[124] 此外，寮生亦模仿日本高等學校學寮的特殊文化，包含大夥勾肩搭背，在寮內邊走邊跳，並且放聲高歌的 Storm；自學寮二樓小便至一樓的「寮雨」；長期不整理床鋪的「萬年床」等，展現高校生放蕩不羈的一面。寮生的高度自治，以及專屬於學寮的特色活動與文化，使得學寮生活往往成為校友畢業後，最難忘的青春回憶。

戰後初期，被徵召為學徒兵的臺北高校生，於 8 月底「除隊」（退伍），當日回到臺北高校，校長宣布新學期將於 9 月 10 日展開，然而，面對日本已然戰敗的事實，在臺日人的遣返也近在眼前，多數日籍學生已無心學習，僅有少部分日籍學生返回七星寮。第二十一屆的高校生伊藤圭典，即為返回學校的其中一名，自從 8 月 15 日在學徒兵駐紮的大屯山上，聽見宣布戰敗的「玉音放送」後，直到除隊並回到基隆家中，伊藤圭典總感覺身心俱疲、力不從心，

---

123 徐聖凱，《日治時期臺北高等學校與菁英養成》，頁 110-111。〈台北高等學校七星寮々史〉，《台北高等學校（一九二二─一九四六）》，頁 383-395。

124 徐聖凱，《日治時期臺北高等學校與菁英養成》，頁 114。

9月9日，他回到久違的學寮，「進到學寮中自己的房間，頓時感到相當懷念，潮濕的氣味撲鼻而來，真的相當久違地在榻榻米上躺下，心情相當激動」，10日，同學們一同接受校長的訓示並打掃校園，伊藤心想：「能在這樣美麗的校舍中學習的時間，還剩下幾個月呢……」。[125]

　　當時，許多學校為了報復以往蠻橫跋扈的日本人，而拒絕讓日本人回到學校就讀，或者回到學寮生活，然而，日臺人合住且共同管理的七星寮，並沒有出現這樣的情形，臺籍學生仍然熱情地接納昔日的室友、昔日的同袍。在日籍學生即將遣返回國之時，更協助因為嚴格的遣返規則，而僅能攜帶有限生活必需品的同學，擺攤變賣家中帶不走的物品、書籍，也幫忙將行李送至停泊在基隆港的遣返船隻上。[126]

　　遣返之日，伊藤圭典的臺籍友人黃丙丁、孫如楗，在寢室中為其準備「別離之宴」，在櫥櫃門板上寫著的「伊藤君，再見了！！」、「啊啊，我懷念的友人啊，別離之後何時能再見」、畫在「萬年床」旁的臺高校徽，以及用民國紀年取代昭和紀年的日期，至今仍然鮮明地留存在伊藤圭典的記憶中。

　　當日籍學生遣返回國，臺北高校也改制為臺北高中後，七星寮是否仍留存日治時期高度的白治，以及獨具特色的活動與文化呢？以下透過畢業校友的訪談成果等史料，研究臺北高中時期的學寮生活。

　　臺北高校時期，學寮的年度重要活動「寮祭」，通常與「記念祭」（校慶）共同舉行，活動內容包含寢室裝飾、園遊會、寮歌募集以及高砂舞（臺高舞）表演等。[127] 其中，寢室裝飾更是高校生們天馬行空的創意展現，

---

125 伊藤圭典，《當用日記》（未刊，1946 年），頁 308、310。
126 蔡錦堂訪問，賴冠妏記錄，蕭柳青口述，2019 年 3 月 21 日。
127 徐聖凱，《日治時期臺北高等學校與菁英養成》，頁 105。

如某年寢室之佈置，展示一張床，床上有白布，裡面有學生睡覺，陳列品註明「寢台（身體）、白布（髮膚）受之父母，不敢起床（毀傷），孝之始也」，另一室陳列一張畫，內容是一位學生在學校放尿，另一名學生以奇異的眼神看他，陳列品乃註明「我正在養浩然之氣（校前之樹）」即利用漢字與日語發音表現詼諧之趣，而寮生在共同討論過程必是充滿許多歡樂。[128]

　　臺北高中時期，仍持續舉辦「寮祭」，且同樣為戰後改稱「記念節」的校慶系列活動之一，所有活動皆由學生自行組織、籌辦、表演，期間穿著日治時期臺北高校的外褂（羽織），對臺北高中學生來說，「寮祭」是別的學校沒有，僅屬於高等學校的特色。[129] 臺北高中首屆記念節於 1946 年 12 月 8 日舉行，在《臺北高級中學第一屆記念節秩序單》[130] 中寫有「室內裝飾」的活動，地點位於七星寮內，共 25 個布景，展覽時間自中午 12 點到下午 2 點，而展出內容則自豪地寫著「不必說！！請來看！！」，雖因缺乏相關史料，而無法得知當時實際展出的內容為何，想必充分地展現了學生自豪的創意。

　　全體寮生乘船遊河的「觀月會」，在戰後僅舉辦一次，第二屆校友陳宗仁對「觀月會」的印象特別深刻：

> 學寮的時候可以自己辦活動，辦去新店租船，租三、四臺，大家坐著，坐船繞啊繞的，坐到螢橋，過一整個晚上，大家一起唱歌、喝酒。是學寮主辦的，之後都沒有了，那時候我們和還留著的日本學生一起舉辦的。[131]

---

128 楊基銓，《楊基銓回憶錄》（臺北：前衛出版社，1996 年），頁 62-63。徐聖凱，《日治時期臺北高等學校與菁英養成》，頁 113。

129 蔡錦堂訪問，賴冠妏記錄，陳宗仁口述，2018 年 9 月 16 日。

130 國立臺灣師範大學圖書館校史組藏，《臺北高級中學第一屆記念節秩序單》（臺北：臺北高級中學，1946 年），頁 7。

131 蔡錦堂訪問，賴冠妏記錄，陳宗仁口述，2018 年 9 月 16 日。

數十年後，仍是陳宗仁時常津津樂道地與兒子分享的美好回憶。陳宗仁為
1946 年 2 月通過考試入學，3 月入學者，時已展開在臺日人的遣返，最後一
屆「觀月會」應由部分尚未遣返的最後一屆日籍寮生，與臺籍寮生們共同舉辦
（陳宗仁入住宿舍的「入舍證」，請見圖 3-15）。

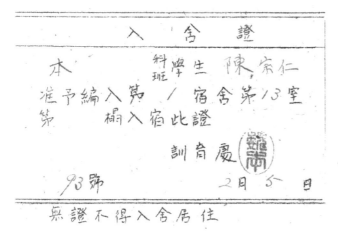

◀圖 3-15 臺北高中時期的
入舍證
資料來源：陳宗仁先生
提供。

　　學寮中的 Storm 更是畢業生們難忘的回憶，直到臺北高中最後一屆，新
生甫入寮之時（約為 1946 年 10 月左右），便會有前輩帶頭進行 Storm，新生
便跟在後頭學著唱、學著跳，在學寮中，隨時會有人提議道「我們來
Storm！」，寮生們便隨之起舞，甚至有人僅穿著外褲就跑到中庭跳 Storm。
然而，在臺北高中時期，代代相傳的 Storm 卻產生了新的形態，寮生會在種
有七棵椰子樹的七星寮中庭生火，圍繞著火焰跳舞，稱為 Fire Storm，舉行的
時機包含考試之後，寮生認為知識已經記在腦海裡，考試用的筆記、書本已經
不再需要，便將其付之一炬；寮祭之後，產生許多需要銷毀的廢棄物，寮生也
會選擇將之燒毀；有學長要畢業時，寮生也會進行 Fire Storm，為學長送別。
寮生們在中庭生起熊熊大火，並繞著火焰唱歌跳舞的行為，在戰後初期甫到臺
灣進行接收的教職員眼中，是從來都沒有見過的情景，甚至讓時任校長的張金

潤，擔心學生是否意圖發起罷課。[132]

　　而在戰後初期，七星寮仍然維持如臺北高校時期的自治精神，《臺北高級中學概況》中〈三月來之校務概況〉，指出「本校訓導方針在於培育學生人格啟發其自動自治之精神，故對宿舍教室之秩序皆責成學生自行維持」，[133] 因此七星寮仍然由學生選出「總務」以及其他幹部，處理寮內事務以及維持秩序。寮內事務包含寮生的飲食、衛生、活動等，飲食部分，由幹部負責聘請煮菜的人員，甚至買菜錢也是由幹部計算、掌管；[134] 活動部分，皆由學寮幹部自行舉辦，如郊遊、棒球、請老師來吃飯及演講等，校方一概不涉入。[135]

　　由此可見，臺北高中時期的七星寮，仍然是學生們自治的自由國度。然而，1946 年 4 月至 6 月，第一屆學生尚未全數畢業前，每一間房間尚有 5 至 8 名寮生，接著便減少至 2 至 4 名。不久後，隨著住宿人數減少，以及師範學院的成立，臺北高中的寮生被迫搬離七星寮，轉移到校外的小型日本宿舍，一人住一間。原本承載特殊歷史與文化的七星寮，改作師範學院的女生宿舍，往昔在中庭進行 Fire Storm 的情景，已不復見。[136]

　　戰後初期，臺北高中的學生仍能享有延續自臺北高校的自由與自治，在學校的各項行事中，掌握有相當的自主權，臺北高校時期獨具特色的活動與文化，亦為臺北高中所承繼，因此學生多認同自己是「高校生」甚於「高中生」，並以承襲自臺北高校的校風為榮。對於他們而言，自由的校風，

---

132 蔡錦堂訪問，賴冠妏記錄，溫理仁口述，2019 年 3 月 7 日。蔡錦堂訪問，賴冠妏記錄，游煥松口述，2019 年 5 月 11 日。蔡錦堂訪問，賴冠妏記錄，蕭柳青口述，2019 年 3 月 21 日。蔡錦堂訪問，賴冠妏記錄，謝文周口述，2019 年 4 月 8 日。本段由四筆口述資料整理而成。

133 國立臺灣師範大學校圖書館史組藏，《臺北高級中學概況》，無頁碼。

134 蔡錦堂訪問，賴冠妏記錄，謝文周口述，2019 年 4 月 8 日。

135 蔡錦堂訪問，賴冠妏記錄，陳宗仁口述，2018 年 9 月 16 日。

136 蔡錦堂訪問，賴冠妏記錄，游煥松口述，2019 年 5 月 11 日。蔡錦堂訪問，賴冠妏記錄，張燦生口述，2019 年 5 月 19 日。

表面上，雖然是以蠻聲高歌，並在校內與市街上騷亂的「Storm」來呈現，但若未曾成為臺北高校生，去親身體驗這樣的校風，是無法理解我們心境上的自由的。[137]

　　然而，儘管學生的「高校生」認同更甚於「高中生」，時代的轉變卻是現實且殘酷的。高校生所享有的自由與自治，來自於日治時期舊制高校的傳統，建基於未來直升帝國大學的保證，因為沒有升學的後顧之憂，高校生能夠獲得最大限度的自由，但是臺北高中卻在戰後淪為臺灣眾多高中之一，失去直升大學的資格，雖然能享有延續自高校的自由與自治，但卻失去了維持自由自治的關鍵基礎。

　　不久之後，師範學院在同校地內的創設，限縮了自由自治的領域，伴隨二二八事件而來的白色恐怖，則扼殺了自由自治的精神。儘管同樣是通過「天下的難關」而入學者，臺北高校生得以自稱「被時代選上的人」，臺北高中生卻儼然成為「被時代拋棄的人」。

---

137 溫理仁，〈台北高等学校創立九十周年記念大会〉，《我輩は犬である》，頁 239。

第四章

青天白日下的陰影：
臺北高中的終焉

　　1947 年 4 月，甫抵臺處理四六事件的劉真，來到位於龍安街的「案發現場」師範學院前，方才經歷軍警闖入學生宿舍，對學生進行拘捕，甚至毆打的校園，瀰漫著無聲的恐懼及驚惶，以往熱鬧騰騰、充滿活力的校園，如今卻顯得死氣沉沉。劉真端詳著這所沒有校門，也沒有圍牆的校園，眼光停駐在學校傳達室入口處，掛著的約二呎高、六吋寬的木製校牌，乍看之下和其他學校並無不同，但在這裡，卻左右掛著兩塊歸屬於不同學校的校牌，一塊寫著「臺灣省立師範學院」，一塊則寫著「臺灣省立臺北高級中學」……。[1]

　　臺北高中存在的時間，正值最為動盪不安的戰後初期，1945 年 8 月第二次世界大戰結束後，臺灣旋即面臨政權的轉換與交接，經歷了日本殖民統治50 年的臺灣人民，所熟悉的政治、文化、語言已與前來接收的「祖國」完全不同，「祖國」在戰爭中獲勝的歡欣鼓舞，很快地，便被國民政府治理不當帶來的怨聲載道取代，逐漸累積的民怨最終引爆了「二二八事件」，招致國民政府實施全島屠殺的噩夢。

　　然而，在臺灣海峽的另一側，第二次世界大戰結束不久，國民政府卻面臨另一場大戰的爆發，戰前與共產黨的衝突並未隨著戰爭終止而平息，反而點燃了第二次國共內戰的引信，在中國本土蔓延的國共內戰，也延燒至當時的臺灣。隨著國民政府在國共內戰中的節節敗退，蔣介石開始著手策劃撤退臺灣，1948 年底，蔣介石指派心腹陳誠擔任臺灣省主席，之後再任命其為臺灣警備總司令，並掌國民黨臺灣省黨部，陳誠遂開始進行國民政府遷臺的準備，包含治安體制的強化、幣制與農地改革等。其中，治安體制的強化旨在壓制臺灣的共產勢力，1949 年 5 月 19 日頒布戒嚴令，24 日決議通過《懲治叛亂條例》，取締並處刑政治異議者，隨後集會結社、遊行罷工、報章雜誌出版等的自由，皆受到嚴格控管，揭開臺灣「白色恐怖」的序幕。[2]

1　司琦編，《劉真先生文集》第三冊（臺北：臺灣商務印書館，1990 年），頁 1213。
2　若林正丈，《戰後臺灣政治史：中華民國臺灣化的歷程》（臺北：國立臺灣大學出版中心，2016 年），頁 61-65。

　　然而，處於新舊戰爭交接的動盪時代之中，臺北高中更面臨了學校存亡的危機。1946 年 6 月起，因應戰後的就學需求，以及在臺日人遣返後的教職空缺，國民政府選擇於臺北高中校地內，設置師範學院，形成「一校地兩學校」的奇異情景。縱使臺北高中的前身，為具有大學預科性質的臺北高校，因此校內的設備與資源，相較一般中學更為豐富，但要供給屬於大學性質的師範學院使用，甚至必須與臺北高中的學生共用，是相當不足的，因此政府最初決議，使師範學院以原址為基礎擴張，臺北高中則應另覓校舍遷移。然而，在戰後臺灣白色恐怖的序幕——四六事件爆發之後，最終臺北高中卻遭到停辦，從此湮沒於歷史洪流之中。本章擬探討臺北高中受到二二八事件、四六事件等影響的情形，以及臺北高中因此邁向廢校的過程。

第一節　二二八事件與四六事件

一、二二八事件

　　戰後初期，聽聞「祖國」中國戰勝日本的消息，許多臺灣人歡欣鼓舞、張燈結綵，紛紛掛上青天白日滿地紅的國旗，並且開始學習中文，滿心期待「祖國」前來取代殖民政府，心想臺灣人終於能夠在祖國的統治之下生活，能夠出人頭地了。1945 年 10 月 17 日，終戰後第一批抵臺的國軍來到基隆港，大批民眾聚集基隆港與臺北市區，熱烈迎接祖國的到來。「當時，全臺北的學生都由學校安排，和老百姓們在臺北火車站前列隊歡迎，歡迎隊伍非常長，由基隆一路排到松山、臺北火車站」，[3] 然而，臺灣民眾與學生和「祖國」的初次見面，卻令人大失所望。國軍的服裝破爛且髒亂，腳踩布鞋或草鞋，甚至打著赤腳，身上背著紙傘、鍋碗、棉被，和以往穿著整齊、威風凜凜的日本兵相比，

3　中央研究院近代史研究所，〈黃瑞霖、黃瑞峰兄弟訪問紀錄〉，收錄於中央研究院近代史研究所，《口述歷史第 4 期（二二八事件專號之二）》（臺北：中央研究院近代史研究所，1993 年），頁 141。

顯得無精打采、亂無章法，民眾不禁在心裡懷疑，為什麼這樣的士兵，能夠打贏勝仗。民眾心中的疑惑與不安，不久後便成為了現實，戰後的臺灣，在國民政府的行政長官公署接收與管理之下，政治、經濟與社會情形每況愈下。政治方面，原本期待在祖國的治理之下，終於能躋身統治階級的臺灣菁英，政府卻以臺灣人不諳國語為由拒絕，反而讓對臺灣情勢不熟悉，甚至工作能力低於臺灣人的外省籍人士位居高位，外省籍官員貪污舞弊的行為，更令臺灣人震驚。經濟方面，政府接收所有日人留下的資產，包含企業、房產等，但後因經營不善造成虧損，加上濫印紙鈔、將大量物資運往中國等作為，使臺灣島內面臨嚴重的物價飛漲、通貨膨脹，人民生活苦不堪言。社會方面，臺灣人經過日本統治，已經養成守法、守時、衛生的習慣，但抵臺的中國士兵軍紀敗壞，騷擾民眾、不守秩序、隨地便溺、搶劫偷盜等情形隨處可見，加上臺灣與中國相隔50年的文化與語言隔閡，更加深臺灣人的不滿與厭惡。

　　這樣的氛圍，對於臺北高中第四屆校友溫理仁而言，至今仍記憶猶新：

> 在終戰當時，我排著隊等著搭公車去上學的往事。有一天早上，一個從大陸來的士兵，插隊到隊伍前頭，準備上公車的時候，一名已經解除武裝、赤手空拳的日本兵，從隊伍中跑了出來，將該名士兵拉下車並毆打了他。糟了，戰敗國的士兵竟然毆打了戰勝國的士兵。幸好當時排隊的人都聲援那位日本兵，戰勝國的士兵只好摸摸鼻子，逃離現場。

> 終戰之後，日本人離開了，大陸人來到臺灣，正如同當時人們經常說的「狗去豬來（犬が去って豚が た）」，說到狗就會聯想到「忠犬八公」，但豬則是骯髒且沒有教養、不衛生的。我當時第一次聽到「食錢官」這個詞彙，指的是渡海來臺的大陸官吏，無視臺灣人的權益，將日本人留在臺灣的財產私有化的行為。官吏的貪污變得稀鬆平常，臺灣人的反抗也日益增強，在 1947 年 2 月 28 日，以菸草小販的事件為開端，爆發的反抗事件遍及臺灣全島，這就是 228 事件，政府進行了殘酷無比的鎮壓，使得許多無辜的優秀青年因此犧牲。

……臺灣經過了日本統治的 50 年歷史，知曉禮義廉恥、遵守規律秩序，接受了守法、勤勉、清潔、提升人格的教育，實踐上述行為，建立了宜居的社會，正因臺灣人有過這樣的經驗，面對戰後大陸傳來的無禮、無廉恥、不衛生、無信義、貪汙橫行的腐敗社會，在感到失望的同時，更深刻感受到過往的美好，因此經常將好的事情稱作「日本精神」。[4]

　　1947 年 2 月 27 日，以臺北市的查緝私菸事件為開端，隔日 2 月 28 日引起的一連串官民衝突，很快地蔓延至全島，民眾長期的不滿隨之引爆，各地皆爆發抗爭運動。臺北高中的學生們，同樣被捲進二二八事件所掀起的波瀾中，本節擬透過校友對於二二八事件的回憶與相關史料，研究二二八事件中，臺北高中學生的際遇與角色。

（一）事件的經過

　　1947 年 2 月 28 日，經過昨夜天馬茶房前，專賣局查緝員在查緝私菸時，以手槍重擊菸販林江邁的頭部，又在逃跑時，開槍擊中路人陳文溪的事件，群眾義憤填膺，紛紛上街請願，途經延平北路派出所、重慶南路一段專賣局臺北分局，民眾入內毆打職員，燒毀機構內的物品、文書等，一時之間火光衝天。憤怒的民眾轉往南昌路的專賣總局，但憲警早已防備，無法進入，群眾接著前往專賣局長家中，兩位局長均不在，故決定至行政長官公署向陳儀請願，然而卻在公署前遭衛兵以機關槍掃射，多人死亡。更多的群眾因此被激怒，紛紛湧上街頭，毆打外省籍人士、搗毀外省商人的店面，更佔領位於新公園的臺灣廣播電臺，向全島廣播反抗的訊息，隨即引起全島各地響應。雖然警備總司令部於下午三點宣布臺北市戒嚴，並派出武裝軍警巡邏，開槍射殺民眾，試圖阻止騷亂，然而全島民眾的怒火，已勢不可擋。[5]

4　溫理仁，〈台湾で言う日本精神〉，《我輩は犬である》，作者自印，頁 25-26。

5　陳翠蓮，《百年追求：臺灣民主運動的故事　卷一　自治的夢想》（臺北：衛城出版，2013 年），頁 260-262。

　　同日，就讀臺北高中二年級的蘇遠志，在群情激憤的民眾前往專賣總局時，正好也在現場：

> 1947 年的時候，那時候 2 月 28 日，我剛好有事情經過南昌路專賣局，看到士兵抓老百姓摔到地上，實在是很恐怖，我趕快跑走，趕快跑回七星寮。
>
> 那時候的校長已經換成李季谷，他叫我們不能出去，那時候已經大亂了，我親眼看到，在專賣局前面抓老百姓，當時的士兵穿得很髒、穿草鞋，拿著槍對著百姓，抓了就摔到地上，很恐怖。[6]

　　二年級的謝文周，在返回學寮的路上，聽聞中山堂有很多人流血，周邊的許多物品與汽車都被燒毀，南昌路的公賣總局，則有許多流氓拿著棍棒，要是路人不會說日語就毆打，嚇得他趕緊回到學寮。然而，回到學寮後，卻面臨憲兵的威脅：

> 有學生在寮的屋頂唱歌，經過現在師大路的憲兵聽到很生氣，就對空鳴一槍，碰一聲，大家嚇了一跳趕快躲進宿舍。憲兵就進來宿舍巡，陳蔡煉昌那時候是教務主任、訓導主任，跟憲兵說是我當教務主任當不好，要抓學生的話就先抓我，後來很多人說抓老師沒意思，一個月之後就被放回來了。放回來之後很多人恭喜他，恭喜他沒有被槍殺。[7]

　　三年級的溫興春，則對臺北市內發生的種種暴行，印象深刻：

> 有人一直廣播叫我們到中山堂集合，我們傻傻地跟著人家去，路上聽到機關槍「ㄆㄚ、ㄆㄚ、ㄆㄚ、ㄆㄚ………」的聲音，一路上又看到坐在吉普車上的阿兵哥看到人就開槍掃射，讓我們很心慌，只得低著身體快速地離開。

6　蔡錦堂訪問，賴冠妏記錄，蘇遠志口述，2019 年 4 月 13 日。

7　蔡錦堂訪問，賴冠妏記錄，謝文周口述，2019 年 4 月 8 日。

走到「中山公園」（按：應為新公園，今二二八和平紀念公園），我看
見一幅殺人的畫面，至今仍然深印腦中，一個外省婦人抱著嬰兒經過公
園，有幾個暴民上前去把嬰兒搶了丟在水溝，然後用石頭丟他，頓時腦
漿四溢慘死。「二二八事件」臺灣人固然受害，外省人也是一樣受害。
那時候，有事外出，如果被攔路問話，不會說日本話或福佬話的人一定
凶多吉少，還可能枉死。[8]

　　不久之後，臺北市的暴亂使得市內運作停擺、學校停課，民眾推派臺灣省
參議會議長黃朝琴、臺北市參議會議長周延壽、臺灣省參議員王添灯、國民參
政員林忠等前往行政長官公署請願，隨後，3 月 2 日，臺北市的「二二八事件
處理委員會」成立，作為解決紛爭的協調單位。[9] 3 日，處理委員會決議由學
生組成「忠義服務隊」以維持治安，然而，該組織實為警備總司令部，以情報
蒐集為目的所設立的，因此使得眾多學生在事件後遇害或失蹤。[10]
　　「忠義服務隊」以臺北北警察署（今臺北市警察局大同分局）為辦公室，
將臺北各中等學校分為 8 個分隊，每隊約 150 人，以開南商工的學生最多，
其他尚有臺北工業學校、成功中學等，分為早晚班，全日維持市內治安。[11] 4
日，臺北市內的大學生、高中生數千名集合在中山堂，其中，臺灣大學、法商
學院、師範學院、延平學院參加者眾多，學生猛烈批評陳儀的腐敗政治，要求
「政治民主化」、「教育自由化」，並組織小組，協助維持治安與交通，部分學
生則在市內主要道路分發傳單，進行宣傳工作，一些急進派的學生則採取武力
鬥爭，開始襲擊臺北市郊的武器庫。[12]

8　張春菊等訪問紀錄；曾彩金總編輯，《溫興春校長口述歷史訪談紀錄》（屏東：屏東縣六堆
　　文化研究學會，2006 年），頁 31。

9　侯坤宏，〈重探「二二八事件處理委員會」的角色〉，《臺灣史研究》，第 21 卷第 4 期
　　（2014），頁 3-4。

10　賴澤涵，《二二八事件研究報告》（臺北：時報出版，1994 年），頁 62-63。

11　張炎憲、胡慧玲、黎澄貴，《臺北都會二二八》（臺北：吳三連臺灣史料基金會，1996 年），
　　頁 86-94。

12　楊逸舟，《二‧二八民變：台灣與蔣介石》（臺北：前衛出版社，1992 年），頁 88-89。

　　然而，8 日軍隊抵臺後，忠義服務隊的隊長許德輝卻帶頭逮捕與屠殺學生，負責守衛二二八事件處理委員會所在的中山堂者，為開南商工與延平學院的學生，他們受到最大的傷害，共有百餘名學生被槍殺於中山堂。總計參與忠義服務隊的 1,300 名學生中，失蹤與死亡的人數約有 200 餘人。[13]

　　臺北高中的學生，在風起雲湧的學生運動中，面臨了是否投入運動的抉擇。就讀三年級的陳宗仁與李孔昭，記得當時有人來學寮召集學生前往集會，甚至有流氓跑到學寮來質問，為何臺北高中的學生都不參與，然而，在校友的回憶中，臺北高中並沒有學生參加此時的學生運動。[14] 臺北高中的學生之所以未投入運動，似乎與當時擔任學寮總務的賴文傑有關。

　　1946 年 9 月，臺北高中進入開校以來的第二學期，甫升上二年級的賴文傑，透過寮生的選舉，成為七星寮的總務，同年級的蘇遠志，則擔任副總務。二二八事件發生時，面對參與學生運動的邀請，擔任總務的賴文傑，果斷地作出了決定：

> 當時七星寮就是我關起來的。真的是巧合，我當總務的時候遇到二二八事件，當時的副總務是蘇遠志……我就問蘇君覺得怎麼樣，他就說「不行，我們不要管」，所以在（學寮）開會前我就比較有力可以宣布事情。

> 我對宿舍裡的大家說，現在寮裡面缺米，又顧到大家的安全，所以我們回家，解散！同學笑我沒膽量，但我對他丟東西，大家都嚇到，所以就聽我的話，因為我在戰爭裡大難不死，所以對生命很珍惜，對死感到很可怕，我們手無寸鐵要怎麼贏，人家找你去參加你就去嗎？我還跑去蘆洲買米，因為沒有米了，就決定把寮關起來。[15]

13　張炎憲、胡慧玲、黎澄貴，《臺北都會二二八》，頁 86-94。

14　蔡錦堂訪問，賴冠妏記錄，陳宗仁口述，2018 年 9 月 16 日。蔡錦堂訪問，賴冠妏記錄，李孔昭口述，2018 年 9 月 28 日。

15　蔡錦堂訪問，賴冠妏記錄，賴文傑口述，2019 年 4 月 11 日。

同年級的游煥松，也記得二二八事件當時，七星寮所遭逢的斷糧危機：

> 二二八事件時沒有上課，當時交通斷絕，沒有米吃，所以賴文傑跟蘇遠志就請我回桃園買米，因為我住得離桃園很近，桃園是米產地，所以我就坐車回大園去買，買了兩臺米，先交了一臺米，但後來因為米價一直漲，另一臺米也交不出來。
>
> 他們都說：「游煥松（ユウカンショウ）！你不是住桃園嗎！去找米回來！」。[16]

　　除了寮內的斷炊危機之外，賴文傑在公學校畢業後便前往日本熊本，就讀人吉中學校，於 1945 年 3 月畢業，畢業後為了報考醫學院而前往東京，卻在東京遭逢東京大空襲，倉皇回到熊本不久後，美軍在長崎與廣島投下原子彈，位於兩縣中央的熊本縣逃過一劫，而賴文傑也因此躲過兩次死劫。或許因為大難不死的經驗，更了解軍事鎮壓的恐怖，以及生命的可貴，賴文傑不管同學及他校學生的挑釁與嘲諷，執意關閉七星寮，讓寮生們返回家鄉。因此，臺北高中的學生，至少住在七星寮的寮生們，大部分因為當時的總務賴文傑，作出關閉七星寮的決定，而未參與二二八事件中的學生運動。此外，是否有學生執意留在臺北參與二二八事件相關抗爭，則因史料不足，不得而知。

　　然而，相較於學生們謹慎的態度，當時卻有教師作出激進的主張：

> 不少暴民見到外省人就打，我們的國文老師是外省人，所以班上就把他保護到同學家居住，後來臺灣籍體育老師說要和暴民拼鬥，叫我們把日治時代學校留下來的三八式步槍，拿出來發給大家，說是要我們保護自己和學校，同學們心想，又不是想去死了，碰「它」幹什麼！沒有人理他。[17]

16　蔡錦堂訪問，賴冠妏記錄，游煥松口述，2019 年 5 月 11 日。

17　張春菊等訪問紀錄；曾彩金總編輯，《溫興春校長口述歷史訪談紀錄》，頁 31。

儘管學生大部分選擇消極的不參與，但對於同校教師與同學的安全與保護，卻採取了積極的作為。

七星寮關閉後，寮生啟程返家，然而返鄉的過程卻充滿阻礙。住在桃園的游煥松，與同住中壢、桃園的其餘四名同學，決定步行回家，

> 但走到三重埔的時候，就被警察擋下來了，看我們是學生就問我們要去哪，我說我們沒米吃要回家，但他們說現在不能讓你們過去。[18]

住在中南部的同學，返家之路更是困難重重，家住員林的謝文周，因為交通中斷，必須從臺北市區步行至樹林才有火車搭回員林，

> 在火車站看到很多學生都拿槍，我問他為什麼要拿槍，就說要保護自己。那時候很多人都這樣，代表都被抓去槍斃，高雄就是那樣。[19]

然而，從臺北出發的火車，到了員林卻遭逢火爆衝突而停了下來，故鄉在臺南新化的李孔昭只好和同行的同學一起下車，所幸同學曾煥榮是員林人，李孔昭便在員林度過一晚，隔天再次出發，

> 到水上的時候，嘉義的學生在水上的機場打外省兵。以前舊式的火車，窗戶都可以關起來，就把窗戶關起來不讓我們看，但我們都偷看。回到新化之後，車站也是新化農專的學生在顧，我告訴他們我是新化人，才回到家。[20]

和李孔昭同行的溫興春，目睹水上機場的激烈衝突之後，終於抵達高雄，卻面臨更加危急的情形：

---

18 蔡錦堂訪問，賴冠妏記錄，游煥松口述，2019 年 5 月 11 日。
19 蔡錦堂訪問，賴冠妏記錄，謝文周口述，2019 年 4 月 8 日。
20 蔡錦堂訪問，賴冠妏記錄，李孔昭口述，2018 年 9 月 28 日。

隔天再度搭上南下火車，到了嘉義水上北回歸線時，看到民眾穿著日本的軍裝，戴上日本兵的帽子，拿了三八式步槍與正規軍隊打起來，我們乘客都不敢抬頭，趴在車廂內，深怕被子彈打中，子彈咻！咻！的呼嘯而過，睜開眼睛車廂內已是一個洞又一個洞，火車則加速快衝，才能繼續南下。到達高雄中學前再也不能前進了，衝突的戰火更是熾烈，只得下車躲躲閃閃，摸著小巷路到前鎮溫永芳家，二哥雙春也在那裡。當晚高雄戰火猛烈，不時有子彈射進屋內，為安全計我們把所有榻榻米翻起來，四周用皮箱堵住以便擋子彈，我們則躲在皮箱周圍，度過漫長的一夜。[21]

而家住嘉義的陳宗仁，則未能從臺北出發，

學校沒辦法上課，交通也不通，最後我就用走的，又不敢走公路，怕有國軍掃射，只好走鐵路，走到鶯歌，那時候下雨，我淋得全身濕答答，到鶯歌之後隔天有火車，就坐車回到嘉義。[22]

最後輾轉於 3 月 3 日抵達家中。

值得注意的是，與臺北高中共用校地的師範學院，在二二八事件中，卻是受損相當嚴重的學校之一。

根據《二二八事件檔案彙編》顯示，師範學院自二二八事件爆發以來即遭受重大打擊，其中註冊組學籍股股長殷兆五於 2 月 28 日因公外出，在行經專賣局附近時遭到數十人圍毆昏倒在地，胸部、腹部被毆紅腫，臉部亦受傷；當天並有五、六人持棍棒由學校後門衝入，其中一名臺灣大學林姓學生，勸告該校外省籍教職員儘速離去，否則不利。翌日，即 3 月 1 日，有臺籍學生及「浪人」約 500 多人在該院禮堂集合後，旋即加入活動。2 日，教授兼教務主任

21　張春菊等訪問紀錄；曾彩金總編輯，《溫興春校長口述歷史訪談紀錄》，頁 31。

22　蔡錦堂訪問，賴冠妏記錄，陳宗仁口述，2018 年 9 月 16 日。

程璟由學校返回宿舍時，遭二名「暴徒」毆傷，精神頗受打擊。5、6 日，有民眾 2、300 人闖入院內，圍攻搶奪軍事校員王時中手槍及辦公室、倉庫物品，並搗毀校舍、教具甚多。

8 日晚間，有兩輛卡車直駛該院倉庫，搶去教職員與學生食米 4,271 臺斤；至於該校外省籍教職員或倉皇逃出宿舍，或被禁閉於倉庫等，返回住處時，財物多已被劫一空，公私財產損失嚴重。自當時各學校所提交之二二八事件公私損失調查表中，師院公物損失臺幣 26 萬 7,695 元，私人財物損失臺幣 97 萬元以上，校園中的被害者清一色都是外省籍職員。[23]

因臺北高中與師範學院，自 1946 年 6 月起即共用校地，原本就不甚寬廣的校園，更顯擁擠，而師範學院受到如此嚴重的傷害，臺北高中勢必也難逃一劫。

（二）事件的處理

3 月初，陳儀一面作勢接受二二八事件處理委員會的要求，一面暗自向中國的蔣介石請求國軍支援，國軍抵臺後，即實施戒嚴以及慘無人道的鎮壓，許多臺灣人民遭到無辜的殺害，其中更不乏於公共場合以處刑的方式槍決、當著一家老小不留情面地拖出家門等，泯滅人心的作為。而日後的白色恐怖，更是讓臺灣人民陷入人人自危的恐慌之中。若是自己的家人、朋友遇害，想必會留下巨大的心靈創傷，然而，即使並非自己的親友遇害，聽聞或目睹其他人遭難的經歷，同樣會在人們心中留下難以抹滅的傷痕。

經歷了那樣恐怖的體驗，許多臺灣人選擇噤聲，停止關心政治、批評政府，臺北高中畢業後，進入師範學院就讀的陳宗仁，在高中時遭逢二二八事件，大學時又被捲入師院的四六事件之中，深知國軍殺人、特務擄人的可怕，決心謹守本分地生活：

---

23 歐素瑛、李文玉編，《二二八事件檔案彙編（七）臺灣大學、臺灣師範大學、臺北成功中學檔案》（臺北：國史館，2002 年），頁 4、234。

有時上課，上完課第二節會發現同學不見，都是被抓走了，特務來學校抓人就沒有回來，我有很多同學被抓走，一判就是五年十年，都是因為看書或參加讀書會，但學生就是要參加這種活動才對啊，這種的都被抓，說是共產黨、共產黨，被政府認為是思想有問題，被抓起來、被判刑，我會怕、會怕，所以我都沒參加，什麼活動、演講會我都沒參加，這都不是我們的工作，我們認真讀書就好。[24]

蔓延全島的二二八事件，使得全島各級學校全面停頓，其中，學生是僅次於原臺籍日本兵，受害最多者。學生面對戰後教育制度的改變、校方行政的不安定，加上對政府接收與治理政策的不滿，於二二八事件中紛紛投入反政府行列，因此眾多學生遭到拘捕，甚至殺害。另外，校長與教師亦多受牽連，部分因為校內臺籍、外省籍教師的派系問題，部分則因前往關心參與事件的學生，勸阻失敗，但卻在事後慘遭清算。[25] 復課之後，軍警擅入校園逮人的情形，仍然層出不窮，且綏靖部隊經常任意調集師生，進行精神訓話，使得校園裡瀰漫恐怖、緊張的氣氛。[26]

事件平息後，行政長官公署向國防部長白崇禧發出代電：

查此次事變各學校學生有被共產黨暴徒煽惑，強迫利用參加暴動以逞其野心，姑念各生年幼無知，本中央寬大為懷，從寬免究。請轉飭主管機關，訓令各生回校復課，並簡化其復課手續，祗由家長負責詰誡率領到校即可復課，以為教育而安人心。[27]

24　蔡錦堂訪問，賴冠妏記錄，陳宗仁口述，2018 年 9 月 16 日。

25　歐素瑛，〈戰後初期臺灣中等學校之學風與訓育（1945-1949）〉，《國史館學術集刊》，第 2 期，（2002），頁 217-230。

26　洪瑞重，《臺灣省行政長官公署時期教育的接收與推展（1945-1947）》（碩士論文，國立臺灣師範大學歷史研究所，1997 年），頁 161-167。

27　歐素瑛、李文玉編，《二二八事件檔案彙編（七）臺灣大學、臺灣師範大學、臺北成功中學檔案》，頁 489。

接著，頒布「臺灣省省立中等以上學校復課應行注意事項」：[28]

甲、關於學生者

一、各校對於學生應先舉行調查

二、各校住校學生自 3 月 17 日起一律復課

三、凡離校學生自問確未參加此次事變中暴動行為者，限於 3 月 17 起至 22 日止一律到校辦理登記手續（師範學校登記另行通知），逾期即以退學論

四、登記時應辦理左列各點：

1. 由家長或保證人率領到校

2. 填具特別保証書（格式另附）

3. 未繳相片者應即補繳

五、學生上課及散學時途中應遵守交通秩序同行學生至多以十人為限並須佩帶學生徽章符號

六、學生在校不得自行集合並不得參加任何校外集體活動

學生在復課同時，應繳交的特別保證書格式如下：

具保證書人＿＿＿＿今保證學生＿＿＿＿在
貴校肄業期間絕對遵守左列各項：

一、服從政府法令遵守學校規章接受師長教導

二、在校內非經學校許可決不參加任何集會或團體行動

三、在校外決不參加任何非法集會或團體活動

如有違犯上列各項之一者學生願即開除保證人並領負完全責任特此保証

28　〈臺灣省行政長官公署教育處電令省立師範學院遵照「臺北市省立中等以上學校復課應行注意事項」辦理〉，收於歐素瑛、李文玉編，《二二八事件檔案彙編（七）臺灣大學、臺灣師範大學、臺北成功中學檔案》，頁 220-221。

　　針對教職員，自問確未參加此次事變中暴動行為者，限於 3 月 17 起一律到校辦公，否則解除職務，在往後的工作與教學中，應以身作則，積極推進導師制並加強訓導工作，各校校長及訓導人員亦應隨時密切聯繫。

　　二二八事件後，便倉皇回到嘉義新港老家的陳宗仁，此時攜帶著由父親陳陸擔任保證人，並由新港鄉長作證，蓋有新港鄉公所印的「證明願」（圖 4-1），回到學校上課。證明願中寫道：

> 查本人是省立台北高級中學校學生，此次因二二八事件自三月三日避難回家，每日在家庭自修或幫助家事，確無逾軌犯法行為事實，希祈証明為此保証人連署聲請

　　雖同為證明未參與二二八事件的保證書，但格式、內容與臺灣省行政長官公署教育處公布者皆不同，且除了家長之外，更附帶地方行政首長的證明，手續顯然更為繁複，也更為嚴謹。是否行政長官公署對於臺北高中有特別的規定，或者該規定在執行上並無強制性，又該規定在當時紛亂的局勢中，傳遞到地方的效率不佳，確切的原因，不得而知。

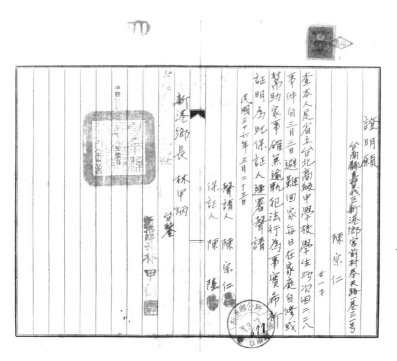

◀圖 4-1 二二八事件證明願
資料來源：陳宗仁先生提供。

　　學校復課不久，3 月 27 日國防部長白崇禧，調集臺北市各級學校教職員與學生約 8,000 人，在臺灣大學法商學院廣場，進行精神訓練：

> 中央對臺將依各位改革政治，而此次盲從或被脅迫參加的青年學生政府不究既往，惟各家長今後應嚴加管束，各青年學生儘速復課讀書，各憲兵當不再逮捕學生，要各學生安心向學、努力學習，遵守校規。因此各校學生只要由家長帶至學校，並向校方保證今後絕對安分守己，努力學業者，即可准其復學，除了極少數真正不堪造就的才酌以開除。[29]

　　而在這個大規模的場合上，臺北高中的三年級學生陳財，被白崇禧指定為高中與大學的代表，負責上臺演說，但是在上臺之前，卻發生了轉折：

> 二二八事件都結束之後，當時的國防部長白崇禧，要全國的學生都不要再擾亂，上課要認真念書，我（李孔昭）去學校，我的同學叫做陳財，他之後當高雄的警官，他是我的同學，當時要召集高中大學的學生，國防部長要對這些學生講話，國防部長叫陳財當高中大學的代表，要對學生演講，結果他把講稿丟給我，因為他國語不會念，要叫他去當代表，結果丟給我，臨時到那裡才丟給我，我也嚇到不知道怎麼辦，結果要上臺前才給我，我就變成高中大學的代表。[30]

因為不會念以國語撰寫的演講稿，陳財臨陣將演說的重責大任，拋給自中國東北返臺的李孔昭，使得李孔昭糊里糊塗地成為了學生代表。

29　〈從速覺悟回校上課不究既往保障安全，白部長對本市學校員生訓話〉，《臺灣新生報》，1946 年 3 月 28 日，版 4。

30　蔡錦堂訪問，賴冠妏記錄，李孔昭口述，2018 年 9 月 28 日。

　　針對二二八事件時，眾多學生參與反政府行動的原因，行政長官陳儀認為是「臺胞思想深受日本奴化教育和隔離教育的遺毒」，因此蔑視、詆毀祖國；[31]官營報紙《臺灣新生報》指出學生滋事，乃受「日人教育的結果」、「受了日本奴化教育的毒害」；[32]國防部長白崇禧認為，臺灣青年受過去日本殖民教育，「無疑的就是要使臺灣同胞蔑視祖國，仇視祖國，脫離祖國，永遠做日本的被統治階級」；[33]臺北市各省立中學以上學校訓育問題談話會中，與會的教育處處長范壽康、教育處科長葉桐、教育處主任祕書梁翼鎬、臺北高中校長兼師範學院院長李季谷、建國中學校長孫嘉時、臺北師範學校校長唐守謙、臺北女子師範學校校長任培道等人，均認為臺灣青年乃受日人奴化教育影響，應徹底去除日本話教育、灌輸國家民族思想、加強導師與軍訓等。[34]

　　因此，教育處推出一連串增強訓育的措施。首先，要求各校學生撰寫「二二八事件自我表白日記」，無論學生參加二二八事件與否，都必須以日記形式巨細靡遺記錄 2 月 28 日至 3 月 13 日的個人活動，作為日後學校訓導工作之參考。[35]接著，頒布「臺灣省各省立中等以上學校二二八事件後訓導實施上應行注意事項」，要求在校內講解三民主義、中國歷史、強調中國與日本的敵對關係、根絕日本教育毒素、寫作坦白日記、增強導師制、實施軍訓教育。在日常生活方面，則禁止一切日本化之生活習慣、語言、服裝，銷毀與國家政策相牴觸的書籍。行政長官公署則配合綏靖計畫，實施清鄉、聯保聯坐、禁止公務員、教員及學生穿著軍服、將內容含有日本侵略思想之書籍列為查禁圖書、禁

31　臺灣省行政長官公署，〈政務會議紀要〉，《臺灣省行政長官公署公報》，36 年夏字 11 期，頁 174。

32　〈重視教育文化工作〉，《臺灣新生報》，1946 年 3 月 22 日，社論。〈雪學生界之恥〉，《臺灣新生報》，1946 年 3 月 24 日，社論。

33　〈從速覺悟回校上課不究既往保障安全，白部長對本市學校員生訓話〉，《臺灣新生報》，1946 年 3 月 28 日，版 4。

34　〈臺北市各省立中等以上學校訓育問題談話會紀要〉，收於歐素瑛、李文玉編，《二二八事件檔案彙編（七）臺灣大學、臺灣師範大學、臺北成功中學檔案》，頁 463。

35　〈臺灣省行政長官公署教育處電飭省立師範學院遵照「省立中等以上學校學生關於『二二八』事件自我表白日記須知」辦理〉，收於歐素瑛、李文玉編，《二二八事件檔案彙編（七）臺灣大學、臺灣師範大學、臺北成功中學檔案》，頁 284-287。

止各級學校員生運用日語，綏靖軍官則時常調集師生進行精神訓話。[36] 同時，頒布「二二八事變各校參加暴動之學生懲戒標準」，作為各校分別懲處參加事件學生之準則。[37]

　　二二八事件後，臺灣學生在校內與校外的活動均受到嚴格的管制，在思想與行為上，則力行去日本化，加強對「祖國」中國的向心力，使得臺灣中學的學風產生劇烈的轉變。而這樣的劇變，對於以承繼日治時期高等學校，其自由校風為傲的臺北高中而言，更是顯著，受到增強訓育規範的影響，學生能夠實行自由自治的範圍遭到限縮，又因實施去日本化，具有日本舊制高校特色的各式活動與文化，被迫減少實施頻率，或者直接遭到抹滅。使得戰後的臺北高中，不僅在制度上與一般高中無異，在校風與文化上，也逐漸趨近一般高中，作為臺北高校繼承者的光環，漸失光彩。

二、四六事件

　　二二八事件後，臺灣各級學校的學風產生劇烈的變化，由開放轉而保守，1947 年下半年，政府對各級學校的控管更趨嚴格。1947 年下半年起，中國的學潮對臺灣的影響逐漸增強，此時，更有臺灣公費留學中國各院校的學生，利用暑假返臺時間，向各地的學生與民眾說明國共內戰情勢，以及各大都市蜂起的「反饑餓、反迫害、反內戰」學潮，國民政府為防範共產黨分子的滲透與煽動，加上二二八事件的影響，對於學生的集會作出更嚴格的限制，也更加嚴密地審查教材、音樂、書籍等媒體，同時利用學生團體，進行政治宣傳。[38]

36　歐素瑛，〈戰後初期臺灣中等學校之學風與訓育（1945-1949）〉，《國史館學術集刊》，第 2 期（2002），頁 232-233。〈臺灣省行政長官公署教育處電飭省立師範學院遵照「省立中等以上學校『二二八』事件後訓導實施上應行注意事項」辦理〉，收於歐素瑛、李文玉編，《二二八事件檔案彙編（七）臺灣大學、臺灣師範大學、臺北成功中學檔案》，頁 296-297。

37　〈臺灣省行政長官公署教育處電送臺北成功中學「二二八事變各校參加暴動之學生懲戒標準」〉，收於歐素瑛、李文玉編，《二二八事件檔案彙編（七）臺灣大學、臺灣師範大學、臺北成功中學檔案》，頁 491-492。

38　歐素瑛，〈戰後初期臺灣中等學校之學風與訓育（1945-1949）〉，《國史館學術集刊》，第 2 期（2002），頁 237-243。

　　隨著國共內戰的情勢加劇，1948 年 5 月，國民政府公布「動員戡亂時期臨時條款」，對於臺灣各級學校的控制也更加嚴峻，針對學生的罷課遊行、聚眾請願、擾亂治安，或文字鼓動、口頭煽惑，為匪宣傳，破壞秩序者，實施禁止或解散，現行犯則開除學籍、移送法辦，1949 年 1 月，陳誠接任臺灣省政府主席，對於學校的監督與管控更為強勢。然而，同年 3 月，臺灣大學與師範學院學生因為單車雙載，而遭警察拘捕的事件，卻為之後重大的校園白色恐怖──四六事件，以及隨之而來更加嚴密的管制，埋下伏筆，同時，也大大影響了臺北高中的命運。[39]

　　1949 年 3 月 20 日，臺灣大學學生何景岳，與師範學院學生李元勳共乘一輛腳踏車，卻遭派出所警察認為違反交通規則，隨即與學生發生衝突。隔日，臺大與師院學生聯合向市警局提出抗議，要求嚴懲肇事人員、總局長公開道歉、登報保證類似事件不會再發生等，雖獲得局長應允，但實招致警察日後的嚴密監控。3 月 29 日，學生自發性的抗議運動擴大規模，臺北市的大學、中學生組成「學生聯盟」，以「結束內戰、和平救國」、「反饑餓、反迫害」作為訴求，並於臺大法學院操場舉行「青年晚會」。

　　4 月 5 日，臺灣省警備總司令部向師範學院院長謝東閔發出代電：

> 迭據查報貴校學生周慎源、鄭鴻溪、莊輝彰、方啟明、趙制陽、朱商彝等計六名首謀，張貼標語、散發傳單、煽惑人心、擾亂秩序、妨害治安，甚至搗毀公署、私擅拘禁公務之人員，肆行不法，殊屬居心叵測。該生等本（五）日晚復又糾眾集議，希圖寔施擴大擾亂本部維護社會安全，保障多數純潔青年學生之學業起見，應即予以拘逮，依法偵訊，特電即請按名指交到案，以肅法紀。至於其他學生希善為撫慰安心，照常上課，幸勿盲從附和，致干法究為荷。[40]

39　歐素瑛，〈戰後初期臺灣中等學校之學風與訓育（1945-1949）〉，《國史館學術集刊》，第 2 期（2002），頁 237-243。

40　吳文星，《臺灣省立師範學院「四六事件」》（南投：國史館臺灣文獻館，2001 年），頁 21。

　　隔日（6 日）凌晨，警備總司令部即派軍警前往師範學院，以及臺灣大學逮捕學生，然而卻遭到學生激烈反抗。1947 年 7 月畢業於臺北高中，同年 9 月進入師範學院教育學系，此時為二年級學生的陳宗仁，對於四六事件當晚的經歷，記憶猶新：

　　　　四六事件的時候我住在學寮，吃飯之後學生都會出去散步，有一個師大
　　　　自治會會長，周慎源（しゅうしんがん），嘉義朴子人，吃飽出去散
　　　　步，走到新公園，穿便服的特務把他抓起來，用手銬銬起來，他大聲嚷
　　　　嚷說「國民黨抓人啊，我又沒做什麼事情，抓人了！」，法商學院的人
　　　　學寮在那附近，看到抓人便過來幫忙圍著，看到是師大的學生，又沒做
　　　　什麼事情卻被抓了，就喊打，特務就跑走了。師院學生回到學校開會，
　　　　討論為何沒有做什麼就被抓，有外省學生比較厲害，他們說，事情沒有
　　　　這麼簡單就結束，之後還會來抓人。但我當時只專心念書，沒有參加這
　　　　些事件，光是要讀國語就霧煞煞了，都沒有參加。我是日本時代的想
　　　　法，覺得跟我沒有什麼關係，聽他們說會再派人來抓，就不相信。

　　　　半夜起床，發現軍人已經把學校圍起來，也不讓學生出去上課，把門關
　　　　起來，把學寮的門鎖起來，後來說要抓學生自治會會長、學生委員，要
　　　　把人交出來，學校拿公文說要抓人，學生說我們沒有做壞事，為什麼要
　　　　抓，不願意把人交出去，有人偷跑，周慎源也跑出去了，沒抓到。

　　　　我傻傻的，在學寮裡發現不能出去上課，學生又不把人交出去，軍人就
　　　　進來抓人了，學生不讓他們進來，在一樓反抗，和警察打架，我就躲在
　　　　二樓，沒有參加，警察進來，要大家「稍息稍息！」，把大家都押下
　　　　去，讓大家排隊，用軍隊的卡車，載去兵營，就是現在的中正紀念堂，
　　　　以前日本時代的兵營，把大家都銬起來。當時天氣很冷，還下雨，各發
　　　　給大家一條毯子，把大家關起來，也有煮飯給大家吃，記得當時的中國
　　　　兵是蹲在地上吃飯，不是在桌子上吃飯，很慘，我就覺得很奇怪，怎麼
　　　　會這樣呢，就這樣關了一個禮拜，後來才讓大家回去。

回到學寮，發現桌椅都被翻遍了，就像有小偷進來一樣，之前有那種高級的原子筆，兵看到桌子裡面有，就把它拿走了，兵把我們的東西都拿走了，根本不是軍隊，日本時代的軍隊不是這樣，根本是土匪兵！之後學校停課，我又回嘉義，後來又再回學校。[41]

同為臺北高中第二屆、師範學院教育學系同學的溫興春，同樣遭受四六事件的波及：

洗過澡，吃過飯本想休息，沒想到當天晚上，我們就被警察包圍了。保安司令部特務要到學校逮捕六名帶頭鬧事的學生，學生自治會召開臨時學生大會討論，大家議論紛紛，並沒有結論，松盛兄力主抗拒，並且要大家一起封鎖學生宿舍門窗，對抗軍警。學生與警察一直爭吵個不休，兩個極出名的「職業學生」，拿著擴音機向著警察吼叫，警察要衝進宿舍，他們兩人就命令學生把椅子分解堵住門口，並且丟向警察，有警察被擊中，於是採取攻堅行動，憲兵與警察一起攻進宿舍，不問青紅皂白，見到學生就打，同鄉的楊嵩山躲在桌子下面，屁股朝外，照樣被打得哇哇大叫，一直討饒說「不要打！不要打！」也沒有用；我則被軍警趕到樓下集合，突然之間警察一棒擊中我的後腦袋，我立刻暈倒，由二樓樓梯滾到樓下。事後想想我的腦筋那麼差，大概就是當時被「棒打」的後果吧。實在想不透，大家有什麼仇恨，軍警要以這種方式打人？像一個臺東縣籍的學生，平日十分的老實，也被綁得緊緊的，一點都不能動彈。後來，我們一群學生被抓到「保安司令部」關了八天，我真的怕死了，四個人輪流審問我們……。

一年級時我們全班有四十五人，經過那次動亂之後，只剩二十人，其餘同學竟然都不見了，好像從人間蒸發掉了一樣，誰也不知道他們到那裡

41　蔡錦堂訪問，賴冠妏記錄，陳宗仁口述，2018 年 9 月 16 日。

去……因為受到了這次事件的影響，大家都餘悸猶存，實在很難認真讀書，擔心隨時被抓走。同學之間也很少互動，甚至互不信任，深怕沾染上了共產黨而萬劫不復。[42]

然而，報紙卻刊登了與陳宗仁、溫興春的體驗，截然不同的訊息，指出是少數被捕學生，為了阻撓軍警追捕，鼓動大家一起擠上警備總部卡車，又其他學生自願陪同被捕學生，因此軍警只好將大批學生一起帶回。最後，除了 19 名學生移送法院，另有臺大學生 12 名、師院學生 105 名遭拘捕，之後由家長領回管教。[43]

四六事件後，臺灣省政府電令師範學院，為整頓學風並保障大多數純潔青年學生的學業起見，即日起停校，且所有學生一律重新登記，再等待復課。[44] 之後，省主席陳誠以警備總司令身分，發表聲明：

……學風之敗壞，自非一朝一夕，政府與學校當局及學生與其家長，均難辭其咎，政府整頓學風，已具決心，尚望今後各方皆能善盡其責，致使不再有此類事情發生……。[45]

省參議會、省教育會以及臺北市各級學校家長會，均發表聲明以支持學風整頓。接著，師範學院組成「整頓學風委員會」，由劉真擔任主任委員，並兼職師範學院代院長，[46] 委員會組成成員除了陳蔡煉昌、謝似顏兩位為師範學院教師，其餘皆為政府官員與民意代表，[47] 進行事件後續處理，並決議於 4 月

42　張春菊等訪問紀錄；曾彩金總編輯，《溫興春校長口述歷史訪談紀錄》，頁 34-35。

43　〈拘訊學生移送法院〉，《臺灣新生報》，1949 年 4 月 8 日，版 3。

44　吳文星，《臺灣省立師範學院「四六事件」》，頁 22-23。

45　〈整頓學風，維護青年，陳兼總司令發表談話〉，《臺灣新生報》，1949 年 4 月 6 日，版 5。

46　〈師院組整頓學風委會〉，《公論報》，1949 年 4 月 8 日，版 3。

47　陳惠珠，《戰後臺灣中等師資之搖籃——臺灣省立師範學院（1946-1955）之研究》（碩士論文，國立臺灣師範大學歷史學系，2005 年），頁 118-119。

29 日復課。

　　師範學院復課後一個月，5 月 20 日臺灣省政府、臺灣省警備總司令部宣布全省戒嚴。6 月 22 日，臺灣省教育廳代電各級學校及社教機關，抄發「臺灣省戒嚴期間新聞雜誌圖書管理辦法」及「臺灣省戒嚴期間防止非法集會結社遊行請願罷課罷工罷市罷業實施辦法」，規定「凡詆毀政府或首長，記載違背三民主義，挑撥政府與人民感情，散布失敗投機之言論及失實之報導，意圖惑亂人民視聽，妨害戡亂軍事進行，及影響社會人心秩序者，均在查禁之列」，並禁止各種未經政府許可之社團進行集會，禁止社團與學生向政府請願，更不得罷課或進行其他擾亂公安的行為。[48] 7 月 12 日，省教育廳公布「臺灣省各級學校訓導注意事項」，為戰後初期臺灣訓育規範的集大成，對於學生的校內與校外活動，進行徹底且全面的管制，此後，臺灣的學風漸趨保守。[49]

　　而四六事件中的主角師範學院，日後仍受到政府嚴密的監控，期間眾多學生與職員遭到拘捕，判處有期徒刑甚至死刑，加上事件過後，由劉真接任師範學院院長，更加強訓育管理。[50]

　　於中國具有豐富的政治、黨務，以及在湖北師範學院主持訓育工作經驗的劉真，三十八學年度起（1949 年 9 月起），即針對同年入學之新生實施為期兩週的「新生訓練」，其目的除了基本的認識學校與環境之外，更強調「使學生認識世界大勢與中國前途；使學生認識臺灣省在反共戰爭中的地位與前途」，[51] 可以觀察到訓育的增強，乃與國共內戰的背景有關。

48　〈電各級學校及社教機關為抄發「臺灣省戒嚴期間新聞雜誌圖書管理辦法」及「臺灣省戒嚴期間防止非法集會結社遊行請願罷課罷工罷市罷業實施辦法」，希遵照〉，收錄於《臺灣省政府公報》（38：夏：67，1949 年 6 月 23 日），頁 834-836。

49　〈電為訂定「臺灣省各級學校訓導注意事項」，希遵照〉，收錄於《臺灣省政府公報》（38：秋：12，1949 年 7 月 14 日），頁 174。歐素瑛，〈戰後初期臺灣中等學校之學風與訓育（1945-1949）〉，《國史館學術集刊》，第 2 期（2002），頁 244-247。

50　陳惠珠，《戰後臺灣中等師資之搖籃——臺灣省立師範學院（1946-1955）之研究》，頁 120-125。

51　〈新生訓練的意義和目的〉，《臺灣省立師範學院院刊》，復刊號第 4 期（1949），版 2-4。

　　新生訓練的課程，以生活訓練為主，精神訓練為輔，學校訂定嚴格的「生活管理規程」以及「作息時間基準表」，學生的起床集合、用膳、升降旗、上下課堂、自修、集會、就寢，皆須按表操課，此外，對於學生的寢室整潔等內務，亦有仔細的要求，可以說乃以軍事訓練的方式進行新生訓練。精神訓練的部分，除了相關課程外，更安排實施自傳、測驗、個別談話，作為考察學生生活、個性、思想及家庭狀況的標準，不乏思想控管的意味存在。在生活與精神方面的嚴格控管，使得學生生活更加規律、嚴肅，同時也失去了思想與表達的自由。

　　四六事件之前的師範學院，根據校友們的回憶，無論在課堂、學校或生活中都十分自由與隨性，[52] 言論與思想也享有高度的自由，過去，學校從進門第一棟大樓到第三棟大樓底，走廊的牆壁上常貼滿各系和社團的壁報，討論時局和社會、學校問題，因此該長廊被稱為「民主走廊」。[53] 然而，這些自由隨著四六事件與之後的白色恐怖，消逝得無影無蹤。

第二節　臺北高中的消失

　　自 1946 年 6 月師院創校以來，便被迫和師院共用同一校地的臺北高中，承繼日治時期臺北高校的精神，自由自治的校風，更是身為此校學生獨有的驕傲，但是師範學院所引起的一連串事件，卻殃及了這座自由學園。1947 年，二二八事件發生之後，同年 7 月 24 日，師範學院行文時已改名的臺灣教育主管機關——臺灣省政府教育廳：

52　吳文星，《臺灣省立師範學院「四六事件」》，頁 155。

53　藍博洲，《天未亮：追憶一九四九四六事件（師院部分）》（臺中：晨星出版社，2000 年），頁 110。

查本院自去年四月成立以來校址校具儀器設備等項奉命與台北高級中學
合併使用並暫由本院派員管理茲為統一事權起見擬將該校校產校具以及
所有設備完全移歸本院接管以免紛歧藉便整頓而利保管[54]

對於師範學院擬全面接管臺北高中的所有校產、設備，教育廳的回覆是：
「呈悉所請未便照准」。[55] 教育廳「未便照准」的理由或思考何在，並不清楚，
但是師範學院對於「全面接管」臺北高中所有校產的「意圖」，已全然呈顯出
來。

1949 年 5 月，為處理「四六事件」，而來臺接任師範學院院長職務的劉
真，旋即以「一所本來規模不大的校舍，容納了兩個學校，當然顯得異常的擁
擠」，[56] 向省政府呈准將臺北高中於當年結束，以便師院能全部利用校舍。隨
後，根據省教育廳檔案〈三八午養教三字第二〇〇九三號代電〉：

查省立臺北高級中學與省立師範學院同在一個校址師範學院年有擴充校
舍發展問題現該高級中學學生一班本年七月畢業該校應於七月底停辦其
校舍校產及設備歸省立師範學院接管使用文卷表冊由省立師範學院附屬
中學接收保管職員由師範學院聘用教員由該院附屬中學擇優聘用無法聘
用者照章報請資遣該院應會同省立臺北高級中學及該院附屬中學辦理並
將辦理情形會同報廳憑核[57]

54　〈為擬將台北高級中學所有校產校具移歸本院接管藉便整頓而利移交敬乞鑒核備案由〉，《師
　　大檔案》，臺灣師範大學檔案室典藏，檔號 0360000769A-01。

55　《臺北高校／臺北高中移交師大檔案》，臺灣師範大學檔案室典藏，檔號 0360000653-01。

56　「一所本來規模不大的校舍，容納了兩個學校，當然顯得異常的擁擠。幸好那時省立臺北高
　　中的校長係由師院院長兼任，於是不久我便呈准省府將臺北高中於當年（按：1949 年）暑
　　期結束，以便師院能全部利用這所校舍。」司琦編，《劉真先生文集》第三冊，頁 1212-
　　1213。

57　《臺北高校／臺北高中移交師大檔案》，臺灣師範大學檔案室典藏，檔號 0390000036-01 至
　　0390000036-03。

　　1945 年 7 月，伴隨最後一屆學生的畢業，臺北高中奉教育廳令停辦，校地、校產及設備清點、造冊後，由師範學院接管，並於 9 月 10 日正式辦理移交手續；[58] 臺北高中相關文卷表冊，由師範學院附屬中學（原省立臺北和平中學，於 1947 年 8 月 1 日更名）接收保管；職員由師範學院聘用，教員則由師範學院附屬中學擇優聘用，無法聘用者照章資遣。

　　校地部分（表 4-1），師範學院自臺北高中接收之土地面積共計 7.3165 甲，與臺北高校移交臺北高中之，位於古亭町、龍口町之校地 7.3736 甲大致相同。校舍部分，共計 17 棟，包含：本館、普通教室、理化學教室、禮堂、體育館、學生休息室、寄宿舍、銃（槍）器庫、學生集會所、學生廁所、炊夫廁、倉庫（磚造）、倉庫（木造）、醫務室、臨教用教室、雜家屋、住宅連。臺北高中移交師範學院的 17 棟校舍中，除了臨教用教室與雜家屋為 1945 年 9 月竣工（應為戰前臺北高校所建），其他均為 1945 年 8 月之前的建築物，可以說 1949 年師範學院所承繼的臺北高中校舍，全為原臺北高校所有。

▼表 4-1 省立臺北高級中學、師範學院接收之校地面積

移交單位 ＼ 校地所在	古亭町外一筆	古亭町	龍口町	錦町	總計
臺北高校移交臺北高中校地	7.3160（甲）	6.6096（甲）	0.7064（甲）	－	14.632（甲）
臺北高中移交師範學院校地	－	6.5587（甲）	0.7064（甲）	0.0514（甲）	7.3165（甲）

資料來源：〈日本臺灣總督府臺北高等學校移交清冊〉、〈臺灣省立臺北高級中學房地產移交清冊〉，《臺北高校／臺北高中移交師大檔案》，臺灣師範大學檔案室典藏，無檔號。

　　校產與設備部分，臺灣師範大學檔案室典藏之《臺北高校／臺北高中移交

---

58 《臺北高校／臺北高中移交師大檔案》，臺灣師範大學檔案室典藏，檔號 0380000686A-01 至 0380000686A-02。

師大檔案》，藏有臺北高校移交臺北高中、臺北高中移交師範學院之詳細物品、文件清冊（表 4-2、圖 4-2 至圖 4-5），兩者相互對照，可以發現移交師範學院之物品，其「來源」一欄清一色填寫「接收」，也就是指該批物品皆來自於臺北高校。

　　戰後，臺北高校提供「日本臺灣總督府臺北高等學校移交清冊」，封面標示由移交人「臺灣總督府臺北高等學校長 下川履信」，將清冊交予接收人「臺灣省立臺北高級中學校長 張金潤」，其財產目錄依照科目別，以日文詳實列出品項與數量。值得注意的是，各科的移交清冊最後，皆會註明「中華民國三十四年十二月某日接收完了以上各物仍委保管人保管負責」，並由負責各科的日籍教師署名，可以觀察到政權交接之際，國民政府人員雖已完成接收，但或許因為語言不通，或者專業不足以保管、操作日治時期所使用的儀器與教材，因此仍委由日籍教師於過渡時期擔任保管職務。

　　1949 年，臺北高中亦提供各科目的「臺灣省立臺北高級中學儀器標本目錄」，清冊之分類方式，亦幾乎與臺北高校如出一轍，分為化學科、動物科、植物科、地鑛科、[59] 心理科、歷史科、數學科、教練科、體鍊科（體育科），另新增物理科，以及訓導、會計等行政文卷清冊。各科儀器標本目錄以中文標示類別、名稱、數量、來源，並以備註方式說明物品的毀損情形，各科保留之儀器與標本，大致與臺北高校移交清冊內容相仿。此外，各目錄亦標明接收人、移交人以及主管人，移交人通常為「卸任（校長） 謝東閔」，部分為「卸任兼校長　劉真」，移交人則皆為「新任（院長） 劉真」，保管人同為該科教師，或者是該處室之負責人。

　　另外，圖書部分，根據臺北高校移交清冊，共移交圖書 27,473 冊、雜誌5,800 冊，張金潤移交財產予李季谷時，共移交 29,043 冊，李季谷移交謝東閔時，卻僅有 26,937 冊，短少 2,106 冊，謝東閔清查後發現未計算當時所存之雜誌，清查結果再得 224 冊，總冊數為 27,161 冊，並將之交予次任校長劉

59　臺北高校之動物科、植物科、地鑛科，其原有儀器與設備，合併交由時省立師範學院博物學系（1961 年改制為臺灣省立師範大學生物學系）管理與使用。臺灣省立師範大學，《師大貳拾年》（臺北：臺灣省立師範大學，1966 年），頁 108-109。

真。[60] 然而，若臺北高中時期圖書計算方式，包含雜誌在內，臺北高校移交之圖書總冊數應為 33,273 冊，遠多於臺北高中歷任校長移交之冊數，或許可推測圖書在移交或保管時出現紕漏。

根據陳惠珠的研究，「就學生與圖書比觀之，三十七學年度，學生 777 人，平均一人 35 冊……民國 36 年底臺灣大學有 60 萬冊，學生 1,855 人，平均每位學生 323 冊」，[61] 此處之學生數量僅包含師範學院，尚未計算當時仍在校的臺北高中學生數量，可以觀察到臺北高中與師範學院共用校產時，所面臨的資源困窘情形。同時，也可以發現，師範學院初期的圖書，仍以臺北高校移交臺北高中的圖書為基礎，直至劉真接任院長時，仍未有顯著增加。

若再根據 1949 年 6 月任師範學院國文系主任的高鴻縉、史地系主任沙學浚所述：「竊以本院之創立，原就日人所辦高等學校改設，其中日文書籍、理化儀器、博物標本、體育設備，及科學書籍，均略有可觀，獨關中國文史書籍，缺乏太甚。」；[62] 另外，理化系主任陳可忠亦指出：「本院理化學實驗儀器設備係前高等學校之設備，內容僅適大學一二年級之用，接收至今迄未添置。」。[63] 從以上的發言可以了解，師範學院的設立，初期因經費缺乏，除了校地、校舍之外，甚至連基本的圖書、儀器、設備，均需仰賴臺北高校所遺留下來的資源。

60　《臺北高校／臺北高中移交師大檔案》，臺灣師範大學檔案室典藏，檔號 0390000339-01 至 0390000339-02。

61　陳惠珠，《戰後臺灣中等師資之搖籃——臺灣省立師範學院（1946-1955）之研究》（碩士論文，國立臺灣師範大學歷史學系，2005 年），頁 20-21。

62　《臺北高校／臺北高中移交師大檔案》，臺灣師範大學檔案室典藏，檔號 0380000390。

63　《臺北高校／臺北高中移交師大檔案》，臺灣師範大學檔案室典藏，檔號 0380090006。

▼表 4-2

臺北高校移交臺北高中、臺北高中移交師範學院之現存移交清冊與負責人列表

臺北高校移交分類	臺北高校移交／保管人	臺北高中移交分類	臺北高中移交／保管人	師範學院接收人
日本臺灣總督府臺北高等學校移交清冊	下川履信		張金潤	
化學科	中華民國三十四年十二月十七日接收完了以上各物仍委保管人保管負責保管人松本邦夫	臺灣省立臺北高級中學儀器標本目錄（化學）（民國卅八年七月製表，七月卅一日移交）	卸任兼校長 劉真 保管人 李錫麟、不明	新任 劉真
		臺灣省立臺北高級中學儀器標本目錄（物理）（民國卅八年五月製表）	卸任 謝東閔 主管人 程祥榮、許振聲	新任 劉真 現保管人 不明
動物科	中華民國三十四年十二月十七日接收完了以上各物仍委保管人保管負責保管人松本邦夫	臺灣省立臺北高級中學儀器標本目錄（動物）（民國卅八年五月製表）	卸任 謝東閔 主管人 蔡東建	新任 劉真 現任博物系主任 趙楷
植物科	中華民國三十四年十二月十四日接收完了以上各物仍委保管人保管負責保管人福山伯明	臺灣省立臺北高級中學儀器標本目錄（植物）（民國卅八年五月製表，八月九日移交）	卸任 謝東閔 主管人 蔡東建	新任 劉真 現任博物系主任 趙楷

（續下表）

臺北高校移交分類	臺北高校移交／保管人	臺北高中移交分類	臺北高中移交／保管人	師範學院接收人
地鑛科	中華民國三十四年十二月十八日接收完了以上各物仍委保管人保管負責保管人齋藤齋	臺灣省立臺北高級中學儀器標本目錄（地鑛）（民國卅八年五月製表，八月九日移交）	卸任 謝東閔主管人 蔡東建	新任 劉真現任博物系主任趙楷
體鍊科	中華民國三十四年十二月十八日接收完了以上各物仍委保管人保管負責保管人松延陽一、小野寺克己	臺灣省立臺北高級中學儀器標本目錄（體育）	卸任 謝東閔主管人 王屏周	新任 劉真
心理科	中華民國三十四年十二月十九日接收完了以上各物仍委保管人保管負責保管人高峯一愚	臺灣省立臺北高級中學儀器標本目錄（心理）（民國七月卅一移交）	卸任兼校長劉真保管人 不明	新任 劉真
歷史科	中華民國三十四年十二月二十日接收完了以上各物仍委保管人保管負責保管人 不明	臺灣省立臺北高級中學儀器標本目錄（歷史）（民國卅八年五月製表，八月九日移交）	卸任 謝東閔主管人 蔡東建	新任 劉真現任博物系主任 趙楷

臺北高校移交分類	臺北高校移交／保管人	臺北高中移交分類	臺北高中移交／保管人	師範學院接收人
數學科	中華民國三十四年十二月十九日接收完了以上各物仍委保管人保管負責保管人 嶺脇四郎	臺灣省立臺北高級中學儀器標本目錄（數學）（民國卅八年五月製表）	卸任 謝東閔主管人 不明	新任 劉真
教練科	中華民國三十四年十二月十九日接收完了以上各物仍委保管人保管負責保管人 杉原季義	臺灣省立臺北高級中學儀器標本目錄（教練）（民國卅八年五月製表）	卸任 謝東閔主管人 王屏周	新任 劉真
一般備品	中華民國三十四年十二月十七日接收完了以上各物仍委保管人保管負責保管人 內藤昌平中華民			
	國三十四年十二月二十九日接收完了以上各物仍委保管人保管負責保管人 黑田剛二、福滿則義、劉振華			
		三十五年度以來存查雜件清冊（民國三十八年五月十七日造）	卸任 謝東閔主管人陳蔡煉昌點收保管楊益龍	新任 劉真

（續下表）

臺北高校移交分類	臺北高校移交／保管人	臺北高中移交分類	臺北高中移交／保管人	師範學院接收人
		臺灣省立臺北高級中學文卷移交清冊	移交人卸任校長 謝東閔 主管人 蔡景楚	接收人 新任校長 劉真
		臺灣省立臺北高級中學用存物品表（民國三十八年七月）	卸任兼校長 劉真 主管人 鄭鎮能	新任院長 劉真
		臺灣省立臺北高級中學房地產移交清冊	卸任兼校長 劉真	新任院長 劉真
		臺灣省立臺北高級中學訓導處移交清冊	卸任 謝東閔 主管人 陳蔡煉昌	新任 劉真
		臺灣省立臺北高級中學財產目錄（民國卅八年五月製表，七月卅一移交）	卸任兼校長 劉真	新任院長 劉真
		臺灣省立臺北高級中學財產目錄（醫務）（民國卅八年七月製表，七月卅一移交）	卸任兼校長 劉真 保管人 不明	新任院長 劉真
		臺灣省立臺北高級中學會計類移交清冊（民國卅八年五月製表）	卸任 謝東閔 主辦會計人員 王燦海 出納 張濤	新任 劉真

資料來源：《臺北高校／臺北高中移交師大檔案》，臺灣師範大學檔案室典藏，無檔號。

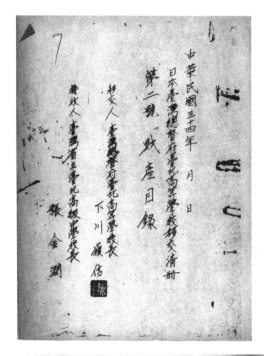

◀圖 4-2 日本臺灣總督府臺北高等學校移
交清冊
　資料來源：《臺北高校／臺北高中移交師
　大檔案》，臺灣師範大學檔案室典藏，無
　檔號。

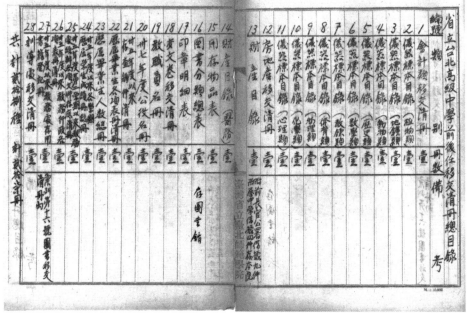

▲圖 4-3 省立臺北高級中學前後任移交清冊總目錄
　資料來源：《臺北高校／臺北高中移交師大檔案》，臺灣師範大學檔案室典藏，無檔號。

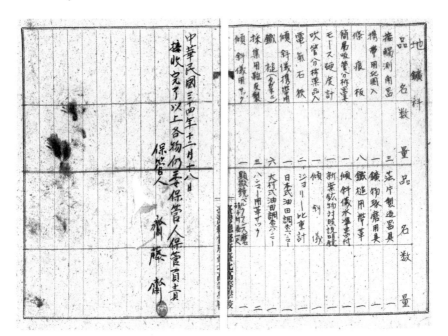

▲圖4-4 日本臺灣總督府臺北高等學校移交清冊（地鑛科）首頁（右）與末頁（左）

資料來源：《臺北高校／臺北高中移交師大檔案》，臺灣師範大學檔案室典藏，無檔號。

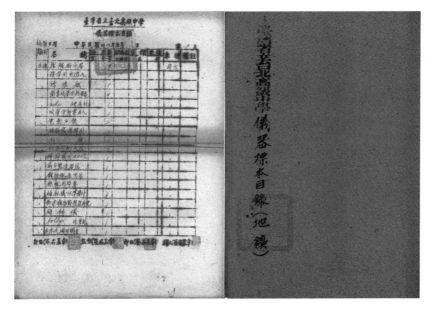

▲圖4-5 臺灣省立臺北高級中學儀器標本目錄（地鑛）封面（右）與首頁（左）

資料來源：《臺北高校／臺北高中移交師大檔案》，臺灣師範大學檔案室典藏，無檔號。

文卷表冊部分，由師範學院附屬中學接收保管，然而，附中卻以

> 本校設備簡陋，今後空襲堪慮，接收大量文卷頗有無處儲藏之苦，且查
> 第 1、2、5、6、7、8、9、11、17 號九冊，第 4 號之一部分文卷（附
> 一覽表）已失時效，似均無保存價值，擬懇呈廳准予銷燬。[64]

為由，於 1950 年 4 月，向教育廳呈請銷燬臺北高中文卷。其中，包含自臺北
高校、臺北高中以來 27 年份的學生戶籍謄本、教務日誌、學生履歷、編級考
試成績表等，數量龐大且重要的資料，皆以「毫無保存價值」為理由，向教育
處函請銷燬（表 4-3）。

▼表 4-3 省立臺北高級中學移交文卷擬請銷燬公文一覽表

原冊號數	名稱	請銷燬之理由
1	學生戶籍日誌等冊	內為日大正十一年至昭和二十年之戶籍謄本教務日誌生徒履歷編級考試成績表等共一百九十五冊之多毫無保存價值
2	卅五年度以來存查雜件清冊	內列公報教育新聞申請退學休學復學轉學及發給證明書之原函暨卅五年招生考試等件無保存之必要
4	歷屆畢業生各項表冊清冊	其中第二三四屆畢業生升學就業志願調查表十二冊畢業試卷一〇五卷似無保存必要
5	歷屆學生成績冊總冊	各級學生各學期成績已列在學籍表此項成績總冊似無再重複保存之必要

（續下表）

64　《臺北高校／臺北高中移交師大檔案》，臺灣師範大學檔案室典藏，檔號 0390000481A-02。

原冊號數	名稱	請銷燬之理由
7	卅五年度第二學期以來教務處經辦各項文件存底清冊	內計呈教育廳文稿登記簿教育廳來文登記簿教務處布告稿簿共四冊教育處廳來往公文及函稿共四八九件以該校既經撤銷具各件均逾時兩年以上似**無保管必要**
8	卅五年度以來教務行政各項表冊清冊	內列教學進度表學生座次表出席表行事曆試題各項統計表等均**無保存價值**
9	卅五年度以來各學期各級學生人數及休學退學等存表清冊	清冊所列均為各級學生動態統計表似**無保存之必要**
11	卅五年度以來教務暨各項會議紀錄清冊	計教務會議各科教學研究會議畢業生考試升學就業委員會會議紀錄冊均**無保管價值**
17	訓導處移交清冊	內列卅七年度學生調查表學生操行成績登記表學生出席統計表似**無保存價值**

註：部分文字為筆者強調文意而採標楷體。
資料來源：《臺北高校／臺北高中移交師大檔案》，臺灣師範大學檔案室典藏，無檔號。

教育處最終於 1951 年 7 月回文：

> 前省立台北高級中學檔案，應即由師院與附屬中學會同派員利用暑假先予檢查，將有保存價值部分，提由附中接收保管，無保存價值者，經登記造冊後就地焚燬。[65]

65　《臺北高校／臺北高中移交師大檔案》，臺灣師範大學檔案室典藏，檔號 0400000991-02。

　　然而，經過檢查後被認定為有價值之文卷登記冊，以及該批文卷卻去向不明，至今仍未被尋獲。究竟是否真的有被認定為有價值，而倖存的文卷，又或者所有文卷都被判定為無價值，而就地焚燬，因為相關資料不足，無從得知。至今，師大及師大附中所藏，臺北高校與臺北高中相關文獻因此相對稀少、零散，使得校史的研究與重建，困難重重。

　　最終，臺北高校、臺北高中時期的校地、校舍與校產，皆移交師範學院所有，甚至使用方式與過去的校友們所熟悉的方式截然不同，記錄著臺北高校與臺北高中存在痕跡的各式文卷，也被視為「毫無保存價值」而決定銷燬。曾經是全島學子們心目中的「第一志願」、孕育「天之驕子」的搖籃，在殖民時期仍閃耀的「自由學園」，臺北高校與臺北高中似乎不敵兩個截然不同的新舊政權，相撞擊之時產生的劇烈衝擊力，就此殞落於時代的洪流，也自臺灣人的記憶之中銷聲匿跡。

　　然而，在臺北高中決議停辦的七十年後，2019 年 8 月，於師大理學院植物標本室中，發現大批臺北高校時期之植物標本、教具以及學生採集作業（圖 4-6 至圖 4-8）。以厚實的木盒，展示做工細緻的標本，透過覆蓋的玻璃，可以見到盒內泛黃的標籤紙上，以中文書寫著標本名稱，但若剝開最上層的標籤，即可見到下層以日文書寫的標本名稱，以及以「昭和」年標示的時間。該批標本實於臺北高校時期購置，作為教材使用，戰後由臺北高中接收，1949 年 7 月再移交予師範學院者，下層的日文標籤，應為最初臺北高校購置標本時，即存在的原始標籤，上層的中文標籤，則可推測應為臺北高中，或師範學院時期，伴隨政權轉換而來的語言轉換，使得保管人須重新製作中文標籤，覆蓋在原始的日文標籤之上。再對照《臺北高校／臺北高中移交師大檔案》所藏臺北高校移交臺北高中、臺北高中移交師範學院之物品清冊，即可發現這批標本的蹤影。歷經近百年的歲月之後，這批珍貴的標本們，在師大理學院植物標本室的一隅，再次重見天日。

　　它們正如同臺北高校與臺北高中的歷史一般，若揭開表層「省立師範學院」、「國立臺灣師範大學」，甚至「戰後中華民國」的標籤，便可以見到其原有的模樣，是日治時期培育高等菁英的殖民地自由學園——臺北高校，以及承繼高校的精神，戰後卻遭逢學制改變、語言轉換，甚至最終遭到廢校，就此自臺灣人記憶中消失的臺北高中，等待著重見天日、再現光彩的日子。

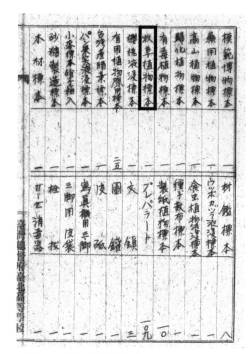
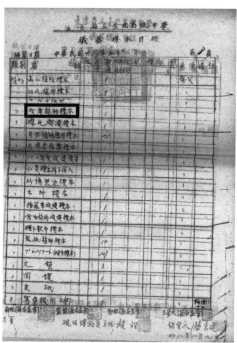

▲圖 4-6 臺北高校移交清冊（左）、臺北高中移交清冊（右）記錄之「牧草植物標本」
　　資料來源：《臺北高校／臺北高中移交師大檔案》，臺灣師範大學檔案室典藏，無檔號。

▲圖 4-7 牧草植物標本，木盒上釘有「臺北高等學校備品」金屬牌
　　資料來源：賴冠妏攝。

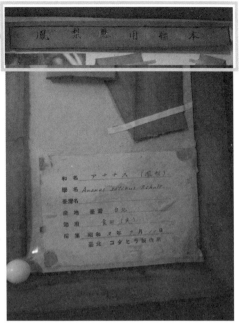

▲圖 4-8 有用植物應用標本，附有使用中文及日文的標籤

　　資料來源：賴冠妏攝。

第三節　新時代的菁英養成

　　然而，儘管臺北高中最終走向悲劇的結局，面對劇變的時代，臺北高中的學生們，仍正面迎向時代的挑戰，成為與臺北高校不同的新時代菁英。

　　戰前，臺北高校的日籍與臺籍學生，對於大學的科系選擇有不同的取向。日籍學生的志願以理農學部、文政學部為主，畢業後多進入政府機關，顯示臺灣高等教育機關培育之日本人，多成為殖民地管理所需的人才，或者進入各級學校擔任教員；然而，儘管同樣出身於臺北高校、畢業於帝國大學，臺籍學生卻難以進入政府機關與學校，因此其志願以醫學部、文政學部為多，畢業後擔任醫師、律師，或進入一般會社工作。[66]

　　然而，二次大戰結束前後，臺北高校的臺籍畢業生，一反過去集中選擇醫科、文科，而忽略理、農、工科的作法，1945 年 10 月以後畢業（包含第 20 屆畢業生與「終戰時在校生」），選擇理農工科的畢業生，合計達 49.5%，幾乎佔畢業生人數的一半。根據徐聖凱的研究，當時的畢業生選擇以往的「冷門科系」的原因：

> 畢業生表示，黃際鍊（臺大農經系教授）等人讀農不讀醫，乃考量戰後臺灣建設需要農業人才，而攻讀該部門。[67] 蘇仲卿（臺大農化系教授）思考著，「在 1945 年以前，我以學醫為目標，1945 年日本戰敗，臺灣脫離殖民統治之後，給我是否繼續學醫的反省。在殖民地環境之下，當一位醫生是許多知識分子的願望，但是脫離殖民地統治之後呢？」，[68]

66　徐聖凱，《日治時期臺北高等學校與菁英養成》（臺北：國立臺灣師範大學出版中心，2012年），頁 245-253。

67　所澤潤（聽取り・編集・解說・註）・呂燿樞（口述），〈聽取り調查：外地の進學體驗（Ⅴ）石光公學校から、台北高校尋常科、同高等科、台北高級中學を經て、台灣大學醫學院卒業〉，《群馬大學教育學部紀要　人文・社會科學編》（47，1998 年 3 月），頁 183-266。

68　蘇仲卿，〈我與台大農化系〉，收錄於陳奇祿等編，《從帝大到台大》（臺北：國立臺灣大學，2003 年），頁 263。

實為當時不少臺籍菁英考慮的問題。……政權轉換之際，為了臺灣、祖
國或者人們，而決定自身之志願，無疑為菁英意識的展現。[69]

並將高校生選擇大學類組的原因，歸為三類，第一類為自由意志與社會意志，
指根據該科系畢業後的收入、地位考量，對於日本殖民之下的臺灣人而言，醫
科、法科為最適宜的發展；第二類為時局所迫，戰爭時期為了獲得緩徵的機
會，許多人改讀醫科；第三類為時勢所趨或因應國家發展，例如日治時期臺灣
擁有首屈一指的製糖工業，便有學生選擇學習製糖，希望日後能至國外發展。

　　筆者彙整「臺北高級中學校友會」所編纂的《臺灣省立臺北高級中學校友
通訊錄》，以及「蕉葉會」所編纂的《蕉葉會名簿》中，記載之臺北高中畢業
生之大學學歷，以觀察臺北高中四屆學生的升學情形。第二章第二節所統計之
學生人數，乃以〈學生名冊〉、《蕉葉會名簿》等名冊綜合而成，然而，因〈學
生名冊〉未記錄學生升學以及就職情形，在此僅以《臺灣省立臺北高級中學校
友通訊錄》、《蕉葉會名簿》中記載的 337 名學生為分析對象，列出如表 4-4。

　　戰後的臺北高中畢業生，升學臺大者約佔 66.2%，超過半數學生集中於
臺大，除了第一屆畢業生仍享有臺北高校直升帝國大學的權益，全員皆免試進
入臺大，第二至四屆學生，則以自身的實力透過考試進入臺大。其中，最熱門
的科系為臺大工學院，佔 18.4%，其次為臺大農學院，佔 15.7%，進入其他
大學，如師範學院、臺灣省立農學院（今中興大學）、臺灣省立工學院（今成
功大學）者，亦以理科、農科、工科為首選。而戰前為眾多臺籍畢業生志願的
臺大醫學院、法學院，則分居第三、第四位，各佔 13.9%、8.9%，雖然戰後
學生的志願受到時局及國家需求影響，日治時期相當熱門的醫科、法科仍受到
臺北高中生的青睞。

69　徐聖凱，《日治時期臺北高等學校與菁英養成》，頁 253-254。

▼表4-4 臺北高中畢業生升學情形

	第一屆	第二屆	第三屆	第四屆	總計	比例
臺灣大學文學院	1	1	5	0	7	2.1%
臺灣大學法學院	10	3	13	4	30	8.9%
臺灣大學工學院	16	26	17	3	62	18.4%
臺灣大學農學院	8	14	22	9	53	15.7%
臺灣大學理學院	7	6	11	0	24	7.1%
臺灣大學醫學院	21	8	16	2	47	13.9%
師範學院教育系	0	5	2	0	7	2.1%
師範學院文學院	0	2	1	0	3	0.9%
師範學院理學院	0	4	4	0	8	2.4%
省立農學院農學院	0	5	9	2	16	4.7%
省立農學院法學院	0	0	1	1	2	0.6%
省立工學院工學院	0	3	13	1	17	5.0%
不詳	1	3	20	8	32	9.5%
其他	0	5	20	4	29	8.6%

資料來源：1. 臺灣省立臺北高級中學校友會，《臺灣省立臺北高級中學校友通訊錄》（臺北：臺灣省立臺北高級中學校友會，1988年）。

　　　　 2. 蕉葉會，《蕉葉會名簿（2005～2009年版）》（東京：蕉葉會，2004年）。

　　而臺北高中的畢業生，選擇升學科系的原因，和臺北高校生的理由相似。根據校友們的訪談，其一為延續自日治時期的社會意志，日治時期臺人得以享有較高地位及收入的醫師、律師，在戰後初期仍受到相當程度的歡迎，許多校友皆曾以醫科作為第一志願。此外，日治時期大部分僅由日人所擔任的教職、行政職等，也享有較高的社會地位，戰後臺人終於獲得機會擔任教職，因此教育相關科系也頗受矚目。第二屆校友陳宗仁回憶其選擇升學科系的原委，乃受

到父親陳陸的影響，陳陸自 1914 年起，任教新港公學校十六載，以勤管嚴教
著稱，對於兒女的管教更是嚴厲：[70]

> 之所以去念（師範學院）教育系是因為日本時代，日本的校長、老師都
> 是日本人，沒有臺灣人，那時候校長、老師的社會地位很高，大家都很
> 尊重，也很羨慕，所以我就有這種觀念，而且我爸爸是教育家，日本時
> 代他是老師，所以我對教育很重視，爸爸跟我們說，臺灣人沒有出路，
> 不要理政治，最好就是做醫生或做老師教別人，這兩樣都是做好事，醫
> 生是救人，不要念法律或做官，會得罪別人，臺灣人沒有出路。所以我
> 去考師大，去念教育行政，想說日本時代的官員都沒有了，行政很重
> 要，所以去考教育系。[71]

　　不過，值得注意的是，臺北高中學生升學師範學院的情形。1946 年 6 月
起，師範學院與臺北高中共用校地，形成「一校地兩學校」，1949 年 7 月，
臺北高中與師範學院合併，兩校緊密相連的關係，是否使臺北高中學生在選擇
升學師範學院時，得以獲取相當的優惠呢？

　　根據第三屆校友謝文周的回憶：「當時有一個紀念週的活動，中午我們在
禮堂集合，李季谷（按：臺北高中第二任校長兼師範學院院長）說你們臺北高
中的，可以直接填名字就能進師大（按：師範學院）」。[72] 第二屆校友溫興春，
為升學師範學院的其中一名學生，回憶其以「保送升學」方式入學的過程：

> 高中畢業時我們全班有 11 個人，全部保送升學，而且自己挑選學校，
> 老師說你要讀哪裡隨你選，還告訴我們，如果將來想當督學、校長就讀
> 師範學院，大家一聽說讀師範學院有校長或督學可當，11 個人當中就

70　顏新珠，《打開新港人的相簿》（臺北：遠流出版社，1995 年），頁 88-92。
71　蔡錦堂訪問，賴冠妏記錄，陳宗仁口述，2018 年 9 月 16 日。
72　蔡錦堂訪問，賴冠妏記錄，謝文周口述，2019 年 4 月 8 日。

有 5 個人去師範學院。我選讀教育系，開啟了以後數十年的教育志業，當初進入師範學院的 5 名同學，畢業後果然都當了校長，傳為美談。[73]

依據表 4-4，包含溫興春在內的第二屆學生中，選擇升學師範學院者，共有 11 名，而選擇師範學院教育系者，則有 5 名（分別為吳清松、曾煥榮、溫興春、陳宗仁、劉漢源），對照溫興春的回憶，11 名保送入學的學生，或許指的是 11 名升學師範學院者，並非能夠自由挑選師範學院以外的學校，而其中確實有 5 名學生，進入師範學院教育系。根據上述校友的回憶，乍看之下，臺北高中學生似乎確實享有「保送升學」師範學院的權益。

然而，前述就讀師範學院教育系的第二屆校友陳宗仁，卻回憶其乃透過入學考試進入師範學院，陳宗仁當年收到的師範學院錄取通知書（圖 4-9）中，亦說明「本院三十六年度新生入學考試，已於本月十八日放榜，查陳宗仁君錄取為本院教育系新生」，指出曾有「新生入學考試」的存在。究竟臺北高中是否需經入學考試，或者得以保送升學師範學院，待相關史料出現，再行研究。

但是，當時的師範學院，對於大部分臺北高中學生而言，並非是心目中的第一志願，根據表 4-4，升學師範學院者僅佔 5.3%，畢業後原本欲報考師範學院的第四屆校友溫理仁，甚至被同學黃季超勸退：

> 因為我爸是小學的數學老師，可以說是數學專家，所以我父親是老師，就想說我當老師就好，所以要考師範學院，但是我的同學黃季超就說，你要考的話考臺大，我才改考臺大數學系……這個就是黃伯超（按：臺北高校第十九屆理乙）的弟弟勸我的，所以我很感謝。[74]

多數的臺北高中畢業生，實際上，仍然以進入臺大為第一志願。

73　張春菊等訪問紀錄；曾彩金總編輯，《溫興春校長口述歷史訪談紀錄》，頁 32。
74　蔡錦堂訪問，賴冠妏記錄，溫理仁口述，2019 年 3 月 7 日。

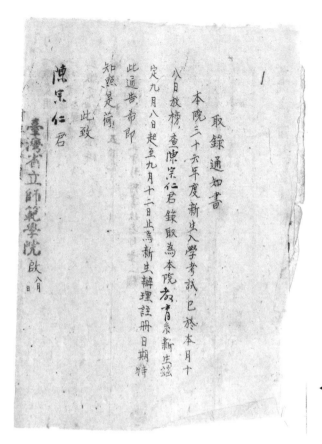

◀圖 4-9 臺灣省立師範學院錄取
通知書

資料來源：陳宗仁先生提供。

　　其二則為時勢所迫，許多立志進入醫科的臺北高中生，在見到戰後自日本等地回到臺灣的大量醫科生後，打消了就讀醫科的念頭。當時根據〈臺灣省留日返省學生處理辦法〉，[75] 返臺的大學、專科生，得請求轉入臺灣大學各學院及附設專科學院，故返臺之大量醫科學生，多編入臺大醫學院，使得新生名額供不應求。第三屆校友賴文傑在面臨升學之時，便遭逢了僧多粥少的情形：

75　臺灣省行政長官公署教育處編，《臺灣省教育概況》（臺北：臺灣省行政長官公署教育處，1946 年），頁 127-128。

……是想要當醫生，但當時一些從日本回來的醫科生，可以免試直接進去臺大醫學院，我們沒有位置，要再等一年，如果我們要考就要再等他們升上二年級。後來我看到日本那麼多醫生回來，我就不想當醫生了。[76]

　　其三為因應國家與社會的需求，考量戰後臺灣各項產業百廢待舉的情形，許多學生投入工科、農科，希望能為臺灣的產業與技術發展出一份力，也希望能夠參與臺灣的各項建設。第三屆校友蘇遠志面臨科系選擇時，前去拜訪同為北港子弟的父親友人，時任臺灣省參議會副議長的李萬居，李萬居建議道「要選念什麼科系應該考慮臺灣社會現在的需求……換言之，應該思考念什麼科系才能改進臺灣的農業及國家的經濟」，[77] 因此蘇遠志選擇得以學習如何將臺灣傳統農業產品，轉為高附加價值產品的臺大農業化學系，希望將來對臺灣的農業生產與經濟發展盡一份心力。之後，蘇遠志更前往日本東京大學攻讀碩、博士學位，其以當時臺灣的民生必需品——味精（時稱味之素或味素粉）為研究對象，研發出新的釀酒方式，使得製造成本大幅降低，產能卻能大幅提升。蘇遠志將新的製造方式教給當時的味全公司，使味全公司自 1960 年起，即得以將其製造的味精外銷至國外，使臺灣的味精外銷量成為世界第一，獲得「味精王國」的美稱。對於蘇遠志而言，「當時臺灣的農業與經濟都還在起步階段，可以應用自己研發的技術來幫助臺灣發展經濟，已感到非常滿足了，並沒有向味全公司要求技轉權利金」。[78] 日後回到臺灣大學任教，並持續以其知識與技術，協助提升臺灣的農業產品加工產業，貢獻良多。

　　畢業後，臺北高中校友從事的工作（表 4-5）主要為實業（33.7%）、政府機關或國營企業（17.6%），以及教育（16.5%）。政府機關包含財政部、交通部、農林廳、林務局、糧食局菸酒公賣局、中央氣象局、自來水廠、農會

76　蔡錦堂訪問，賴冠妏記錄，賴文傑口述，2019 年 4 月 11 日。

77　林正慧，《臺灣生技產業的開路先鋒：蘇遠志》（臺北：國史館，2015 年），頁 21-22。

78　林正慧，《臺灣生技產業的開路先鋒：蘇遠志》，頁 48。

等，國營企業包含中國石油公司、臺灣電力公司、臺灣糖業公司等。其中，第三屆校友張豐緒曾擔任內政部長（1976-1978）、臺北市長（1972-1976）、屏東縣長（1964-1973）、總統府國策顧問等職，林保仁曾擔任新竹縣長（1973-1981），邱仕豐曾擔任臺灣省議會議員（1969-1973）以及立法委員（1969-1981）。教育部分，則以大學教授、國中校長為多。

　　儘管生於新舊時代夾縫之間的臺北高中生們，面臨學制、語言、政治環境等種種的劇烈變動，失去了夢想與憧憬，未來的升學與就職之路，更是艱辛且崎嶇，不過臺北高中的學生們並未向悲劇的命運低頭，仍在社會上各式各樣的領域中，發光發熱，並於臺北高校的前輩已逐漸凋零的此時，肩負起傳承其精神的責任。

▼表 4-5 臺北高中畢業生就業情形

	第二屆	第三屆	第四屆	總計	比例
教育	17	25	3	45	16.5%
實業	29	54	9	92	33.7%
政府／國營	15	29	4	48	17.6%
醫療	7	17	2	26	9.5%
金融	0	5	3	8	2.9%
軍人	1	1	0	2	0.7%
其他	2	0	0	2	0.7%
不明	14	23	13	50	18.3%

資料來源：1. 臺灣省立臺北高級中學校友會，《臺灣省立臺北高級中學校友通訊錄》。
　　　　　2. 蕉葉會，《蕉葉會名簿（2005～2009 年版）》。

第五章

結論

　　臺北高中僅於歷史上存在的短短四年時間，正面臨了新舊政權的交接之際，最為動盪不安的時代，臺北高中的學生們，仍懷抱著對於日治時期舊制臺北高校的憧憬，但僅僅一年之差，隨著新政權而來的新學制、新國語卻剝奪了「天之驕子」的光環，臺北高中學生不僅失去直升大學的權利，其升學與就職之路，更在新國語的阻礙之下，遍布荊棘。第二次世界大戰結束之後，臺灣卻又面臨另一場戰爭——國共內戰，政府對於社會與校園的管控，日益增強，因此剝奪了臺北高中承繼自臺北高校的自由自治校風，強制抹滅高中生們的「高校生」認同與憧憬，更使臺北高中就此走入歷史。

　　臺北高中在同時期的中等學校之中，更具有獨一無二的特色。其原因在於臺北高中的前身，原為全臺唯一的舊制臺北高校，縱使戰後面臨時代、政權的轉換，臺北高校培育菁英、孕育「天之驕子」的形象，仍根深蒂固地存在於當時的臺灣人心目中，並將之投射於已經改制的臺北高中，然而臺北高中在戰後已與一般地方高中無異的事實，卻使得臺北高中成為全臺中等學校之中，改變最大，衝擊最為劇烈者。此外，臺北高中更因時代的需求，而在戰後初期僅存在短短四年，便遭到廢校，相較於其餘中等學校在現代仍欣欣向榮，臺北高中作為曾經的全臺第一志願，卻已然湮沒於歷史洪流之中，也從臺灣人的記憶中消失。臺北高中「時不我與」的失落與惆悵，以及悲劇性的結局，足以作為戰後初期中等學校，受到時代轉變影響最顯著的代表。

　　本書欲以：「第一，臺北高中是什麼樣的學校？其具有什麼樣的時代與歷史意義？第二，臺北高中與其繼承的臺北高校，以及承接之的師範學院，有什麼關係與異同？第三，臺北高中何以消失於歷史上，又為何至今仍鮮為人知？」三個問題為中心，探討臺北高中的歷史以及其與時代的互動情形。

一、臺北高中是什麼樣的學校？其具有什麼樣的時代與歷史意義？

　　「臺灣省立臺北高級中學」是存在於 1945 至 1949 年之間，承襲日治時期，在日本學制中獨具特色的舊制「臺灣總督府臺北高等學校」，又在 1946 年 6 月起，與戰後培育中等教育師資的「省立師範學院」共用校地，並於 1949 年 7 月與之合併的學校。生存於新舊政權的夾縫之間，臺北高中同時具有新舊時代的特色。

　　第二次世界大戰結束後，人們還未能於斷垣殘壁中重新站起，首須面對兩個截然不同的政權交替，前來接收的國民政府與過去的日本殖民政府，無論在制度或語言上皆南轅北轍，在新政權之下，臺北高中乃由日治時期的臺北高校改名而成。

　　臺北高校過去為全臺唯一一所舊制高校，乃唯一擁有直升大學權利者，在日本學制中更屬於高等教育，直接隸屬於臺灣總督府，無論在地位、等級、經費上，皆與地方的中等學校相差甚遠。戰後，國民政府帶來新的學制，日治時期歸屬地方政府管轄的一般地方中學，均改為省立中學，與臺北高中相同，統一由臺灣行政長官公署教育處管轄，此外，地方中學在此時亦被允許招收高中生，使得臺北高中雖仍保有戰後唯一「高級中學」之名，但已喪失唯一招收高中生學校之實，淪為全臺數十所省立中學的其中一所。尤有甚者，在升學大學時，臺北高中更喪失了直升大學的權利，必須與其他高中生一同參與入學考試，在競爭激烈的考試中，奪取一席之地。

　　然而，在新舊時代交替，新制度仍浮動未定之時，一個年級的差異便能夠翻轉一個人的生命。終戰時仍在校的「臺北高校」高等科一、二年級，以及尋常科三、四年級生，其與戰後於 1946 年上半年入學的「臺北高中」新生，入學年分縱使僅有一、二年的差異，卻有著截然不同的命運。臺籍的「臺北高校舊生」以一年之差，透過抗爭與陳情，得以如過往一般，免試進入臺大，仍然享有舊制高校的優勢。「臺北高中新生」雖然懷抱著對「舊制臺北高校」的憧憬與期待，進入臺北高中後，雖仍能享受舊制高校的「遺風」，與高校生共享舊制高校的自由文化，然而，卻失去了直升大學的權利，此一權利不僅是高校自由文化的根基，更是使高校生成為「天之驕子」的關鍵，失去直升大學的權利，等同於失去臺北高校的本質。

　　此時，臺北高中的多元入學管道，也反映了新舊時代之間的夾縫特色。首先，針對臺籍學生的入學考試，考慮到日治時期學制與國民政府學制的不同，在招生辦法上標明新舊學制換算方式，供考生進行選擇。除了考試之外，政府亦提供登記分發方式，針對戰後返回臺灣的臺籍日本留學生，以及跟隨國民政府來臺的中國學生，分別提供專屬的登記分發入學管道。戰爭結束後，來自日本、中國的學生，以及臺灣本島各地的學生，慕名而來，使得臺北高中在易名

後的第一個新學年——三十五學年度第一學期開學時，校內便有 400 餘名學生。

　　除了制度的變更之外，語言的轉換也深刻影響臺北高中學生的前程。經歷日本政府長達 50 年的殖民，多數臺灣民眾慣用的「國語」已為日語，隨著政權轉換而來的新「國語」——中文，翻轉了臺灣人民的日常生活，更改變了學生們的命運，政權轉換之初，學生們便須接受使用中文講課的課程，甚至須以陌生的中文進行入學考試，造成許多學生跟不上學習進度、考不上理想學校的窘況。對於臺北高中的學生而言，過去他們所精通的日語能力，原本能夠提供就職的保障，與確保社會地位，然而新「國語」的出現，卻使他們從菁英，瞬間淪為文盲，在未來的大學入學考試，以及就職之時，成為難以跨越的藩籬。

　　作為全島第一志願，該校的學生甚至被譽為「天之驕子」，舊制高校所專屬的直升帝國大學權利，注定畢業生們光明璀璨的前程，臺北高校於日治時期所擁有的地位、在人們心中的形象，是如此耀眼且無可取代。然而，理應延續高校榮光的臺北高中學生，卻面臨了學制與語言轉換的考驗，若說臺北高校的學生是「被時代選上的人」，臺北高中的學生便淪為「被時代拋棄的人」。

二、臺北高中與其繼承的臺北高校，以及承接之的師範學院，有什麼關係與異同？

（一）繼承臺北高校的臺北高中

　　然而，在動盪不安的戰後初期，臺北高中仍得以承繼部分臺北高校之「遺風」。

　　課程部分，臺北高中的課程安排，在基礎上遵循教育處頒布的規則，但鑒於「本校因情形特殊，課程不相銜接之處甚多」，而提供更為細緻的科目，以及臺北高校時期獨具特色的德語課程，供學生們選修。儘管綜觀整體課程架構，乃以數理科目，以及國民政府所強調的國語及本國史地知識為重，但若將英語課程與德語課程的時數相加，亦不亞於上述科目，雖然與首重外國語，以及人文類學科的臺北高校，不盡相同，但仍可以觀察到，存在於兩個時代夾縫之間的臺北高中，實同時具有舊時代與新時代的特色。不過，因資料不足，目

前僅能自整體架構觀察臺北高中的課程，而難以了解實際課程內容，須待相關史料或回憶錄出現，方能更進一步進行研究。

師資部分，接收臺北高中的張金潤，為戰後初期眾中等學校校長人選間，唯一具有博士學歷者；教員包含留用的臺北高校日籍教師在內，具有大學、專科學校、師範學校學歷，以及之後續任大學教授者，佔教員人數的一半以上，在教員普遍缺乏的戰後初期，臺北高中能享有優於全島其他中學的師資，或許可推測為，其仍保有戰前臺北高校特殊地位的表徵之一。

而日治時期臺北高校最為時人所認知，亦最為校友津津樂道的，即是傳承自日本舊制高校的各式特色文化與活動，包含弊衣破帽的裝扮、自由自治的學風、在殖民地社會中相對自由的思想與表達權益，使得臺北高校作為「殖民地的自由學園」，在壓抑的殖民地社會中，熠熠生輝。戰後初期，臺北高中的學生仍能享有相當程度的自由與自治，學生更多延續臺北高校時期的特色文化與活動，包含穿著臺北高校時期的制服、維持臺北高校時期的「記念祭」與「寮祭」內容、在學寮內進行 Storm 並自行辦理各式活動等，以表達其對於臺北高校的認同感。

其中，從臺北高中學生為了爭取自身升學權利，而號召的罷課事件中，說明罷課目的的《臺北高級中學緊急父兄會開催謹告》，尤其可以看出臺北高中學生們對於臺北高校的認同。對於臺北高中學生而言，「通過被公認為『天下的難關』的，進入臺北高中的窄門，戴上了畫有兩條白線的璀璨榮冠」，他們得以享有高於全島標準的師資、設備以及學風，乃是因為他們不僅在形式上承繼了過去「全島欣羨的高等學校」，校內的學生依然相當優秀，至今仍足以被稱為，成功進入「天下的難關」之「被選上的人」。儘管時代變遷，但仍不應該被剝奪進級以及直升大學的權利，為了對抗矛盾且不公的待遇，而發起「臺高開校以來的第三次罷課」。

1947 年，二二八事件爆發，政府提高對於校園的控管，並增強訓育工作，在思想與行為上，力行去日本化，加強對「祖國」中國的向心力。對於臺北高中學生而言，等於強行抹滅對於日治時期臺北高校的認同，不僅帶有日本舊制高校特色的各式文化與活動，遭到壓抑或抹滅，學生能夠實行自由自治的範圍，也同時遭到限縮。

　　儘管學生的「高校生」認同更甚於「高中生」，時代的轉變卻是現實且殘酷的。高校生所享有的自由與自治，來自於日治時期舊制高校的傳統，建基於未來直升帝國大學的保證，也因沒有升學壓力的後顧之憂，高校生能夠獲得最大限度的自由，但是臺北高中卻在戰後淪為臺灣眾多高中之一，失去直升臺灣大學的資格，雖仍享有延續自高校的自由與自治，但卻失去了維持自由自治的關鍵基礎。

（二）由師範學院承接的臺北高中

　　戰後初期，負擔大部分教職的日籍教員，多數遭到遣返，導致教職員的嚴重缺乏，中等教育的師資尤其短缺，因此政府於 1946 年 6 月，在臺北高中校地內設置「省立師範學院」，為專門培育中等教育師資的學校，地位同等大學的高等教育。師範學院乃以臺北高中過去為具有「大學預科」性質的臺北高校，因此校內設備雖不比一般大學，但仍較一般中學精良為理由進駐，形成「一校地兩學校」的奇異情景，在同一個校地上，存在兩所性質完全不同，分屬中等教育、高等教育的學校，導致兩校學生必須共用有限資源，甚至連師資都必須相互流通的困窘情形，最後更導致師範學院於 1949 年合併臺北高中的悲劇命運。

　　伴隨國共內戰情勢的加劇，政府針對校園的監督更為強勢，1949 年 4 月，重大的校園白色恐怖──四六事件，在與臺北高中共用校地的師範學院引爆，事件後，隨著前來處理事件，並接任臺北高中校長與師範學院院長的劉真而來的，是更加嚴密的管制，不但扼殺了臺北高中與師範學院學生的自由，更使臺北高中最終遭到廢校，校地與校產全歸師範學院所有，就此走入歷史。

三、臺北高中何以消失於歷史上，又為何至今仍鮮為人知？

　　臺北高中與師範學院合併後，師範學院的院史以該院的發展為中心，創始年定於 1946 年 6 月，乃是該院於臺北高中內成立的時刻，直至師範學院改制為今日的師大，校史皆不包含臺北高校與臺北高中。其中，臺北高中更被視為師範學院的「過渡階段」，在制度紊亂的戰後初期，師範學院僅能勉強使用校地狹小、設備不足的臺北高中辦學，因此臺北高中「完成階段性任務」後即應

停辦，校舍與設備全部交予師範學院，方使師範學院「發展漸趨正常」。2018年，師大決議將校史延長至臺北高校創立的 1922 年，在此之前，臺北高校與臺北高中的歷史，未存在於現今的任何學校紀錄中，因而鮮為人知。

而證明臺北高校與臺北高中存在的相關行政文件，在臺北高中與師範學院合併後，由師範學院委請該校附屬中學接收，但附屬中學以校內空間有限，以及該批文件「毫無保存價值」為由，呈請教育處將之銷燬。雖然教育處最終回文，指示「將有保存價值部分，提由附中接收保管，無保存價值者，經登記造冊後就地焚燬」，然而當時記錄於臺北高中移交師範學院清冊中的各式文件，至今仍有大部分未能尋獲，臺北高中以及其所繼承的臺北高校文化與精神，就此消散在新舊政權交接的夾縫之中，同時也自臺灣人的記憶之中，逐漸消逝，更使校史重建的工作，困難重重。

本書嘗試將倖存的臺北高中文件，進行最大限度的活用，以彌補臺北高中在歷史上的空白，然而，本書中有多處因未有相關史料，而僅能加以推測之處。例如，因缺乏留日返省第一期名單、內地來臺學生名單，僅能篩選出未被記載於考試入學名單〈學生名冊〉，以及第二期〈分發名冊〉中，但卻被登錄於校友會名簿中的學生，依照其就讀之中學，是否位於日本或中國，推測其可能為留日返省或內地來臺者，而無法掌握確切的名單；入學後的年級分發、班級編排，也因缺乏校方相關史料，僅能從校友回憶，或者臺北高中呈報政府的數據，大致進行推敲。戰後初期，新舊時代與政權相交會，如何處理、分發來自不同地區、擁有不同學歷的眾多學生，是相當複雜但也同等重要的問題。本書雖嘗試匯集所有可得的相關史料，進行整理與分析，但仍有苦於史料缺乏，不得而知之處，待日後相關史料出現，再行研究。

另外，史料的蒐集亦有力而未逮之處，根據本書初步統計，臺北高中的校友約有 500 餘人，筆者雖曾針對校友進行訪談，但目前僅有 8 名校友受訪，臺北高中校友們的年齡，目前多為 90 歲左右，雖已屆高齡，但體力與記憶力良好者仍不在少數，校友訪談是日後若有機會，應持續進行的重要工作。本書蒐集到的臺北高中時代照片、文物，數量仍非常稀少，若校方資料已難以尋獲，透過校友訪談以進行相關資料的蒐集，更是重要，同樣為日後可以持續努力的項目。

參考文獻

一、史料

（一）官方資料

不詳，《臺灣省行政長官公署教育處職員錄》，不詳：臺灣省行政長官公署教育處，1946 年。

加藤春城，《臺灣教育沿革誌》，臺北：社團法人臺灣教育會，1939 年。

臺灣省日僑管理委員會秘書室編輯，《臺灣省日僑管理法令輯要》，臺北：臺灣省日僑管理委員會，1946 年。

臺灣省日僑管理委員會秘書室編輯，《臺灣省日僑遣送紀實》，臺北：臺灣省日僑管理委員會，1947 年。

臺灣省行政長官公署，〈政務會議紀要〉，《臺灣省行政長官公署公報》，36 年夏字 11 期，頁 174。

臺灣省行政長官公署教育處，〈內地來臺公教人員子女申請轉入本省中學肄業登記辦法〉，《臺灣省行政長官公署公報》，35：秋：41，1946 年 8 月 16 日。

臺灣省行政長官公署教育處編，《臺灣一年來之教育》，臺北：臺灣省行政長官公署宣傳委員會，1946 年。

臺灣省行政長官公署教育處編，《臺灣省教育概況》，臺北：臺灣省行政長官公署教育處，1946 年。

臺灣省政府，〈電各級學校及社教機關為抄發「臺灣省戒嚴期間新聞雜誌圖書管理辦法」及「臺灣省戒嚴期間防止非法集會結社遊行請願罷課罷工罷市罷業實施辦法」，希遵照〉，《臺灣省政府公報》，38：夏：67，1949 年 6 月 23 日，頁 834-836。

臺灣省政府，〈電為訂定「臺灣省各級學校訓導注意事項」，希遵照〉，《臺灣省政府公報》，38：秋：12，1949 年 7 月 14 日，頁 174。

臺灣省政府教育廳編，《臺灣省政府向省議會施政報告　教育部門報告彙編》，臺中：臺灣省政府教育廳，1976 年。

臺灣省政府教育廳編，《臺灣省教育法令彙編》，臺中：臺灣省政府教育廳，1971 年。

臺灣總督府，《臺灣事情　昭和十九年版》，臺北：臺灣時報發行所，1944 年。

臺灣總督府，《臺灣總督府　臺灣事情　昭和十一年版》，臺北：臺灣總督府，1936 年。

薛月順編，《臺灣省政府檔案史料彙編：臺灣省行政長官公署時期》，臺北：國史館，1996 年。

（二）校史檔案

〈新生訓練的意義和目的〉，《臺灣省立師範學院院刊》，復刊號第 4 期（1949），版 2-4。

〈劉院長簡歷介紹〉，《臺灣省立師範學院院刊》，復刊號第 1 期（1949），頁 1。

三八級學友會編，《臺灣省立師範學院三八級畢業紀念冊》，臺北：臺灣省立師範學院，1949 年。

民卅九級級會，《臺灣省立師範學院　民三九級　畢業紀念冊》，臺北：民卅九級級會，1940 年 4 月。

民四〇級級會，《臺灣省立師範學院　四〇級　畢業紀念冊》，臺北：民四〇級級會，1941 年。

國立臺灣師範大學圖書館校史組藏，《省立台北高級中學畢業生成績》，出版地不詳：出版者不詳，出版年不詳。

國立臺灣師範大學圖書館校史組藏，《臺北高級中學第一屆記念節秩序單》，臺北：臺北高級中學，1946 年。

國立臺灣師範大學圖書館校史組藏，《臺北高級中學概況》，出版地不詳：出版者不詳，1946 年。

國立臺灣師範大學檔案室典藏，《臺北高校／臺北高中移交師大檔案》，出版地不詳：出版者不詳，出版年不詳。

楊益龍，《臺北高級中學緊急父兄會開催謹告》，臺北：台北高級中學學生自治會，1946 年。

（三）校友會名簿

終尋會，《臺北高等學校終尋會會報》，未刊，1997 年。

臺灣省立臺北高級中學校友會，《臺灣省立臺北高級中學校友通訊錄》，臺北：臺灣省立臺北高級中學校友會，1988 年。

蕉葉會，《蕉葉會名簿（2005～2009 年版）》，東京：蕉葉會，2004 年。

（四）回憶錄

司琦編，《劉真先生文集》第三冊，臺北：臺灣商務印書館，1990 年。

石本岩根，《石本岩根先生遺文集》，東京：聖文舍，1980 年。

伊藤圭典，《當用日記》，未刊，1946 年。

林建中，《林建中八秩回憶錄──台灣民主運動與宗教信仰告白》，臺北：新文京開發，
　　2008 年。

林曙光，〈一逢永訣呂赫若〉，《文學臺灣》，第 6 期，1993 年，頁 17-21。

楊基銓，《楊基銓回憶錄》，臺北：前衛出版社，1996 年。

溫理仁，《我輩は犬である》，作者自印，2015 年。

蔡篤堅編，《一個醫師的時代見證：施純仁回憶錄》，臺北：記憶工程，2009 年。

蕉葉會，《台北高等學校（一九二二──一九四六）》，東京：蕉葉會，1970 年。

（五）報紙

1. 《公論報》

〈臺灣國語推行的回顧與展望〉，《公論報》，1949 年 2 月 14 日，版 3。

〈師院組整頓學風委會〉，《公論報》，1949 年 4 月 8 日，版 3。

2. 《民報》

〈本省人熱心習國語，半日間報名四千人〉，《民報》，1945 年 11 月 21 日，版 1。

〈反對編入高級中學，高校生開大會〉，《民報》，1945 年 12 月 6 日，版 4。

〈登龍門開了，臺大先修班開始考試，教育部羅特派員等監試，投考人員總數一七七四〉，
　　《民報》，1945 年 12 月 24 日，版 2。

〈學校降格鬧起風潮，台南工業生罷課〉，《民報》，1946 年 1 月 28 日，版 2。

〈要求學校昇格，嘉農父兄上北陳情〉，《民報》，1946 年 2 月 18 日，版 2。

〈省立台北高中二年生要求解決特殊情形〉，《民報》，1946 年 4 月 28 日，版 2。

〈省師範學院，將設一年制專修科〉，《民報》，1946 年 6 月 1 日，版 2。

〈調整公私立中學　教育處訂定新年級制〉，《民報》，1946 年 7 月 6 日，版 2。

〈省立高中開家長懇談會〉，《民報》，1946 年 8 月 30 日，版 2。

〈高級工商昨罷課，提出勸告校長辭職書〉，《民報》，1946 年 11 月 5 日，版 3。

〈台南一中罷課〉，《民報》，1947 年 1 月 19 日，版 4。

3. 《臺灣日日新報》

〈臺北高校の二三教授　生徒をケシかける　それが生徒をして學業を外に　不良の風を習
　　はしめた〉，《臺灣日日新報》，1927 年 12 月 7 日，版 7。

4. 《臺灣新生報》

〈國立臺北大學附屬大學先修班（舊大學豫科）招生廣告〉,《臺灣新生報》, 1945 年 11 月 28 日,版 1。

〈高中罷校　學期短縮問題で〉,《臺灣新生報》, 1945 年 11 月 28 日,版 4。

〈『高校生を見捨てるな』　編入問題に父兄ら陳情〉,《臺灣新生報》, 1945 年 12 月 7 日,版 4。

〈臺中師範騒ぐ〉,《臺灣新生報》, 1946 年 1 月 10 日,版 4。

〈中師の罷考問題圓滿解決〉,《臺灣新生報》, 1946 年 1 月 12 日,版 4。

〈臺高同窓會員に告ぐ〉,《臺灣新生報》, 1946 年 2 月 7 日,版 1。

〈臺灣省立臺北高級中學（即前臺北高等學校）招生公告〉,《臺灣新生報》, 1946 年 2 月 7 日,版 1；2 月 8 日,版 2；2 月 9 日,版 2；2 月 10 日,版 2；2 月 12 日,版 1；2 月 13 日,版 1；2 月 15 日,版 1；2 月 16 日,版 1。

〈解決師荒問題〉,《臺灣新生報》, 1946 年 2 月 15 日,版 2。

〈高等科●年,尋常科三、四年生徒ニ告グ〉,《臺灣新生報》, 1946 年 2 月 21 日,版 3。

〈重視教育文化工作〉,《臺灣新生報》, 1946 年 3 月 22 日,社論。

〈雪學生界之恥〉,《臺灣新生報》, 1946 年 3 月 24 日,社論。

〈從速覺悟回校上課不究既往保障安全,白部長對本市學校員生訓話〉,《臺灣新生報》, 1946 年 3 月 28 日,版 4。

吳守禮,〈臺灣人語言意識側面觀〉,《臺灣新生報》, 1946 年 5 月 21 日,國語專刊第 1 期。

〈臺灣省立師範學院招生公告〉,《臺灣新生報》, 1946 年 5 月 31 日,版 6。

〈省立臺灣師範學院公告〉,《臺灣新生報》, 1946 年 6 月 24 日,版 6。

〈省立臺北高級中學　一、二生父兄招待會〉,《臺灣新生報》, 1946 年 7 月 1 日,版 4。

〈高中罷校〉,《臺灣新生報》, 1946 年 7 月 1 日,版 4。

〈省立臺北高級中學父兄招待會中止謹告〉,《臺灣新生報》, 1946 年 7 月 2 日,版 4。

〈臺北高中の罷校解決す〉,《臺灣新生報》, 1946 年 7 月 3 日,版 4。

〈本校定于本月十、十一日兩日舉行〉,《臺灣新生報》, 1946 年 7 月 4 日,版 3。

〈省中學生要求教處升級待遇一律平等〉,《臺灣新生報》, 1946 年 7 月 5 日,版 5。

〈臺灣省行政長官公署教育處公告〉,《臺灣新生報》, 1946 年 7 月 14 日,版 1。

〈臺灣省立師範學院招考新生〉,《臺灣新生報》,1946 年 7 月 20 日,版 6。

〈臺高同學會本日在中山堂舉行〉,《臺灣新生報》,1946 年 7 月 21 日,版 5。

〈臺灣省立師範學院招考新生〉,《臺灣新生報》,1946 年 8 月 1 日,版 6。

〈臺灣省行政長官公署教育處公告〉,《臺灣新生報》,1946 年 8 月 17 日,版 1。

〈臺灣省立師範學院通告〉,《臺灣新生報》,1946 年 8 月 17 日,版 6。

〈臺灣省立師範學院公告〉,《臺灣新生報》,1946 年 9 月 4 日,版 3。

〈省立臺北高級中學通告〉,《臺灣新生報》,1946 年 9 月 6 日,版 6。

〈省立臺北高級中學招生廣告〉,《臺灣新生報》,1946 年 10 月 9 日,版 3；10 月 10 日,
　　版 4；10 月 11 日,版 2。

〈省立臺北高級中學首屆校慶記念日遊藝會〉,《臺灣新生報》,1946 年 12 月 5 日,版 1。

〈臺北高中　明舉行校慶〉,《臺灣新生報》,1946 年 12 月 7 日,版 4。

〈整頓學風,維護青年,陳兼總司令發表談話〉,《臺灣新生報》,1949 年 4 月 6 日,版 5。

〈拘訊學生移送法院〉,《臺灣新生報》,1949 年 4 月 8 日,版 3。

（六）網路資源

臺灣省行政長官公署,〈臺灣省日僑省內遷移管理暫行辦法〉,《臺灣省行政長官公署公報》,第 2 卷第 2 期,臺中:臺灣省政府秘書處,1945 年,2020 年 6 月 1 日瀏覽,http://subtpg.tpg.gov.tw/og/image1.asp?DocYear=034&ImgFile=0AK9%20%20%20%20&StrPage=6&EndPage=7。

TBDB 臺灣歷史人物傳記資料庫,2019 年 10 月 5 日瀏覽,http://tbdb.ntnu.edu.tw/。

文部科學省,「白書・統計・出版物 > 白書 > 学制百年史 > 二　中等学校制度の再編」,2019 年 10 月 5 日瀏覽,http://www.mext.go.jp/b_menu/hakusho/html/others/detail/1317700.htm。

政府公報資訊網,2019 年 10 月 5 日瀏覽,http://gaz.ncl.edu.tw/browse.jsp?jid=79002356。

國史館臺灣文獻館館藏史料查詢系統,2019 年 10 月 5 日瀏覽,http://ds3.th.gov.tw/ds3/。

國立公共資訊圖書館數位典藏服務網,2019 年 10 月 5 日瀏覽,https://das.nlpi.edu.tw/cgi-bin/gs32/gsweb.cgi/login?o=dwebmge&cache=1594192912421。

國家發展委員會檔案管理局國家檔案資訊網,2019 年 10 月 5 日瀏覽,https://aa.archives.

gov.tw/。

臺北高等學校網站，2019 年 10 月 5 日瀏覽，http://history.lib.ntnu.edu.tw/taihoku/。

臺灣省行政長官公署檔案，2019 年 10 月 5 日瀏覽，http://ds3.th.gov.tw/ds3/app003/list1.php?CMD=CLR。

臺灣總督府府（官）報資料庫，2019 年 10 月 5 日瀏覽，http://ds3.th.gov.tw/DS3/app007/。

臺灣總督府檔案，2019 年 10 月 5 日瀏覽，http://ds3.th.gov.tw/ds3/app000/list1.php?CMD=CLR。

臺灣總督府職員錄系統，2019 年 10 月 5 日瀏覽，http://who.ith.sinica.edu.tw/mpView.action。

國立臺灣師範大學秘書室公共事務中心，〈校務會議通過 校史溯自 1922 年臺北高等學校初創〉，2020 年 5 月 17 日瀏覽，http://pr.ntnu.edu.tw/news/index.php?mode=data&id=17996。

章子惠編，《臺灣時人誌　第一集》，頁 177。TBDB 臺灣歷史人物傳記資料庫，「謝東閔」，2020 年 6 月 1 日瀏覽，http://tbdb.ntnu.edu.tw/showBIO.jsp?id=C9ECD9F6-396F-4698-8A7F-34E53AC09AD5。

中華民國教育部，「國家教育研究院辭書　詞條名稱：宗亮東」，2020 年 6 月 7 日瀏覽，http://pedia.cloud.edu.tw/Entry/Detail/?title=%E5%AE%97%E4%BA%AE%E6%9D%B1。

國立臺灣師範大學附屬高級中學，「附中大事紀：民國 30 年代」，2020 年 6 月 7 日瀏覽，https://www.hs.ntnu.edu.tw/great/school_events/events_30/。

賴永祥長老史料庫，「臺灣省立臺北高級中學服務証明書」，2020 年 9 月 2 日瀏覽，http://www.laijohn.com/Loas/LES/date/1947.04.17/certificate/tphs.htm。

（七）其他

中央研究院近代史研究所，《口述歷史第 4 期（二二八事件專號之二）》，臺北：中央研究院近代史研究所，1993 年。

何容、齊鐵恨、王炬編，《臺灣之國語運動》，臺北：臺灣書店，1948 年。

河原功，《資料集　終戰直後の臺灣》，東京：不二出版，2015 年。

河原功，《臺灣協會所藏臺灣引揚・留用記錄　第 1 卷》，東京：ゆまに書房，1997 年。

河原功，《臺灣協會所藏臺灣引揚・留用記錄　第 5 卷》，東京：ゆまに書房，1997 年。

河原功，《臺灣協會所藏臺灣引揚・留用記錄　第 8 卷》，東京：ゆまに書房，1997 年。

河原功，《臺灣協會所藏臺灣引揚・留用記錄　第 9 卷》，東京：ゆまに書房，1997 年。

章子惠編，《臺灣時人誌　第一集》，臺北：國光出版社，1947 年。

歐素瑛、李文玉編，《二二八事件檔案彙編（七）臺灣大學、臺灣師範大學、臺北成功中學檔案》，臺北：國史館，2002 年。

薛綏之，〈替台灣中學生訴苦〉，《北方雜誌》，第 2 卷第 1 期（1947），頁 52。

二、先行研究

（一）專書

吳文星，《臺灣省立師範學院「四六事件」》，南投：國史館臺灣文獻館，2001 年。

李東華，《光復初期臺大校史研究（1945-1950）》，臺北：國立臺灣大學出版中心，2014 年。

李東華、楊宗霖編，《羅宗洛校長與臺大相關史料集》，臺北：國立臺灣大學出版中心，2007 年。

林正慧，《臺灣生技產業的開路先鋒：蘇遠志》，臺北：國史館，2015 年。

林吉崇，《台大醫學院百年院史（上）：日治時期（1897-1945 年）》，臺北：國立臺灣大學醫學院，1997 年。

林安邦總編輯，《國立臺灣師範大學六十週年校慶特刊》，臺北：國立臺灣師範大學，2006 年。

林政儒；柯皓仁、張素玢主編，《另一種凝視：師大七十》，臺北：國立臺灣師範大學出版中心，2016 年。

若林正丈，《戰後臺灣政治史：中華民國臺灣化的歷程》，洪郁如等譯，臺北：國立臺灣大學出版中心，2016 年。

徐聖凱，《日治時期臺北高等學校與菁英養成》，臺北：國立臺灣師範大學出版中心，2012 年。

翁椿生、周茂林、朱文宇主編，《衝越驚濤的年代》，臺北：臺灣新生報出版部，1990 年。

高橋佐門，《舊制高等學校全史》，東京：時潮社，1986 年。

國立臺灣師範大學編，《國立臺灣師範大學校史》，臺北：國立臺灣師範大學，1985、
　　　1986、1993 年。

國立臺灣師範大學編輯，《國立臺灣師範大學五十週年校慶特刊》，臺北：國立臺灣師範大
　　　學，1996 年。

國立臺灣師範大學課外活動指導編，《國立臺灣師範大學慶祝四十年校慶紀念畫刊》，臺
　　　北：國立臺灣師範大學，1986 年。

張炎憲、胡慧玲、黎澄貴，《臺北都會二二八》，臺北：吳三連臺灣史料基金會，1996 年。

張春菊等訪問紀錄；曾彩金總編輯，《溫興春校長口述歷史訪談紀錄》，屏東：屏東縣六堆
　　　文化研究學會，2006 年。

陳秀鳳，《國立臺灣師範大學校史》，臺北：國立臺灣師範大學出版中心，2016 年。

陳奇祿等編，《從帝大到台大》，臺北：國立臺灣大學，2003 年。

陳翠蓮，《百年追求：臺灣民主運動的故事　卷一　自治的夢想》，臺北：衛城出版，2013
　　　年。

陳鳴鐘、陳興唐主編，《台灣光復和光復後五年省情（上）》，南京：南京出版社，1989 年。

楊逸舟，《二‧二八民变：台灣與蔣介石》，臺北‧前衛出版社，1992 年。

臺灣省立師範大學，《師大貳拾年》，臺北：臺灣省立師範大學，1966 年。

蔡錦堂主編，《「臺北高等學校創立 90 週年　國際學術研討會」論文集》，臺北：國立臺灣
　　　師範大學臺灣史研究所，2014 年。

賴澤涵，《二二八事件研究報告》，臺北：時報出版，1994 年。

藍博洲，《天未亮：追憶一九四九四六事件（師院部分）》，臺中：晨星出版社，2000 年。

顏新珠，《打開新港人的相簿》，臺北：遠流出版社，1995 年。

（二）期刊‧論文

何義麟，〈戰後初期臺灣留日學生的左傾言論及其動向〉，《臺灣史研究》，第 19 卷第 2 期
　　　（2012），頁 151-192。

周婉窈，〈台灣人第一次的「國語」經驗－析論日治末期的日語運動及其問題〉，《新史
　　　學》，第 6 卷第 2 期（1995），頁 113-161。

所澤潤（聽取り‧編集‧解說‧註）‧呂燿樞（口述），〈聽取り調査：外地の進學體驗

（Ⅴ）石光公學校から、台北高校尋常科、同高等科、台北高級中學を經て、台灣大學醫學院卒業〉，《群馬大學教育學部紀要　人文・社會科學編》，47，1998 年 3 月。

侯坤宏，〈重探「二二八事件處理委員會」的角色〉，《臺灣史研究》，第 21 卷第 4 期（2014），頁 1-56。

洪瑞重，《臺灣省行政長官公署時期教育的接收與推展（1945-1947）》，碩士論文，國立臺灣師範大學歷史研究所，1997 年。

胡茹涵，《臺灣戰後初期的中學教育（1945-1952 年）》，碩士論文，國立清華大學歷史研究所，2005 年。

徐紹綱，《臺北高等學校學徒兵的徵召與實態》，碩士論文，國立臺灣師範大學臺灣史研究所，2017 年。

徐聖凱，《日治時期臺北高等學校之研究》，碩士論文，國立臺灣師範大學臺灣史研究所，2009 年。

張炎憲、曾秋美訪問，施妙旻記錄，〈賴永祥先生和「私立延平學院」〉，《臺灣史料研究》，第 28 號（2006），頁 183-184。

許雪姬，〈台灣光復初期的語文問題〉，《思與言》，第 29 卷第 4 期（1911），頁 155-184。

陳惠珠，《戰後臺灣中等師資之搖籃──臺灣省立師範學院（1946-1955）之研究》，碩士論文，國立臺灣師範大學歷史學系，2005 年。

詹行懋、張德南訪問，紀興旺、彭瀧森整理，〈訪學長　話從前〉，《新竹中學校友會刊》，第 9-10 期合刊（1994），頁 13-18。

歐素瑛，〈戰後初期在臺日人之遣返與留用：兼論臺灣高等教育的復員〉，《臺灣文獻》，第 61 卷 3 期（2010），頁 287-330。

歐素瑛，〈戰後初期臺灣中等學校之學風與訓育（1945-1949）〉，《國史館學術集刊》，第 2 期（2002），頁 214-254。

蔡盛琦，〈戰後初期學國語熱潮與國語讀本〉，《國家圖書館館刊》，第 2 期（2011），頁 60-98。

蔡錦堂，〈日本治台後半期的「奢侈品」─台北高等學校與近代台灣菁英的誕生〉，收於《2007 年台日學術交流國際會議論文集》，臺北：外交部，2007 年。

賴冠妏，〈戰後初期的學制變更問題－以臺灣總督府臺北高等學校與省立臺北高級中學為例〉，《史穗》，第 11 期（2020），頁 47-73。

附錄一

臺北高級中學緊急父兄
會開催謹告（日文）

臺北高級中學緊急父兄會開催謹告（台北高級中學一、二年學生大會決議。）

　　思へば春尚浅き三月、天下の難関と自他共に許す台北高中の窄き門を乗り越え、そして白線二條に輝く栄冠と約せられし洋々たる前途と雄大なる希望とに包まれて意氣昂然として其の清き象牙塔に集ひし四月以来三ヶ月、小生等只管純然たる高等教育を受けつつ、學理探究へ全く沒頭し居りたるに、嗚呼何たる幻滅の悲哀ぞ。曽ては全島羨望の的たりし高等学校、そして今も尚俊英集ひ純然たる高等教育と全島較べるものなき充實せる教授陣、加ふるに其の冠 せる設備を以てし、燃ゆるが如き純情と堅實なる自由自治の精神を旨として、理想の学園たらむと勉む小生等に、運命は飽く迄辛くして、今は或は暗澹として にくれ、或は悲憤切齒するのみであります。抑々教育と言ふものに榮枯盛衰があって良かるべきでせうか？小生等は確かに全島に魁けて、民國三十四年度第二學期編入生として招生され、嚴重試驗の競争を經て入學せる、「選ばれたる者」と言ふ矜持を持って良いものばかりです。然るに時代の流と共に、高中と言ふ名に伴ふ所の我々に對する矛盾的待遇は余りにも酷であります。そして此等の問題（在左記會議事項）に關し、生等は從來飽く迄も、否、餘りにも紳士的に、溫當に幾度か或いは學校當局へ、或は 粗 へと代表を派して交 續けて参りましたが、學生なるが故に少しも顧られず、遂に今に至るも何等得る所がないのであります。それは一つに偉大なる父兄會の力と言ふ後援がなかった為と言っても良いでせう。何故ならば生等の理由は妥當其のものであったからであります。三年生の畢業と相俟って、新學期には當然なるべき筈の生等の進級問題に絡まるいざこざと、我が學園の存立問題の危き等は、今や焦眉の急に迫り、今は只一刻も早く父兄會の開催をし、其の偉大なる力に らずんば、小生等の位置は眞に危く、實に疑はしきものとなり終るものであります。從來學校當局の生等に對して取り來たった態度たるや、不誠實の一句に盡くるものであります。その餘りにも冷淡さと老獪さは、遂に生等をして憤激奮起せしめて、從來の隠忍自重を投げ捨てて、今回の如き同盟休校の舉に出づるが如き、止むを得ざる事態に立ち致らしめたのである。學校は生等の態度を誤解し、試驗を回避せんが為の休校なりとして、堅實なる生等に侮辱的汚名を着せんとする等、餘りにもそ

の無力さ加減を暴露せしめて居るのであります。が、此は我々眞の高中生ならば、誰でも何時何刻にても、直ちに試驗に應じ得るだけの成算と自信を有して斥る事を知らぬも甚だしきものであります。小生等は自身にて、己の將來への輝ける道を開拓せんが為の運動をなしつつあるのであって、況や今回の如き成績等に関係なき準備期間のたわいない試 を恐れる程に、自らの子弟が愚鈍であるとは、我が賢明なる父兄大人も此れを信ずる方は真逆あるまいと存じます。嗚呼移り るは世の姿であります。世が世なら全員大學への道を約され、殊に台湾大學の如きは、殆んど無條件にて受け入れられ、後顧の憂なく全身全能、是れ自己完成と學術修練に没入し得る筈の生等が、此の物資高價なる世の中に、其の多くは遥々遠さを旭はず、凡ゆる物資的其他の困難を忍びつつ集ったものであるのに、今は地方の高級班と同等と見做され、今は社會の暗黒と教育界の腐敗とを目前に眺め、純情の青年等が、悲憤慷慨して居るのであります。抑々生等の一年生諸君の多くは、地方の高中に歸れば、立派に九月より二年生としての資格を有してゐるものが、甘じて此の學園に一年生として止まってゐるのは、只其の特殊性を信ずるからであります。希くば父兄大人各位よ、一刻も早く台臨せられて、社會的に無力なる愚生等に力を添へられん事を希望して止みません。賽は既に投じられたのです生等一同清き誓ひの下に、飽く迄目的達成の為にはたとへ退學して地方へ歸る事を餘儀なくせられるに至るも敢然と其の高節を持って、台湾青年學徒としての面子を汚すまじく、此の同盟休校を持續断行せんと連判をなし、相擁して此の汚されたる教育界を濟度せんと固く誓ったのであります。今や新學年前の休假を目前に控へて居ります。此の僅かなる機會を失ひたらんには生等永久に顧り見られぬ事となるでせう。親愛なる父兄大人各位よ、どうか小は生等の為、大にしては台湾教育肅正の為、萬障繰り合はし來北せられて、盡力援助せられん事を。最後に意志疏通を計る為、故意に日文を用ひたる事と、生等の社會的無力が原因して、斯く迄事態を 化せしめて來た事を恐懼深謝致します。

『記』（一）場所　台北市古亭町二一六番地　台北高級中學大講堂。

　　　　（二）時刻　七月五日午前九時。

　　　　（三）會議事項

　　　　第一件―學校存立の問題。特殊性の表面化、師範學院の設立に伴

　　　　　　　ふ本校ゝ舍維持並に存立。

　　　　第二件―進級問題の妥當性に就いて、三年生の畢業及び大學進學

　　　　　　　に依る空位。三十四年度第二學期編入生として入學せる

　　　　　　　事、校長の讚意を得た事。教育處長との交 中にして可能性

　　　　　　　大なる事。

　　　　（附）この問題は成功せば、生等は殆ど大學への道を約束された

　　　　　　　形となり、敢へて名聲のみにて實は 容の薄い先修班に入る

　　　　　　　必要がないのであります。

　　　　第三件―學校內部の改革。職員の肅正。其の他。

父兄大人各位台鑒

　　　　　　　　　　　　　　　　台北高級中學學生自治會

　　　　　　　　　　　　　　　　民國三十五年六月三十日

『附註』

撰稿：吳道明（22 期理乙。現在：高雄市道明婦產科院長、東京大學醫

　　　博。）

添刪：楊益龍（22 期理乙。現在： シュヴァイツァー友の會、臺北高校

　　　同學聯誼會、楊永全顧問事務所等創立者、日語教授、日文精譯、

　　　文宣指導。）

謄寫版：(1) 楊思廉（22 期理乙。現在：國立工業技術學院教授、歷任訓

　　　　導長、總務長等。）

　　　　(2) 陳黃義平（22 期理乙。漢忠綜合醫院外科主任、米國ミシガ

　　　　ン大學修士，已故。）

別函（中文、父兄中の名士宛）撰稿：楊益龍（前述）。

毛筆：(1) 石條章（22 期理丙。一九五一年高等考試狀元、打破 20 年來最高
　　　　成績。現在：米國。）

　　　(2) 連文彬：（23 期理乙，現在：台大醫學院教授、總統府特醫チーム
　　　　召集人、內科主治醫。）

始末：台高開校以 第三回とも知らず、ストライキを敢行したものの、入學
　　　早々で市 生所か、寮生迄が此れ幸とばかり歸鄉の者ありで、通信資
　　　料缺乏で困って居た所、次の者が「學校當局が父兄に出す手紙を製作
　　　中」と急報するのに接し、退勤を見計らって事務室に忍び入り、全部
　　　ゴッソリ失敬、夫々父兄の姓名、住所を登録後中味を取換、名士と見
　　　れば筆書きの別函を加へて發送。為に學校、教育當局共にお手上げ、
　　　編級試驗を條件に半年繰上げ進級（本來は繰下げ）、校長は面目を失
　　　って辭職。小生は高雄一中をカンニング橫行で完全に見限って跳出
　　　し、背水の陣故、放校處分も辭せず。（急報：23 期理丁，陳添享，高
　　　醫副院長）

附錄二

臺北高級中學年表

（1945-1949）

年度	臺北高校・臺北高中	師範學院	時代背景・其他	資料來源
1945			08/15 日本宣布投降，第二次世界大戰結束。	
			09/01「臺灣省行政長官公署」成立。	
			10/17 第一批國軍抵臺。	
			11/07〈臺灣省各級學校及教育機關接收處理暫行辦法〉公布。	1
	11/30 臺北高等學校改制為「臺灣省立臺北高級中學」。			2
			12/01 國立臺北大學（今臺灣大學）附屬大學先修班開始招生。	3
	12/04-06 臺北高校生針對編入臺北大學先修班問題，提出陳情。			4
	12/04 臺北高校生於校內召開學生會議，討論編入問題。			5
	12/05 臺北高校生與父兄於靜修女學校集會，討論編入問題。			

年度	臺北高校・臺北高中	師範學院	時代背景・其他	資料來源
1945	12/11 臺灣省行政長官公署教育處，派張金潤前來接收臺北高中。			6
			12 月〈臺灣省各級學校學年學期假期劃一辦法〉公布。	7
1946			01/07〈臺灣省立各中學及職業學校三十四學年度第二學期招生辦法〉公布。	8
			02/01 留日返省學生第一期登記開始（自 2 月 1 日起至 3 月 15 日止）。	9
	02/06-17 臺北高中發布招生公告，招收一年級、二年級各 100 名。			10
	02/20-22 臺北高中舉行三十四學年度第二學期入學考試。			
			03/02 在臺日人第一期遣送開始（1946 年 3 月 2 日至 5 月 29 日）。	11
	3 月 臺北高中開學（三十四學年度第二學期）。			12

（續下表）

年度	臺北高校・臺北高中	師範學院	時代背景・其他	資料來源
1946		3 月「省立師範學院籌備委員會」成立。		13
	3 月 臺北高校第二十屆日籍與臺籍學生舉行畢業考試，144 人畢業。			14
			04/02 「臺灣省國語推行委員會」成立。	15
		04/11 教育處提出「省立師範學院設立原則草案」共十五條。		16
		04/16 行政長官陳儀指派教育處長范壽康，擔任師範學院籌備主任。		
			04/18 留日返省學生第二期登記開始（自 5 月 1 日起至 6 月底）。	17
		05/12 師範學院院長李季谷抵臺。		18
		05/31 師範學院發布招生公告，招收四年制專修科 9 科，一年級新生 20-50 人（男女兼收）。		19

年度	臺北高校・臺北高中	師範學院	時代背景・其他	資料來源
		06/05 「臺灣省立師範學院」成立。		20
		06/10-12 師範學院舉行第一次入學考試。		21
	06/21 臺北高中發起罷校。			22
		06/24 師範學院第一次招生考試放榜。		23
1946	07/01 臺北高中登報宣告欲舉行一、二年生父兄招待會。教育處派第二科長、督學主任，與學生和解。			24
	07/02 臺北高中登報取消一、二年生父兄招待會。校長張金潤以「體弱多病」為由請辭。			25
	07/11-12 臺北高中舉行一、二年級編級試驗。			26
			07/13 第二期留日返省學生登記分發結果公告。	27

（續下表）

年度	臺北高校·臺北高中	師範學院	時代背景·其他	資料來源
1946		07/20 師範學院發布第二次招生公告，招收本科各系、一年制專修科，續招四年制博物、公訓、體育專修科（男女兼收）。		28
	07/21 臺高同學會於臺北中山堂舉行。			29
	7月 臺北高校第二十一屆臺籍學生舉行畢業考試，64人畢業，為臺北高中第一屆畢業生。			30
		08/05-07 師範學院舉行第二次入學考試。		31
			08/16〈內地來臺公教人員子女申請轉入本省中學肄業登記辦法〉公告（自8月起至9月15日止）。	32
		08/17 師範學院第二次招生考試放榜。		33
	08/31 臺北高中舉行家長懇談會。			34
	8月 師範學院院長李季谷，兼任臺北高中校長。			35

年度	臺北高校・臺北高中	師範學院	時代背景・其他	資料來源
1946		09/01 師範學院開學，9 月 16 日開始上課。		36
	09/16 臺北高中開學（三十五學年度第一學期）。			37
	10/14-16 臺北高中發布招生公告，招收一年級 20 名。			38
	10/18 臺北高中舉行三十五學年度第一學期入學考試。			
	12/08 臺北高中舉行首屆校慶記念日遊藝會。			39
1947			02/27 臺北市天馬茶房查緝私菸事件，成為二二八事件導火線。	
			02/28 二二八事件爆發，全島響應抗爭。	
	03/01 臺籍學生及「浪人」約 500 多人，在師範學院禮堂集結。			
		03/02 臺北市「二二八事件處理委員會」成立。師範學院教授兼教務主任程璟由學校返回宿舍時，遭二名「暴徒」毆傷。		40

（續下表）

年度	臺北高校‧臺北高中	師範學院	時代背景‧其他	資料來源
1947			03/03 學生組成「忠義服務隊」。	41
	03/05-06 民眾 2、300 人闖入院內，圍攻搶奪軍事校員王時中手槍及辦公室、倉庫物品，並搗毀校舍、教具甚多。			42
	03/08 兩輛卡車直駛師範學院倉庫，搶去教職員與學生食米 4,271 臺斤，並洗劫職員宿舍。		03/08 鎮壓軍隊抵臺，大量學生遭到槍殺。	
			03/17 教育處依據「臺北市省立中等以上學校復課應行注意事項」，要求各校學生復課、教職員辦公。	43
	03/27 國防部長白崇禧調集臺北市各級學校教職員與學生，進行精神訓練。			44
			05/16 臺灣省政府成立，教育處改制為臺灣省政府教育廳。	
	7 月 臺北高中第二屆學生畢業。			
1948			05/10 國民政府公布「動員戡亂時期臨時條款」。	
	6 月 李季谷調任浙江省教育廳廳長，謝東閔接任師範學院院長，兼任臺北高中校長。			45
	7 月 臺北高中第三屆學生畢業。			

年度	臺北高校‧臺北高中	師範學院	時代背景‧其他	資料來源
1949			01/05 陳誠接任臺灣省政府主席。	46
			01/21 國共內戰失利，蔣介石下野。	
		03/20 臺灣大學與師範學院學生腳踏車雙載事件。		
			03/29 臺北市的大學、中學生組成「學生聯盟」。	
		04/06 警備總司令部派軍警前往臺灣大學、師範學院逮捕學生，共有臺大學生 12 名、師院學生 105 名遭拘捕，是為四六事件。		
		04/07 師範學院組成「整頓學風委員會」。		47
		04/29 師範學院復課。		48
		05/10 劉真接任師範學院院長。		49
			05/20 臺灣省政府、臺灣省警備總司令部宣布全省戒嚴。	
			05/24 決議通過《懲治叛亂條例》。	

（續下表）

年度	臺北高校·臺北高中	師範學院	時代背景·其他	資料來源
1949	5 月 臺灣省政府決定停辦臺北高中。			50
			06/22 「臺灣省戒嚴期間新聞雜誌圖書管理辦法」及「臺灣省戒嚴期間防止非法集會結社遊行請願罷課罷工罷市罷業實施辦法」頒布。	51
			07/12 「臺灣省各級學校訓導注意事項」頒布。	52
	7 月 臺北高中第四屆學生畢業。臺北高中停辦，校舍、校產及設備移交師範學院。			53
	09/10 正式辦理臺北高中移交師範學院手續。			

編號	資料來源
1	薛月順編，《臺灣省政府檔案史料彙編：臺灣省行政長官公署時期》（臺北：國史館，1996 年），頁 355-356。
2	陳秀鳳，《國立臺灣師範大學校史》（臺北：國立臺灣師範大學出版中心，2016 年），頁 36。
3	〈國立臺北大學附屬大學先修班（舊大學豫科）招生廣告〉，《臺灣新生報》，1945 年 11 月 28 日，版 1。

編號	資料來源
4	〈反對編入高級中學，高校生開大會〉，《民報》，1945 年 12 月 6 日，版 4。
5	〈『高校生を見捨てるな』　編入問題に父兄ら陳情〉，《臺灣新生報》，1945 年 12 月 7 日，版 4。
6	臺灣省政府教育廳編，《臺灣省政府向省議會施政報告 教育部門報告彙編》（臺中：臺灣省政府教育廳，1976 年），頁 4。
7	薛月順編，《臺灣省政府檔案史料彙編：臺灣省行政長官公署時期》（臺北：國史館，1996 年），頁 363-367。
8	薛月順編，《臺灣省政府檔案史料彙編：臺灣省行政長官公署時期》（臺北：國史館，1996 年），頁 367-370。
9	臺灣省行政長官公署教育處編，《臺灣省教育概況》（臺北：臺灣省行政長官公署教育處，1946 年），頁 124-129。 臺灣省政府教育廳編，《臺灣省政府向省議會施政報告 教育部門報告彙編》（臺中：臺灣省政府教育廳，1976 年），頁 15。
10	〈臺灣省立臺北高級中學（即前臺北高等學校）招生公告〉，《臺灣新生報》，1946 年 2 月 7 日，版 1；2 月 8 日，版 2；2 月 9 日，版 2；2 月 10 日，版 2；2 月 12 日，版 1；2 月 13 日，版 1；2 月 15 日，版 1；2 月 16 日，版 1。
11	臺灣省日僑管理委員會秘書室編輯，《臺灣省日僑遣送紀實》（臺北：臺灣省日僑管理委員會，1947 年），頁 10。
12	蔡錦堂訪問，賴冠妏記錄，陳宗仁口述，2018 年 9 月 16 日。
13	「省立師學院籌備主任范壽康派任案」（1946 年 4 月 11 日），〈省立中等學校校長任免〉，《臺灣省行政長官公署檔案》，國史館臺灣文獻館，典藏號 00303233008004。
14	國立臺灣師範大學圖書館校史組藏，《臺北高級中學概況》（出版地不詳：出版者不詳，1946 年），無頁碼。
15	何容、齊鐵恨、王炬編，《臺灣之國語運動》（臺北：臺灣書店，1948 年），頁 12-15。

（續下表）

編號	資料來源
16	「省立師學院籌備主任范壽康派任案」（1946 年 4 月 11 日），〈省立中等學校校長任免〉，《臺灣省行政長官公署檔案》，國史館臺灣文獻館，典藏號 00303233008004。
17	臺灣省行政長官公署教育處編，《臺灣省教育概況》（臺北：臺灣省行政長官公署教育處，1946 年），頁 124-129。臺灣省政府教育廳編，《臺灣省政府向省議會施政報告　教育部門報告彙編》（臺中：臺灣省政府教育廳，1976 年），頁 15。
18	《臺灣省行政長官公署檔案》，國史館臺灣文獻館，典藏號 132200350075。
19	〈臺灣省立師範學院招生公告〉，《臺灣新生報》，1946 年 5 月 31 日，版 6。
20	國立臺灣師範大學編，《國立臺灣師範大學校史》（臺北：臺灣師大，1986 年），頁 1。
21	〈臺灣省立師範學院招生公告〉，《臺灣新生報》，1946 年 5 月 31 日，版 6。
22	〈高中罷校〉，《臺灣新生報》，1946 年 7 月 1 日，版 4。
23	〈省立臺灣師範學院公告〉，《臺灣新生報》，1946 年 6 月 24 日，版 6。
24	〈省立臺北高級中學　一、二年生父兄招待會〉，《臺灣新生報》，1946 年 7 月 1 日，版 4。〈臺北高中の罷校解決す〉，《臺灣新生報》，1946 年 7 月 3 日，版 4。
25	〈省立臺北高級中學父兄招待會中止謹告〉，《臺灣新生報》，1946 年 7 月 2 日，版 4。楊益龍，《臺北高級中學緊急父兄會開催謹告》（臺北：台北高級中學學生自治會，1946 年）。
26	〈本校定于本月十、十一日兩日舉行〉，《臺灣新生報》，1946 年 7 月 4 日，版 3。
27	〈臺灣省行政長官公署教育處公告〉，《臺灣新生報》，1946 年 7 月 14 日，版 1。
28	〈臺灣省立師範學院招考新生〉，《臺灣新生報》，1946 年 7 月 20 日，版 6。

編號	資料來源
29	〈臺高同學會本日在中山堂舉行〉，《臺灣新生報》，1946 年 7 月 21 日，版 5。
30	國立臺灣師範大學圖書館校史組藏，《臺北高級中學概況》（出版地不詳：出版者不詳，1946 年），無頁碼。
31	〈臺灣省立師範學院招考新生〉，《臺灣新生報》，1946 年 7 月 20 日，版 6。
32	臺灣省行政長官公署教育處，〈內地來臺公教人員子女申請轉入本省中學肄業登記辦法〉，《臺灣省行政長官公署公報》，35：秋：41（1946 年 8 月 16 日），頁 645-646。〈臺灣省行政長官公署教育處公告〉，《臺灣新生報》，1946 年 8 月 17 日，版 1。
33	〈臺灣省立師範學院通告〉，《臺灣新生報》，1946 年 8 月 17 日，版 6。
34	〈省立高中開家長懇談會〉，《民報》，1946 年 8 月 30 日，版 2。
35	國立臺灣師範大學圖書館校史組藏，《臺北高級中學概況》（出版地不詳：出版者不詳，1946 年），無頁碼。
36	〈臺灣省立師範學院公告〉，《臺灣新生報》，1946 年 9 月 4 日，版 3。
37	〈省立臺北高級中學通告〉，《臺灣新生報》，1946 年 9 月 6 日，版 6。
38	〈省立臺北高級中學招生廣告〉，《臺灣新生報》，1946 年 10 月 9 日，版 3；10 月 10 日，版 4；10 月 11 日，版 2。
39	〈臺北高中　明舉行校慶〉，《臺灣新生報》，1946 年 12 月 7 日，版 4。
40	歐素瑛，李文玉編，《二二八事件檔案彙編（七）臺灣大學、臺灣師範大學、臺北成功中學檔案》（臺北：國史館，2002 年），頁 4、234。
41	賴澤涵，《二二八事件研究報告》（臺北：時報出版，1994 年），頁 62-63。
42	歐素瑛，李文玉編，《二二八事件檔案彙編（七）臺灣大學、臺灣師範大學、臺北成功中學檔案》（臺北：國史館，2002 年），頁 4、234。
43	歐素瑛，李文玉編，《二二八事件檔案彙編（七）臺灣大學、臺灣師範大學、臺北成功中學檔案》（臺北：國史館，2002 年），頁 220-221。

（續下表）

編號	資料來源
44	〈從速覺悟回校上課不究既往保障安全，白部長對本市學校員生訓話〉，《臺灣新生報》，1946 年 3 月 28 日，版 4。
45	國立臺灣師範大學編，《國立臺灣師範大學校史》（臺北：國立臺灣師範大學，1986 年），頁 7。
46	吳文星，《臺灣省立師範學院「四六事件」》（南投：國史館臺灣文獻館，2001 年）。
47	〈師院組整頓學風委會〉，《公論報》，1949 年 4 月 8 日，版 3。
48	陳惠珠，《戰後臺灣中等師資之搖籃——臺灣省立師範學院（1946-1955)之研究》，（碩士論文，國立臺灣師範大學歷史學系，2005 年），頁 118-119。
49	司琦編，《劉真先生文集》第三冊（臺北：臺灣商務印書館，1990 年），頁 1211-1212。
50	《師大檔案》，臺灣師範大學檔案室典藏，檔號 0390000036-01　至 0390000036-03。
51	《臺灣省政府公報》（38：夏：67，1949 年 6 月 23 日），頁 834-836。
52	《臺灣省政府公報》（38：秋：12，1949 年 7 月 14 日），頁 174。
53	《師大檔案》，臺灣師範大學檔案室典藏，檔號 0380000686A-01　至 0380000686A-02。

附錄三

臺北高級中學學生名冊

臺灣省立臺北高級中學 第一屆學生名冊

高校分班	畢業	編號	姓名	籍貫	年齡	出身中學	就讀大學	備註	人數小計
第一屆									64
三文									11
文	★	1	王祖銘	臺北市	20	臺北二中	臺法		
文	★	2	黃權世	臺北市	21	基中	臺法		
文	★	3	陳文漢	新竹縣	22	臺北三中	臺法		
文	★	4	林榮勳	臺北市	19	尋常科	臺法		
文	★	5	盧焜熙	基隆市	19	尋常科	臺法		
文	★	6	姜文鑑	新竹縣	21	國民中	臺法		
文	★	7	楊石盆	臺南縣	20	南二中	臺法		
文	★	8	劉文燕	新竹縣	19	竹中	臺法		
文	★	9	陳逸文	臺南縣	19	南二中	臺文		
文	★	10	郭掉盛	臺北市	25	北中	臺法		
文	★	11	戴傳李	臺北縣	20	臺北二中	臺法		
三理甲									15
理甲	★	1	吳其祥	臺北市	18	臺北二中	臺理		
理甲	★	2	劉革新	臺南市	20	南一中	臺工		
理甲	★	3	劉建祥	高雄縣	20	南二中	臺工		
理甲	★	4	陳朝棟	臺北縣	20	臺北二中	臺理		
理甲	★	5	楊建雄	高雄縣	18	雄中	臺理		
理甲	★	6	許乃超	彰化市	20	中一中	臺理		
理甲	★	7	黃衍坒	臺北市	20	臺北二中	臺工		

高校分班	畢業	編號	姓名	籍貫	年齡	出身中學	就讀大學	備註	人數小計
理甲	★	8	張燦生	臺北縣	19	臺北二中	臺工		
理甲	★	9	黃本源			南二中	臺工		
理甲	★	10	孫如楗	高雄縣	21	雄中	臺工		
理甲	★	11	陳光仁	臺中縣	18	中一中	臺工		
理甲	★	12	陳經典	臺中市	19	臺北二中	臺工		
理甲	★	13	陳朝明	臺東縣	18	臺北二中	臺工		
理甲	★	14	鄭熙炳	花蓮縣	25	北二師	臺工		
理甲	★	15	吳文山（William S.Wu）	新竹縣	19	尋常科	臺工		
三理乙									38
理乙	★	1	王文欽	臺南縣	22	嘉中	臺工		
理乙	★	2	黃際鍊	臺北縣	18	尋常科	臺農		
理乙	★	3	江牧東	高雄縣	20	臺北二中	臺工		
理乙	★	4	吳瀛欽	臺北縣	21	臺北二中	臺醫		
理乙	★	5	吳德祿	臺北縣	20	臺北二中	臺醫		
理乙	★	6	吳碧鏗	臺南縣	21	嘉中	臺農		
理乙	★	7	施民生	臺中縣	19	尋常科	臺醫		
理乙	★	8	徐澄清	新竹縣	20	臺北二中	臺醫		
理乙	★	9	蘇仲卿	臺北縣	19	臺北四中	臺農		
理乙	★	10	蘇楠榮（蘇炳榮？）	臺南縣	19	南二中	臺農		
理乙	★	11	傅彩沂	彰化縣	21	竹中	臺工		

（續下表）

高校分班	畢業	編號	姓名	籍貫	年齡	出身中學	就讀大學	備註	人數小計
理乙	★	12	楊俊傑	臺中縣	21	中一中	臺工		
理乙	★	13	楊昭華	高雄縣	20	雄中	臺理		
理乙	★	14	藍彩潼	臺北縣	21	臺北二中	臺醫		
理乙	★	15	呂燿樞			尋常科	臺醫		
理乙	★	16	郭華英	臺北縣	21	臺北二中	臺醫		
理乙	★	17	吳嘉熹	臺南縣	21	雄中	臺理		
理乙	★	18	顏崇漢	臺中縣	19	中一中	臺醫		
理乙	★	19	邱展榮			檢定			
理乙	★	20	江毓西	高雄縣	18	臺北二中	臺農		
理乙	★	21	張鑽傳	臺北縣	21	臺北二中	臺醫		
理乙	★	22	陳源平	臺北市	19	臺北二中	臺醫		
理乙	★	23	鄭璧經	臺南縣	20	嘉中	臺工		
理乙	★	24	郭廷幹（彭廷幹？）	新竹市	21	竹中	臺醫		
理乙	★	25	葉大鵬	臺北市	20	臺北二中	臺理		
理乙	★	26	陳善濤	福建省林森縣	21	嘉中	臺醫		
理乙	★	27	洪瑞賢	臺中縣	21	中一中	臺醫		
理乙	★	28	黃一雄	宜蘭市	20	臺北二中	臺醫		
理乙	★	29	黃錦棠	嘉義市	19	嘉中	臺醫		
理乙	★	30	蔡錦澤	臺南市	21	南二中	臺醫		
理乙	★	31	鄭拱星	臺中縣	21	中一中	臺醫		
理乙	★	32	鄭清水	高雄縣	20	屏中	臺農		

高校分班	畢業	編號	姓名	籍貫	年齡	出身中學	就讀大學	備註	人數小計
理乙	★	33	黃正雄	新竹縣	20	國民中	臺醫		
理乙	★	34	趙斌輝	臺北縣	21	臺北二中	臺醫		
理乙	★	35	李南虤	新竹縣	21	中一中	臺農		
理乙	★	36	林益省	臺中縣	22	嘉中	臺醫		
理乙	★	37	翁林英（翁庭英？）	新竹縣	20	竹中	臺醫		
理乙	★	38	范光宙	新竹縣	23	竹中	臺農		

註：★表示成功於臺北高中畢業學生。

班級	在學人數	畢業人數	百分比
三文	11	11	100%
三理甲	15	15	100%
三理乙	38	38	100%
總計	64	64	100%

臺灣省立臺北高級中學 第二屆學生名冊

高校分班	編號	畢業	姓名	籍貫	年齡	出身中學	就讀大學	備註	人數
第二屆									164
二年甲班									47
轉校	1		郭宗清	臺北縣	20	北二中	海官正海大正		
	2		楊冠傑						
	3		羅慶修	嘉義市	20				
	4		曾文賓	臺中縣	22				
理丙	5	★	許光燿	新竹縣	27	北二師			
	6		陳仰震	臺北縣	19				
理乙	7	★	林建中	嘉義市	20	嘉中	臺工		
理丙	8	★	楊晃華	嘉義市	18	宜中	臺農		
	9		張建彬	臺北市	30				
	10		黃國忠	高雄縣	23				
	11		蔡泰山	高雄市	21				
	12		曾百熙	新竹市	22				
	13		蔡永新	臺中縣	20				
	14		余恩賜	臺北縣	21				
	15		葉茂英	臺中縣	19				
	16		傅維法	臺北縣	20				
	17		胡飛鵬						
	18		劉英莊						
理乙	19	★	高舜庭	嘉義市	23	嘉中	臺工		

高校分班	編號	畢業	姓名	籍貫	年齡	出身中學	就讀大學	備註	人數
理乙	20	★	賴文樂	臺中縣	19	中一中	臺法		
	21		阮輝旌	高雄縣	23				
理丙	22	★	李鎰堯	臺中縣	20	南二中	臺醫		
	23		顏再添	澎湖縣	22				
	24		林吉崇		20				
	25		陳永簾	臺南縣					
	26		王振慶						
	27		嚴清河	臺北縣	21				
理丙	28	★	石條章	臺中縣	18	中一中	臺工		
	29		蔡得智	臺南縣	20				
	30		黃聰慧	臺南縣	20				
	31		工德宏	臺北縣	21				
理乙	32	★	范良政	新竹縣	18	竹中	臺工		
理丙	33	★	吳麗澤	澎湖縣	19	高一中	政大法		
理乙	34	★	郭介志	新竹縣	22	北中	臺工		
理乙	34	★	蕭貴蒼	臺中縣	22	中一中	臺農		
	36		郭東耀	臺中縣	21				
	37		張如壎	新竹縣	21				
	38		陳廷旭	臺北縣	21				
	39		林衡機	臺中縣	21				
	40		劉振榮						
	41		黃西洲	臺中縣	18	臺高尋			

（續下表）

高校分班	編號	畢業	姓名	籍貫	年齡	出身中學	就讀大學	備註	人數
	42		陳順星	新竹縣	17	臺高尋			
	43		郭國銓	臺南縣	19				
	44		邱耕南	臺南縣	18				
	45		鍾俊鉅	高雄縣	19				
理丙	46	★	陳柏華			筑紫中	興農		
理丙	47	★	鄭正仁	臺南縣	20	南筑中	成工		
二年乙班									47
	1		蘇漢傑	新竹縣	19				
	2		李明哲	高雄縣	20				
理乙	3	★	楊益龍	高雄縣	20	高一中	臺理		
	4		許祥麟	彰化市	20				
理乙	5	★	楊思廉	新竹縣	21	淡中	臺工		
轉校	6		石條芳	臺中縣	20	中一中	臺醫		
	7		何建肇	新竹縣	19				
	8		高寬容						
	9		王廷章	臺北縣	24				
理丙	10	★	黃共輝	新竹縣	22	長崎中	山東醫專		
理乙	11	★	張源弘	嘉義市	21	嘉中	臺醫		
理乙	12	★	黃明濬	新竹縣	18	竹中	臺工		
理乙	13	★	陳維冬	臺中縣	18	中一中	臺醫東大研		
	14		林定國	高雄縣	22				
理丙	15	★	徐迺崇	臺中縣	20	中一中	臺農		

高校分班	編號	畢業	姓名	籍貫	年齡	出身中學	就讀大學	備註	人數
文甲	16	★	陳柏齡	臺北縣	19	宜中	臺法		
理乙	17	★	陳曉明	臺中縣	17	中一中	臺工		
	18		陳幼石	臺中縣	19				
	19		蔡炎昌	臺南市	20				
理乙	20	★	潘英章	嘉義市	18	嘉中	臺農		
	21		林尊禮	臺中縣	20				
理丙	22	★	林國鈞	臺中縣	19	中一中	臺工		
	23		劉禛宗	臺北縣	20				
轉校	24		張聰敏	嘉義市	21	嘉中	臺醫		
	25		丁保慶	臺中市	19				
	26		陳宏綸	臺南縣					
	27		邱錦池						
	28		杜詩綸	臺北市	20				
	29		戴樺山	新竹縣	18				
	30		吳添德	新竹縣	20				
	31		楊英茂	臺北縣	19				
	32		陳枝甄	嘉義市	21				
	33		莊大村						
	34		黃啓模	基隆市	20				
理乙	35	★	陳黃義平	臺中縣	20	中二中	臺醫		
理乙	36	★	張榮宗	臺南縣	19	南一中	臺文		
文甲	37	★	廖運逢	新竹縣	19	竹中	臺法		

（續下表）

高校分班	編號	畢業	姓名	籍貫	年齡	出身中學	就讀大學	備註	人數
	38		彭煥章	臺中縣	18				
理丙	39	★	溫錦榮	新竹市	19	北三中	臺工		
理丙	40	★	張清淦	新竹縣	20	新竹中	臺理		
理乙	41	★	謝文昭			日大一中	臺農		
	42		許敏欣	臺北縣	19				
	43		葉秀明	臺北縣	19				
理丙	44	★	鍾明州（鍾枝水）	高雄縣	20	西尾中	臺農		
	45		魏湘勳	新竹縣	21				
理丙	46	★	林克明	臺南縣	20				
理丙	47	★	黃金標（小英）	臺北	21	福山中	臺農		
二年丙班									48
理丙	1	★	吳紹裘	屏東市	19	屏東中	臺工		
理乙	2	★	張麗明	高雄縣	18	高一中	臺工		
理乙	3	★	陳堯鍾	福建省南安縣	20	屏中	興農		
理乙	4	★	吳道明	臺南縣	20	長榮中	臺東大研		
	5		郭來勝	臺北縣	21				
理丙	6	★	蔡瑤瓊	新竹縣	19	竹中	臺工		
	7		蔡北辰	嘉義市	20				
理乙	8	★	彭永海	新竹縣	20	竹中	師文		
	9		彭騰雲	臺中縣	22				

高校分班	編號	畢業	姓名	籍貫	年齡	出身中學	就讀大學	備註	人數
理乙	10	★	張聰惠	嘉義市	21	嘉中	臺工		
理丙	11	★	林新通	高雄縣	19	高一中	興農 東大研		
理丙	12	★	鄧文岳	新竹縣	21	竹中	臺醫		
理乙	13	★	周瑞燉	臺北縣	19	大同中	臺理		
	14		賴森正	臺北縣	25				
	15		洪攀舟	臺中縣	20				
理乙	16	★	許劍雄	高雄縣	19	高一中	成工		
理乙	17	★	曾文柄	臺北縣	19	北二中	臺農		
理丙	18	★	陳錫中	臺北縣	19	花蓮中	臺工		
理乙	19	★	丁守眞	臺中縣	18	中一中	臺工		
	20		徐鳳初	新竹縣	22				
理乙	21	★	孫炳輝	彰化市	19	中一中	臺農		
理丙	22	★	魏廷魁	新竹縣	19	竹中	臺工		
理乙	23	★	陳東進	高雄縣	18	高一中	臺工		
	24		游添祿	臺北縣	20				
理丙	25	★	盧麟書	新竹縣	19	竹中	臺工		
理丙	26	★	李朝派	新竹縣	20	竹中			
理乙	27	★	林宜獅	高雄縣	19	北中	臺工		
	28		林錦章		25				
	29		卓原光	臺南縣	25				
理乙	30	★	林坤典	臺南縣	19	嘉中	臺農		
理乙	31	★	陳宗仁	臺南縣	20	嘉中	師教		

（續下表）

高校分班	編號	畢業	姓名	籍貫	年齡	出身中學	就讀大學	備註	人數
	32		賴偉堂	臺南縣	21				
理乙	33	★	李榮章	臺北縣	19	北二中	臺工		
理乙	34	★	羅時薰	新竹縣	18	竹中	臺大理		
	35		郭秀璋	臺北縣	18				
文甲	36	★	吳清松	嘉義市	18	嘉中	師教		
	37		周伯適	臺南縣	21				
	38		許宗欽	臺中縣	22				
	39		莊進源	臺北縣	21				
理乙	40	★	許家榮	新竹縣	18	竹中	臺工		
	41		林元芳	臺北縣	20				
	42		林添財	臺北縣	20				
	43		廖文雄	臺中縣	18			二期登記	
理乙	44	★	何榮庭	臺南縣	20	聖約翰	成工		
	45		鄭彰雄	嘉義市	20				
	46		姜仁平	新竹縣	20				
	47		徐日安						
	48		賴德添	花蓮	19				
未編入									22
文甲	1	★	李孔昭				奉天一中	師文	插班領回	
文甲	2	★	林獻文				福山中	興農	二期登記	

高校分班	編號	畢業	姓名	籍貫	年齡	出身中學	就讀大學	備註	人數
文甲	3	★	陳財			杭中	警官正	二期登記	
文甲	4	★	陳如鵬			東京都昌平中學校	興農	二期登記	
文甲	5	★	曾煥榮			名教中中一中	師教	三期登記	
文甲	6	★	溫興春			玉名中	師教	三期登記	
理乙	7	★	吳文正			世田谷中	師理	三期登記	
理乙	8		陳樹興			豐國中	師理	三期登記	
理乙	9	★	顏凱雲（顧凱雲？）			日大一中	臺農	三期登記	
理丙	10	★	林明旭			愛知中	臺農	二期登記	
理丙	11	★	林師申			順天中	臺農	三期登記	
理丙	12	★	邱安元			名教中	臺工	二期登記	
理丙	13	★	陳卓火			福山中	臺農	三期登記	
理丙	14	★	陳秋明			福山中	東亞醫	三期登記	
理丙	15	★	陳秋漢			福山中	臺工	三期登記	
理丙	16	★	黃登文			都立四中	臺理	二期登記	

（續下表）

高校分班	編號	畢業	姓名	籍貫	年齡	出身中學	就讀大學	備註	人數
理丙	17	★	黃欽安			福山中	師理	三期登記	
理丙	18	★	黃懷義			青山院中	臺工	三期登記	
理丙	19	★	葉澤涵			廈中	臺工	三期登記	
理丙	20	★	劉漢源			絲島中	師教	三期登記	
理丙	21	★	賴輝星			福山中	師理	三期登記	
理丙	22	★	賴鵬章			南西中	臺理	二期登記	

註：★表示成功於臺北高中畢業學生。

班級	在學人數	畢業人數	百分比
二年甲班	47	13	28%
二年乙班	47	20	43%
二年丙班	48	27	56%
未編入	22	21	95%
總計	164	81	49%

臺灣省立臺北高級中學 第三屆學生名冊

高校分班	編號	畢業	姓名	籍貫	年齡	出身中學	就讀大學	備註	人數
第三屆									247
一年甲班									45
理乙	1	★	連文彬	臺北	18	淡中	臺醫		
	2		蘇永昭						
文甲	3	★	陳培芬（PAI TUN CHEN）	臺中	16	中一中	臺理		
	4		周桂芬						
	5		孔震村						
理丙	6		廖運和	新竹	16	竹中	臺法		
	7		何智光	新竹	19				
理乙	8	★	蘇遠志	臺南	17	嘉中	臺農東研		
	9		吳天惠	高雄	18				
理乙	10	★	林鄭金樹	臺南	17	嘉中	成工		
理丙	11		胡炳昌	臺南	17	南二中	臺醫		
理丙	12	★	宋杰祥（C. S. SONG）	高雄	16	高一中	臺工		
理丙	13		許子津	臺南	18	南中	田納西大		
	14		黃原時	基隆	18				
理丁	15	★	黃國豐	臺中	17	北中	臺農		
理乙	16	★	王光燦	臺北	17	建中	臺理		

（續下表）

高校分班	編號	畢業	姓名	籍貫	年齡	出身中學	就讀大學	備註	人數
理丙	17	★	林鎰川	臺南	18	南二中	成工 田納西大		
文甲	18	★	林昭德	臺南	17	嘉中	臺文		
理乙	19		賴文傑	臺南	19	大吉中	臺農	二期 登記	
文甲	20	★	蔡惠風	嘉義	19	嘉中	臺法		
理丙	21	★	羅吉讓	新竹	16	新竹中	興農		
	22		翁鴻圖						
理丙	23	★	余鴻池	臺北	15	基中	臺工		
理乙	24	★	呂芳梅	新竹	16	竹中	臺工		
理丙	25	★	盧溪圳	嘉義	18	嘉義中	臺醫		
理乙	26	★	劉古雄			大同中	臺農		
理乙	27	★	周金滿	嘉義	17	嘉中	師教		
理乙	28	★	黃梓桑	嘉義	18	嘉中	淡江文理		
文甲	29	★	曾現聖	新竹	17	竹中			
理乙	30	★	吳鳳儀	臺北	20	開南商	臺工		
	31		郭敏哲						
理乙	32	★	鍾心堯	新竹	16	竹中	臺農		
理丁	33		蔡子珉	新竹	18	竹中	師理		
理丙	34		紀經紹	臺南	18	南一中	成工 東工大研		
理丙	35	★	劉武雄 （劉巍松）	臺南	17	北中	興農		
理乙	36	★	蔡銘熹	嘉義	18	嘉中	北京大		

高校分班	編號	畢業	姓名	籍貫	年齡	出身中學	就讀大學	備註	人數
	37		李金水	臺北	23				
	38		洪芳孟	澎湖	17				
理乙	39	★	高麗閣	臺北	17	開南工	臺工		
	40		范揚昆	新竹	18				
理丙	41	★	楊思柏	新竹	18	大同中	臺文		
理丁	42	★	黃江林	臺南	16	臺高尋	成工		
理丙	43	★	溫文洋（WEN YANG WEN）	新竹	16	臺高尋	臺理		
理乙	44	★	林國靖	臺北	15	成城尋			
	45		國友晃	日本千葉	17				
一年乙班									44
轉校	1		張豐緒	屏東市	19	屏東中	臺法		
理乙	2	★	詹希堯	臺北縣	18	大同中	成工		
理丁	3	★	黃耀宗	臺北縣	18	大同中	清工		
理丙	4	★	林春水	新竹縣	19	北中	中山大		
	5		張聰成						
理乙	6	★	劉利湧	新竹縣	18	北中	臺理		
理丁	7	★	羅慶熙	新竹縣	17	竹中	興農		
理丙	8	★	陳正和			北中	臺農		
	9		陳慶遂						
	10		徐奕智	新竹縣	20				

（續下表）

高校分班	編號	畢業	姓名	籍貫	年齡	出身中學	就讀大學	備註	人數
理丙	11	★	許子禮	臺北縣	16	基中	臺理 千葉醫研		
理乙	12		莊文松 （莊昭德）	臺中縣	18	中一中	千葉醫		
理丙	13		蔡國信	臺中縣	18	長榮中			
理乙	14	★	張民雄	新竹縣	19	竹中	臺農		
理丙	15	★	蒙志忠	廣東省 番禺縣	17	開南工	臺工		
理丁	16	★	陳添享	新竹縣	17	北中	臺醫		
	17		吳振乾	屏東市	21				
	18		林如秋	臺北縣	19				
理丁	19	★	林良滄	臺南縣	16	嘉中	臺工		
理乙	20	★	李靜峰	臺北縣	17	建中	臺法		
	21		汪際實						
理乙	22	★	劉詩敏	臺北縣	17	屏中	廈大		
理丁	23	★	蔡衍欽	福建省 泉州縣	18	大同中	臺醫 名醫		
理丙	24	★	杜詩統	臺北縣	15	建中	師理		
文甲	25	★	羅吉鈿	新竹縣	19	竹中	師文		
理丁	26	★	宋清和	新竹縣	19	大同中			
	27		陳逸郎	臺南縣	20				
文甲	28	★	許昭英	臺北縣	18	基隆中	臺法		
理乙	29	★	陳棟樑	臺北縣	19	成淵中	臺文		
理丙	30		鄧紫霖	新竹縣	19	花蓮工			

高校分班	編號	畢業	姓名	籍貫	年齡	出身中學	就讀大學	備註	人數
理丙	31	★	李名厚	臺中縣	16	建中			
理丙	32	★	邱志行	新竹縣	17	宜中	臺農		
	33		黃錦川	臺北縣	18				
理丁	34		張鍼楷	臺北縣	19	大同中			
理乙	35	★	林蘭土	新竹縣	22	開南工	臺工		
理丁	36	★	吳金龍	新竹縣	19	北市工	成工		
理乙	37	★	陳萬欽	臺中縣	20	大同中	臺醫		
	38	★	邱仕豐	新竹縣	15	竹中	東醫大		
理丙	39	★	陳源鎰	臺中縣	20	大同中	成工		
理乙	40		張振鵬	臺中縣	18	北中	師理		
	41		應家農	浙江省慈谿縣	16				
文甲	42	★	吳季成	高雄縣	18	成淵中	臺法		
	43		鍾國輝	高雄縣	18				
理乙	44	★	徐福雄	新竹縣	16	花中	警官正		
一年丙班									42
理乙	1		林秋榮	臺中縣	19	中一中	臺理		
	2		劉建達						
理丙	3		蔡善繼	臺中縣	18	中一中	臺理		
	4		黃顯謨						
	5		劉汝展	新竹縣	22				
	6		江錦州						
理乙	7	★	張正喜（張達正喜？）	高雄縣	18	高一中	臺工		

（續下表）

高校分班	編號	畢業	姓名	籍貫	年齡	出身中學	就讀大學	備註	人數
	8		張炳楠						
理丁	9		康有為	臺南縣	20	南一中	臺工		
	10		楊有福						
	11		朱瑞源						
理丙	12		許經邦	臺中縣	21	中一中	臺農		
理丁	13		杜慶餘（CONRAD C. TU）	彰化市	20	竹商	興農		
理丙	14		羅金禮	臺北縣	19	北三中	臺農		
	15		陳鴻焜						
	16		孫鎮山	臺南縣	21				
	17		曾炎山	臺南縣	19				
	18		張風時	臺南縣	21				
	19		童世雄	臺北縣	19				
	20		許興王						
	21		陳建忠						
	22		徐明昭	新竹縣	19				
	23		蔡鴻麟						
理丙	24		顏俊士（顏士峯）	新竹縣	18	大同中	臺農		
	25		李俊長	新竹縣	20				
理丙	26		許啓祐	臺中縣	19	中一中	臺農		
理乙	27		林瑞山	臺南縣	21	嘉中	臺理		

高校分班	編號	畢業	姓名	籍貫	年齡	出身中學	就讀大學	備註	人數
	28		劉希周	福建省南靖縣	19				
	29		丁叔豪	臺中縣	19				
理丁	30	★	吳士元	屏東市	18	屏東中	臺農		
理丙	31		蔡煒烜	臺中縣	20	中一中			
	32		郭英明	臺南縣	19				
	33		鄭文雄	澎湖縣	19				
理丙	34	★	林顯棟	臺南縣	19	淡中	臺農		
	35		鍾山河						
理丙	36		林揚卿	臺南縣	19	北三中	臺農		
	37		黃冠雄	高雄縣	19				
	38		莊聯陞						
理丙	39		詹元雄	彰化市	20	中一中	成工		
	40		游汝烈						
	41		柯王岳	臺北縣	20				
理乙	42	★	廖庭榕	臺北縣	18	大同中	臺理		
一年丁班									43
	1		蔡柏華						
	2		王友信						
	3		傅光箕						
	4		范國襄次	新竹縣					
	5		楊振忠						
	6		林顯森						

（續下表）

高校分班	編號	畢業	姓名	籍貫	年齡	出身中學	就讀大學	備註	人數
理乙	7	★	李永豐	新竹縣	20	北四中	臺農		
理乙	8	★	陳啓楦	嘉義市	19	長榮中	成工		
	9		陳復生	臺北市	19				
	10		林顯卿	臺北市	20				
理丁	11		周國雄	新竹縣	21	北中	臺工		
理丙	12	★	林錫山	臺南縣	18	南一中	成工田納西大		
理乙	13	★	洪春煌	嘉義市	19	長榮中	成工		
理乙	14	★	辛仲殳	臺中縣	20	臺中工	臺文		
理乙	15	★	林秋景	臺中縣		中一中	臺工		
理丁	16	★	古廷藩	新竹縣	18	新竹中	淡文		
	17		梁榮吉		19				
文甲	18	★	林保仁	新竹縣	21	竹商	臺法		
	19		陳後籤	新竹縣	20				
理丁	20		余建湖（余健湖？）	臺南縣		嘉中	重慶大		
理丙	21	★	薛仁川	高雄縣	19	長榮中	臺醫		
理丁	22		謝兆慶	嘉義市	19				
文甲	23	★	陳旭南	臺南縣	18	商工	臺文		
	24		張錫銓						
	25		林耀庭	臺北縣	18				
理丁	26	★	余作琪（余作箕）	新竹縣	20	北中	臺農		

高校分班	編號	畢業	姓名	籍貫	年齡	出身中學	就讀大學	備註	人數
	27		蔡垂茂						
	28		黃邦輝						
理丁	29	★	陳世文（陳厚銘）	臺南縣	20	大同中	興法		
	30		林炯燦	高雄縣	20				
理丁	31	★	劉昭明			高一中	臺農		
理丙	32	★	周維馨	福建省	21	長榮中	臺醫		
	33		米清堅						
	34		謝慶峰	福建省林森縣	20				
理丁	35	★	潘國煌	臺北縣		淡中	臺醫		
	36		林鼎禮	臺北縣	18				
	37		溫永輝	高雄縣				二期登記	
	38		黃聯得	臺北縣	19				
理丙	39	★	呂清霖	新竹縣	19				
理乙	40	★	蘇南陽	臺北縣	22	北中	臺醫		
	41		曾重郎	新竹縣	18				
	42		徐日進	臺中縣	19				
理丙	43	★	廖上達	臺中縣	19	大町中	高雄醫		
一年戊班									45
	1		陳遠勝	臺北市	20				
理丁	2	★	陳瑞青	臺南縣	17	大同中	臺農		

（續下表）

高校分班	編號	畢業	姓名	籍貫	年齡	出身中學	就讀大學	備註	人數
理乙	3	★	吳運彰	新竹縣	18	竹中	興農		
	4		余傳卿						
理乙	5	★	羅美孝	新竹縣	19	竹中	臺工		
文甲	6	★	呂守三 （呂守三郎？）	臺北市	18	大同中	臺法		
	7		林武雄	臺中縣					
理乙	8	★	林金水	臺中縣	19	中一中	興農		
	9		陳祥平	臺北縣	18				
	10		李新泉	新竹縣	20				
	11		李雨盛	臺南縣	20				
	12		林美香	高雄縣	23				
理丁	13	★	李元傑	新竹縣	19	北中	復旦大		
理丁	14	★	黃瑤璋 （黃瑤章？）	臺北市	19	大同中	廈大		
	15		周昭賢	臺北縣	20				
理乙	16	★	陳海耀	新竹縣	21	竹中			
	17		賴掟祥	臺北縣	18				
	18		王振榮	臺南縣					
理乙	19	★	傅遠津	新竹縣	17	竹中	臺工		
	20		柯文龍	臺北市	23				
理乙	21	★	林麟祥	臺北市	20	大同中	臺農		
	22		洪煥祺		20				
	23		王觀洋	臺北市	20				

高校 分班	編號	畢業	姓名	籍貫	年齡	出身中學	就讀大學	備註	人數
理乙	24	★	邱榮章	新竹縣	20	竹中	臺工		
理丁	25		林胡銘	新竹縣	21	北中	臺理		
理丁	26	★	王學堯 （理堯）	新竹縣	19	新竹中	臺醫		
理乙	27	★	甘炳照	臺北縣	19	宜中	臺法		
理丁	28	★	楊玉慶	新竹縣	21	開南商	淡文		
	29		鄭鴻禧	新竹縣	19				
	30		徐瀛州	臺南縣	20				
轉校	31		張歐禮	臺北市	19	北二中	臺工		
	32		郭茂桐		19				
	33		林元芳						
理丁	34	★	吳達時	新竹縣	18	人同中	臺醫		
	35		王胡燦	臺中縣	21				
理丁	36	★	陳鴻謨	臺北市	20	北三中	臺法		
理丁	37	★	許培欽	臺北市	18	開南中			
	38		黃啓榮	臺北縣	20				
理丁	39	★	許秋明 （林秋明？）	臺北縣	18	宜中	興農		
	40		林伯溫	臺北縣	20				
	41		張金海	臺北縣	19				
理丁	42		張歐義	臺北市	21	北中			
理丙	43		潘瓊貴	臺中縣	18	中一中	臺醫		
理丁	44	★	王得虎			長榮中	興農		

（續下表）

高校分班	編號	畢業	姓名	籍貫	年齡	出身中學	就讀大學	備註	人數
	45		陳崇海						
未編入									28
文甲	1	★	石如杰			関西中		二期登記	
文甲	2	★	何曜廷（何曜庭？）			聖約翰	成工	插班領回	
文甲	3	★	林添財（林騰雲）			福山中	臺法		
文甲	4		邱豐瑞			名教中		二期登記	
文甲	5	★	曾錦郎			熊本中		三期登記	
文甲	6		黃乾曜			鹿屋中	政法	二期登記	
文甲	7	★	游煥松			兩洋中	臺法	二期登記	
文甲	8	★	廖東周			高輪中	興農	三期登記	
文甲	9		劉水山			兩洋中	陸官正日陸大	二期登記	
文甲	10	★	賴捷科			大同中			
理乙	11	★	林玉文			屏中	臺醫	三期登記	
理乙	12	★	邱仕豐			北一中	臺醫		
理乙	13		黃厚時			北中	臺理		

高校分班	編號	畢業	姓名	籍貫	年齡	出身中學	就讀大學	備註	人數
理丙	14		石秋浦			成城中	臺農	二期登記	
理丙	15	★	陳成章			獨協中		三期登記	
理丙	16	★	陳逢宜			東洋商	師理	三期登記	
理丙	17		黃玉霖			南京日中		三期登記	
理丙	18	★	黃克明			豐橋中	淡江文理	二期登記	
理丙	19	★	賴德添			聖峰中			
理丙	20	★	鍾俊鉅			大阪府立鳳中	臺農		
理丙	21	★	鍾境堂（鍾鏡堂？）			愛知中	師教	二期登記	
理丁	22		李鳳雄			麻布工	二松文	二期登記	
理丁	23	★	林師模			中野中	成工	三期登記	
理丁	24	★	邱標雄			世羅中	臺工	三期登記	
理丁	25		周德斌			西成中	臺法	二期登記	
理丁	26	★	陳希信			同志社中	青山學思大研	二期登記	

（續下表）

高校分班	編號	畢業	姓名	籍貫	年齡	出身中學	就讀大學	備註	人數
理丁	27		葉秀明（葉信宏）			國士舘中	上海醫		
理丁	28	★	謝文周			早稻田中	興農	二期登記	

註：★表示成功於臺北高中畢業學生。名字灰底者，亦名列於第四屆《省立台北高級中學畢業生成績》名冊中。

班級	在學人數	畢業人數	百分比
一年甲班	45	27	60%
一年乙班	44	28	64%
一年丙班	42	4	10%
一年丁班	43	18	42%
一年戊班	45	19	42%
未編入	28	19	68%
總計	247	115	47%

臺灣省立臺北高級中學 第四屆學生名冊

高校分班	編號	畢業	姓名	籍貫	年齡	出身中學	就讀大學	備註	人數
第四屆（無分班）									27
無分班	1	★	應家農	浙江省慈谿縣	19				
	2	★	曾慶德	臺南縣	22	日大一中			
	3	★	陳逸郎	臺南縣	23	敦賀中			
	4	★	李新泉	新竹縣	23	開南中			
	5	★	丁一善（STEVE Y.&TING）	臺中縣	19	中一中	臺農		
	6	★	黃樹林	臺北市	21	大同中	臺	1948 年10 月因病休學一年	
	7	★	林祥麟	臺北市	20	大同中	臺農		
	8	★	謝萬權	新竹縣	21	成功中	興農		
	9	★	蔡建雄	臺中縣	22	北中	臺農		
	10	★	李英星	新竹縣	23				
	11	★	蘇柄南	臺南市	19	雄中	臺法		
	12	★	吳宏謨	臺北縣	20	大同中	興農		
	13	★	黃世勳	臺北縣	22	大同中	興法		
	14	★	黃詩禮（DAVID S. HJANG）	臺北縣	20	大同中	臺法		
	15	★	康寧	福建省長汀市	21	浙大附中	喬大		

（續下表）

高校分班	編號	畢業	姓名	籍貫	年齡	出身中學	就讀大學	備註	人數
	16	★	許棍培	新竹市	20	竹中	臺工		
	17	★	李鈞澤	臺南縣	22	嘉中	臺工		
	18	★	溫理仁	臺北市	20	開南中	臺農		
	19	★	蔡東保	新竹縣	21	中一中	臺農		
	20	★	黃仁德	新竹縣	21	成功中	臺農		
	21	★	陳友仁（EUGENE CHEN）	臺北縣	20	宜中	臺農		
	22	★	范文釗	新竹縣	22	靜岡市第一中學校		二期登記	
	23	★	張榮	安徽省合肥縣	23				
	24	★	周德斌	新竹縣	24	西成中	臺法	二期登記	
	25	★	黃錦川	臺北市	22			1948 年 11 月因病休學一年	
	26	★	黃季超	彰化市	20	嘉中	成工		
	27	★	陳繼統	臺南縣	20				
僅記錄於《省立台北高級中學畢業生成績》者									12
	1		李丙盛			北港農	武漢大		
	2	★	林大東			中一中	臺工		
	3	★	林正雄			屏中	臺醫		

高校分班	編號	畢業	姓名	籍貫	年齡	出身中學	就讀大學	備註	人數
	4	★	林家煌			大同中	臺農		
	5	★	陳緯武			北中	臺法		
	6	★	彭英藏			大同中	臺農		
	7		廖盛藤			中一中			
	8	★	鄭瑞燕			成功中	臺法		
	9	★	潘秀和			中一中	上海醫		
	10	★	謝新景			大同中	臺醫		
	11	★	林顯卿	臺北市	20				
	12	★	黃乾曜			鹿屋中	政法	二期登記	

註：★表示成功於臺北高中畢業學生。名字灰底者，亦名列於第三屆〈學生名冊〉中。

班級	在學人數	畢業人數	百分比
第四屆	32	30	94%
其他		7	

臺北高級中學學生名冊說明：

▼臺北高中歷屆在學人數與畢業人數

	第一屆	第二屆	第三屆	第四屆	合計
在學人數	64	164	247	32	507
畢業人數	64*	81	115	25/30+7**	285/297
畢業比率	100%	49%	47%	71%/94%	56%/58%

* 〈臺灣省立臺北高級中學歷屆畢業生人數總冊〉記錄畢業生 62 名，《臺北高級中學概況》記錄畢業生 64 名，《蕉葉會名簿》記錄畢業生亦為 64 名。

** 〈臺灣省立臺北高級中學歷屆畢業生人數總冊〉記錄畢業生 25 名，《省立台北高級中學畢業生成績》記錄畢業生 37 名，其中 7 名原為第三屆學生。

資料來源：1. 〈台灣省立台北高級中學　三十四年度第二學期在學生名冊（張任移交）〉，《臺北高校／臺北高中移交師大檔案》，臺灣師範大學檔案室典藏，無檔號。

2. 蕉葉會，《蕉葉會名簿（2005～2009 年版）》（東京：蕉葉會，2004 年），頁 115-128。

3. 〈台灣省立台北高級中學校留日返省第二期登記分發台北高中名冊〉，《臺北高校／臺北高中移交師大檔案》，臺灣師範大學檔案室典藏，無檔號。

4. 〈臺灣省立臺北高級中學歷屆畢業生人數總冊〉，《臺北高校／臺北高中移交師大檔案》，臺灣師範大學檔案室典藏，無檔號。國立臺灣師範大學圖書館校史組藏，《省立台北高級中學畢業生成績》，無頁碼。

　　本名冊以〈學生名冊〉為基礎作成學生名單，接著再與《蕉葉會名簿》相對照，進行名單的增補，惟〈學生名冊〉乃於三十四學年度第二學期（1946 年 2 月至 7 月）作成，而第四屆學生於 1946 年 10 月才進行招生，其入學年分晚於〈學生名冊〉作成時間，故第四屆學生之數量，另外使用作成於 1949 年 5 月的〈在學生名冊〉，與《蕉葉會名簿》記錄相對照。

　　〈學生名冊〉中記錄學生的學號（包含班級）、姓名、籍貫、年齡、性別、年級與學期，本名冊中的班級、籍貫、年齡，即來自〈學生名冊〉。此處應特別注意，〈學生名冊〉為三十四學年度第二學期作成之名冊，此時第一屆學生為三年級、第二屆學生為二年級、第三屆學生為一年級，第四屆學生則尚未招生，因此本名冊之年級，乃以三十四學年度第二學期為準。

　　《蕉葉會名簿》中則記錄學生的氏名、出身中（出身中學）、出身大（出身大學）、住所、職業，名冊中的高校分班、出身中學、就讀大學，即來自《蕉葉會名簿》。高校分班為《蕉葉會名簿》中的分班方式，其班級命名方式與臺北高校相同，分作文甲、理乙等班級，因此筆者將此欄命名為「高校分班」，可以從「高校分班」中是否有記述，辨別該生是否登錄於《蕉葉會名簿》中。若「高校分班」與「籍貫、年齡」皆有記述，則代表該生同時出現於〈學生名冊〉及《蕉葉會名簿》。

　　另外，〈學生名冊〉中未列出留日返省登記分發生，《蕉葉會名簿》則有記入，校方僅記錄透過一般招生考試入學者，不包含留日返省登記分發學生（自行參加招生考試者除外），或許是因為此份檔案為三十四學年度第二學期的名冊，而留日返省學生為 1946 年 9 月入學的，三十五學年度第一學期新生的緣故，故筆者再輔以〈分發名冊〉添加並確認留日返省生的人數。

　　〈分發名冊〉記錄第二期與第三期分發臺北高中者，記錄學生的編號、姓名、年齡、籍貫、學歷（肄業學校）、畢業年限、應參加編級試驗年級。在本名冊中，登記分發之學生，因未編入〈學生名冊〉，因此歸類為「未編入」，置於各屆名單末尾，至於該生應歸屬於第二期或第三期分發，則記錄於備註欄中。此外，尚有於備註欄標記「插班領回」者，乃被記錄於〈插班生領回學歷證件登記表〉者，[1] 此登記表中記錄學生的班級、姓名、發還日期、經領人簽名，被記錄於此登記表的學生，未出現於〈分發名冊〉中，但卻名列於《蕉葉會名簿》中。

　　最後，經過比對及增補，發現臺北高中校方〈學生名冊〉中的人數，遠多於《蕉葉會名簿》的紀錄，筆者推測或許是《蕉葉會名簿》中記錄者為最終成功畢業者，故再對照《省立台北高級中學畢業生成績》，[2] 名列《省立台北高級中學畢業生成績》者，則在「畢業」欄位標記「★」，最終發現《蕉葉會名

1　〈插班生領回學歷證件登記表〉，《臺北高校／臺北高中移交師大檔案》，臺灣師範大學檔案室典藏，無檔號。

2　國立臺灣師範大學圖書館校史組藏，《省立台北高級中學畢業生成績》，無頁碼。

簿》中記錄者，大部分確實為成功自臺北高中畢業的學生。值得注意的是，第四屆《省立台北高級中學畢業生成績》名冊中，有 7 位學生名列於第三屆〈學生名冊〉中，本名冊將之以灰底呈現，另外，因本名冊乃以學生「入學年」為準，判斷該生所屬屆次，因此名單上重複之人數，將計入第三屆。

另外，雖然第一屆學生未登記於《省立台北高級中學畢業生成績》中，但根據《臺北高級中學概況》記述：「（1946 年）七月又按新制舉行畢業考試一次，計畢業學生六十四人」，[3] 可以觀察到第一屆的所有學生，均順利畢業。

3　國立臺灣師範大學圖書館校史組藏，《臺北高級中學概況》，無頁碼。

國家圖書館出版品預行編目（CIP）資料

新舊政權夾縫中的臺灣省立臺北高級中學(1945-1949) = Research
of Taiwan Provincial Taipei Senior High School under regime
transition from 1945 to 1949 / 賴冠妏著. -- 初版. -- 臺北市：國立臺
灣師範大學出版中心, 2022.08
　　面；　公分
ISBN 978-986-5624-84-2(平裝)

1.CST: 臺灣省立臺北高級中學 2.CST: 歷史

524.833/101　　　　　　　　　　　　　　　　111005790

新舊政權夾縫中的臺灣省立臺北高級中學（**1945-1949**）

作　　者｜賴冠妏
出　　版｜國立臺灣師範大學出版中心
發 行 人｜吳正己
總 編 輯｜柯皓仁
執行編輯｜金佳儀
封面設計｜蘇育萱
地　　址｜106 臺北市大安區和平東路一段 162 號
電　　話｜(02)7749-5285
傳　　真｜(02)2393-7135
服務信箱｜libpress@ntnu.edu.tw
初　　版｜2022 年 08 月
售　　價｜新臺幣 450 元（缺頁、破損或裝訂錯誤，請寄回更換）
I S B N｜978-986-5624-84-2
G P N｜1011100546